文化自信，从阅读开始

"百部好书"扶持项目

GUANGDONG PUBLISHING

文化自信与中国现当代文学·中学生读本

横看成岭侧成峰

傅修海 黄平◎主编

广东高等教育出版社
Guangdong Higher Education Press
·广州·

图书在版编目（CIP）数据

横看成岭侧成峰/傅修海，黄平主编. —广州：广东高等教育出版社，2020. 5（2021. 3 重印）
（文化自信与中国现当代文学：中学生读本/蒋述卓，陈剑晖，贺仲明主编）
ISBN 978 - 7 - 5361 - 6464 - 2

Ⅰ. ①横… Ⅱ. ①傅…②黄… Ⅲ. ①阅读课 - 中学 - 课外读物 Ⅳ. ① G634. 333

中国版本图书馆 CIP 数据核字（2019）第 086009 号

书　　名　横看成岭侧成峰
　　　　　HENG KAN CHENG LING CE CHENG FENG
出版发行　广东高等教育出版社
　　　　　地址：广州市天河区林和西横路　电话：（020）87554153
　　　　　http://www. gdgjs. com. cn
印　　刷　佛山市浩文彩色印刷有限公司
开　　本　787 毫米 ×1 092 毫米　16 开
印　　张　14
字　　数　228 千
版　　次　2020 年 5 月第 1 版　2021 年 3 月第 2 次印刷
定　　价　36. 00 元

写在前面

作为一个编辑，我经常感叹文学的世界浩瀚如大海，书太多，而时间太少。作为一个母亲，我又经常困惑这么多书，该怎么选，读哪些书，才能让孩子在繁重课业之外挤出的阅读时间，读得有品质；怎么读，才能对他的阅读和写作能力提升有所帮助。同时我还非常苦恼，如何与处于叛逆期的孩子对话，建立沟通。众所周知，中学阶段是人的人生观、世界观、价值观以及思维方式、创造能力和审美能力形成的关键时期，而这些能力却绝非朝夕可成。很多家长即使意识到其重要性，但多半也不知从何入手，如何引导。

基于以上，我们尝试从中华文化精神的角度来做一套适合这一年龄段孩子阅读的书。

怎么选？我们遵循“循序渐进”、由浅到深、从近到远的原则。按照情感发展规律，即个人—家庭—国家（民族）—世界的思路精选12个专题。先侧重从中学生的日常生活、身边事物、自信自尊自强、诚实守信，以及文化人格塑造，如何对待爱情友谊，如何增强忧患意识，将个人的“小家”与国家的“大家”统一起来等方面着手。后由“小”到“大”，由“内”及“外”，由“近”及“远”，从个人、自我、家庭延伸到信仰、理想主义与英雄主义、天人合一、人类共同价值观，以及汉语文化、逻辑思维和创造性思维等。

我们首创“学术主编+教学主编”的编写模式，由知名高校学术主编与中学一线教研员、中学语文名师组成的教学主编，以现当代作家名作名篇为基础，围绕自尊自信自强、亲情与爱情等12个专题选择篇目，并以“中华文化精神”贯穿之，精挑细选，匠心打造，体裁涵盖散文、小说、杂文、诗歌、报告文学等文学样式。同时以入选的各篇目的通用版本为底本，撰写导读和作品赏读。编者悉心解读，所撰写的细腻、隽永的文字，引领我们步进文学的殿堂，领略文学之美，值得珍藏。

阅读是一种力量，在这里有300多位中国现当代名家，跨越时空，通过文学的形式，与我们的孩子对话，以想象性、形象性和情感性的文学作品深入孩子内心，通过共鸣，因感受而唤醒孩子自身的精神诉求，进而有意识地构建精神家园。这些作品一旦进入孩子的生命，就会成为其情感和审美结构的一部分，并在最深的意义上构成“自我”。在这纷扰的世界上，孩子无论是认识世界还是面对人生，都能保持正确的世界观、价值观、人生观，以及看问题的大局观。

同时我们特地邀请了各地几十所学校广播站的同学朗读选文作品。不一定是字正腔圆的专业朗读，但这些有感情、有温度的同龄人的声音一定能打动内心，扫码即可用耳朵“悦”读。

在编辑过程中，我们针对青少年的阅读心理和阅读习惯，按照现代出版规范对选文进行了处理，对部分选文做了删减。

在此还要向各选文的作者致以诚挚的敬意，是他们用自己伟大的思想和精湛的文字，为青少年一代提供了思想的源泉和振翅的境界。我们已委托中国文字著作权协会代理稿酬事宜，一并致谢。

希望这套书能够让我们的孩子从繁重的课业和纷杂的电子游戏中走出来，在文学的港湾憩息，感受到文学的力量并得到丰厚的滋养，从中获得面对未知的好奇、追逐梦想的激情、拥抱生活的热情、直面坎坷的勇气和击败困难的力量。

目录

时代目光

高瞻远瞩

疑义与析

思想火花

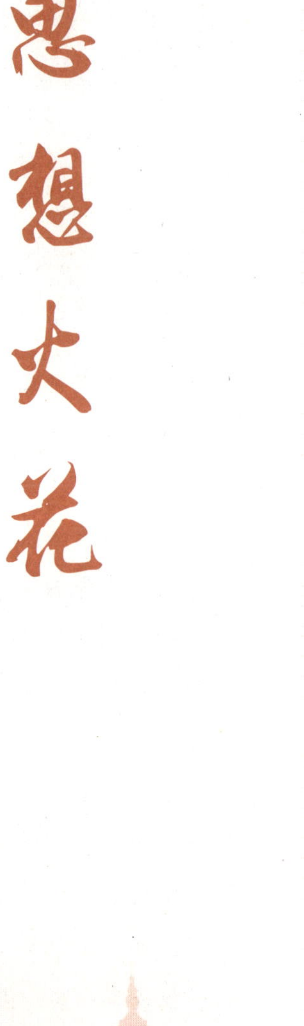

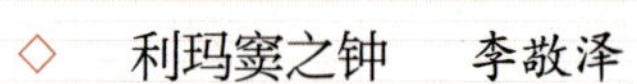

有这样一则笑话，某国际学校老师给各国学生出了一道题：“有谁思考过世界上其他国家粮食紧缺的问题吗？”学生们都说“不知道”。非洲学生不知道什么叫“粮食”，欧洲学生不知道什么叫“紧缺”，美国学生不知道什么叫“其他国家”，中国学生不知道什么叫“思考”。仔细想想，这则冷笑话着实发人深省。照理说，只要有大脑，只要大脑没毛病，就不存在不会思考的情况。但中国学生现在确实存在笑话中的问题——不知道什么叫“思考”。许多人弄不懂思维是怎样的，也不具备独立思考的能力，遇到问题时，只一味地遵循前人的答案。这样的人才，显然失去了应有的内涵。

纵观中国历史，关于思维能力之重要的故事多如牛毛。道家、儒家、墨家等诸子百家思想是中华民族的思想瑰宝。古人能够冥思出“学而不思则罔，思而不学则怠”等佳句，道出“仁义、礼让”的治国理念，写出诸多思想巨著，作为今人的我们，更应该敢于开动脑筋，在思想领域有一番大作为。但是有一些人由于自幼习惯了接受别人的思想，便顺手拈来套用；还有一些人，父母将他们人生路上所有可能遇到的疑虑及困苦都解决了，他们表面上看好像在学习新事物，迈向未来的速度也加快了，实则不然。殊不知这样反而助长了孩子养成偷懒的习惯，缺乏逻辑思考的锻炼，不再习惯于自己思考和解决问题，也失去了创新能力。

生活离不开思考。只有学会思考，我们才能将获得的“渔”，去换取属于自己的“鱼”；只有学会思考，我们才不会轻易沉溺于现实的蜜罐，被各种优越物质条件软化，才能去追求自我精神的升华，产生属于自己的思想火花。

现在有相当一部分人，沉迷于各类剧场无法自拔，甚至认为影视剧里的情景是真实的。这样一群人，就像日本管理学大师大前研一在《低智商社会》一书中提及的：电视等媒体，正在把人们引向“低智商社会”的深渊。因为他们看剧不思考，完全跟着剧情走。当有几个思考过的人指出“这里不符合历史事实”，大家又跟着恍然大悟。这便是缺乏自己的思想所带来的弊端。

本部分五篇作品讲述了如何培养自己独特思维的问题。林语堂的《论读书》告诉我们，读书之乐在于启迪智慧，要做到真正的开卷有益，就要对书籍进行品味与思考。王小波的《思维的乐趣》一文，充满思辨的哲理，以良知为本、生命为价、逻辑为针。几乎是通篇逻辑推演，把不起眼的小事以一种小儿斗嘴的样态铺陈开来，满纸闲话，却字字机锋。在貌似闲扯后又能痛定思痛，演绎成美文。韩少功的《夜行者梦语》，全文八个部分都在详尽地说事辩理，将理据与事例紧密结合，其间关于荒谬、混乱的描写，于今也是切中肯綮，是中国当代文学中难得一见的思想锐利、智慧深厚的好文章。周晓枫的《黑童话·火柴天堂》，对卖火柴的丹麦小姑娘的遭遇进行了全新解读，贯彻作者对于社会的思考，文笔独特别致。李敬泽的《利玛窦之钟》，用灵动的语言、敏锐的洞察力和精准的观察，把各种幽微的感受、思想进行重新定义。上述这些文字，对启发我们怎样思考，如何进一步了解独立的思想，无疑会有很大的帮助。

思维能力是思想养成的前提。没有主见，没有思考的习惯，就不会出真知。换言之，当这个世界上看《论语心得》的人完全取代了读《论语》的人，那么，那个失去思想火花的社会，无疑会沉寂得让人感到可怕。

论读书[①]

林语堂

本篇演讲只是谈谈本人对于读书的意见，并不是要训勉青年，亦非敢指导青年。所以不敢训勉青年有两种理由：第一，因为近来常听见贪官污吏到学校致训词，叫学生须有志操，有气节，有廉耻；也有卖国官僚到大学演讲，劝学生要坚忍卓绝，做富贵不能淫威武不能屈的大丈夫。孟子曰，人之患在好为人师，料想战国的土豪劣绅亦必好训勉当时的青年，所以激起孟子这样不平的话。第二，读书没有什么可以训勉。世上会读书的人，都是书拿起来自己会读。不会读书的人，亦不会因为指导而变为会读。譬如数学，出五个问题叫学生去做，会做的人是自己脑里做出来的，并非教员教他做出，不会做的人经教员指导，这一题虽然做出，下一题仍旧非指导不可，数学并不会因此高明起来。我所要讲的话于你们本会读书的人，没有什么补助；于你们不会读书的人，也不会使你们变为善读书。所以今日谈谈，亦只是谈谈而已。

---

① 选自《林语堂随笔精选》（长江文艺出版社 2016 年版），有改动。林语堂（1895—1976），福建龙溪（今漳州）人，著有小说《京华烟云》《啼笑皆非》，散文和杂文集《人生的盛宴》《生活的艺术》，以及译著《东坡诗文选》《浮生六记》等。

读书本是一种心灵的活动，向来算为清高。说破读书本质，“心灵”而已。“万般皆下品，惟有读书高”。所以读书向称为雅事乐事。但是现在雅事乐事已经不雅不乐了。今人读书，或为取资格，得学位，在男为娶美女，在女为嫁贤婿；或为做老爷，踢屁股；或为求爵禄，刮地皮；或为做走狗，拟宣言；或为写讣闻，做贺联；或为当文牍，抄账簿；或为做相士，占八卦；或为做塾师，骗小孩……诸如此类，都是借读书之名，取利禄之实，皆非读书本旨。亦有人拿父母的钱，上大学，跑百米，拿一块大银盾回家，在我是看不起的，因为这似乎亦非读书的本旨。

今日所谈，亦非指学堂中的读书，亦非指读教授所指定的功课。在学校读书有四不可。（一）所读非书。学校专读教科书，而教科书并不是真正的书。今日大学毕业的人所读的书极其有限。然而读一部小说概论，到底不如读《三国》《水浒》；读一部历史教科书，不如读《史记》。（二）无书可读。因为图书馆极有限。（三）不许读书。因为在课室看书，有犯校规，例所不许。倘是一人自晨至晚上课，则等于自晨至晚被监禁起来，不许读书。（四）书读不好。因为处处受训导处干涉，毛孔骨节，皆不爽快。且学校所教非慎思明辨之学，乃记问之学。记问之学不足为人师，《礼记》早已说过。书上怎样说，你便怎样答，一字不错，叫作记问之学。倘是你能猜中教员心中要你如何答法，照样答出，便得一百分，于是沾沾自喜，自以为西洋历史你知道一百分，其实西洋历史你何尝知道百分之一。学堂所以非注重记问之学不可，是因为便于考试。如拿破仑生卒年月，形容词共有几种，这些不必用头脑，只需强记，然学校考试极其便当，差一年可扣一分，然而事实上与学问无补，你们的教员，也都记不得。要用时自可在百科全书上去查。又如罗马帝国之亡，有三大原因，书上这样讲，你们照样记，然而事实上问题极复杂。有人说罗马帝国之亡，是亡于蚊子（传布寒热疟），这是书上所无的。

今日所谈的是自由的看书读书。无论是在校，离校，做教员，做学生，做商人，做政客间时的读书。这种的读书，所以开茅塞，除鄙见，得新知，增学问，广识见，养性灵。人之初生，都是好学好问，及其长成，受种种的俗见俗闻所蔽，毛孔骨节，如有一层包膜，失了聪明，逐渐顽腐。读书便是将此层蔽塞聪明的包膜剥下。能将此层剥下，才是读书人。并且要时时读书，不然便会鄙吝复萌，顽见俗见生满身上，一人的落伍、迂腐、冬烘，就是不肯时时读书所致。所以读书的意义，是使人较虚心，较通达，不固陋，不偏执。一人在世上，对于学问是这样的：幼时认为什么都不懂，大学时自认为什么都懂，毕业后才知道什么都不懂，中年又以为什么都懂，到晚年才觉悟一切都不懂。大学生自以为心理学他也念过，历史地理他亦念过，经济科学也都念过，世界文学艺术声光化电，他也念过，所以什么都懂。毕业以后，人家问他国际联盟在哪里，他说“我书上未念过”，人家又问法西斯蒂在意大利成绩如何，他也说“我书上未念过”，所以觉得什么都不懂。到了中年，许多人娶妻生子，造洋楼，有身份，做名流，戴眼镜，留胡子，拿洋棍，沾沾自喜，那时他的世界已经固定了：《孝经》是孔子写的，大禹必有其人，……意见非常之多而且确定不移，所以又是什么都懂。其实是此种人久不读书，鄙吝复萌所致。此种人不可与深谈。但亦有常读书的人，老当益壮，其思想每每比青年急进，就是能时时读书所以心灵不曾化石，变为古董。

读书的主旨在于排脱俗气。黄山谷谓人不读书便语言无味，面目可憎。须知世上语言无味面目可憎的人很多，不但商界政界如此，学府中亦颇多此种人。然语言无味，面目可憎在官僚商贾则无妨，在读书人是不合理的。所谓面目可憎，不可作面孔不漂亮解，因为并非不能奉承人家，排出笑脸，所以“可憎”；胁肩谄笑，面孔漂亮，便是“可爱”。若欲求美男子小白脸，尽可于跑狗场，跳舞场，及政府衙门中求之。有漂亮脸孔，说漂亮话的政客，未必便面目不可憎。读书与面孔漂亮没有关系，因为书籍并不是雪花膏，读了便会增加你的容辉。所以面目可憎不可憎，在你如何看法。有人看美人专看脸蛋，凡有鹅脸柳眉皓齿朱唇都叫作美人。但是识趣的人若李笠翁看美人专看风韵，笠翁所谓三分容貌有姿态等于六七分，六七分容貌乏姿态等于三四分。有人面目平常，然而谈起话来，使你觉得可爱；也有满脸脂粉的摩登伽，洋囡囡，做花瓶，做客厅装饰甚好，但一与交谈，风韵全无，便觉得索然无味。黄山谷所谓面目可憎不可憎亦只是指读书人之议论风采说法。若《浮生六记》的芸，虽非西施面目，并且前齿微露，我却觉得是中国第一美人。男子也是如是看法。章太炎脸孔虽不漂亮，王国维虽有一条辫子，但是他们是有风韵的，不是语言无味面目可憎的，简直可认为可爱。亦有漂亮政客，做武人的兔子姨太太，说话虽然漂亮，听了却令人作呕三日。

至于语言无味（着重“味”字），都全看你所读是什么书及读书的方法。读书读出味来，语言自然有味，语言有味，做出文章亦必有味。有人读书读了半世，亦读不出什么味儿来，都是因为读不合的书，及不得其读法。读书须先知味。这味字，是读书的关键。所谓味，是不可捉摸的，一人有一人胃口，各不相同，所好的味亦异。所以必先知其所好，始能读出味来。有人自幼嚼书本，老大不能通一经，便是食古不化勉强读书所致。袁中郎所谓读所好之书，所不好之书可让他人读之，这是知味的读法。若必强读，消化不来，必生疳积胃滞诸病。

口之于味，不可强同，不能因我之所嗜好以强人。先生不能以其所好强学生去读，父亲亦不得以其所好强儿子去读。所以书不可强读，强读必无效，反而有害，这是读书之第一义。有愚人请人开一张必读书目，硬着头皮咬着牙根去读，殊不知读书须求气质相合。人之气质各有不同，英人俗语所谓“在一人吃来是补品，在他人吃来是毒质”。因为听说某书是名著，因为，要做通人，硬着头皮去读，结果必毫无所得。过后思之，如作一场噩梦。甚且终身视读书为畏途，提起书名来便头痛。萧伯纳说许多英国人终身不看《莎士比亚》，就是因为幼年塾师强迫背诵种下的果。许多人离校以后，终身不再看诗，不看历史，亦是旨趣未到学校迫其必修所致。

所以读书不可勉强，因为学问思想是慢慢胚胎滋长出来。其滋长自有滋长的道理，如草木之荣枯，河流之转向，各有其自然之势。逆势必无成就。树木的南枝遮荫，自会向北枝发展，否则枯槁以待毙。河流遇了矶石悬崖，也会转向，不是硬冲，只要顺势流下，总有流入东海之一日。世上无人人必读之书，只有在某时某地某种心境不得不读之书。有你所应读，我所万不可读，有此时可读，彼时不可读。即使有必读之书，亦决非此时此刻所必读。见解未到，必不可读，思想发育程度未到，亦不可读。孔子说五十可以学《易经》，便是说四十五岁时尚不可读《易经》。刘知几少读古文《尚书》，挨打亦读不来，后听同学读《左传》，甚好之，求授《左传》，乃易成诵。《庄子》本是必读之书，然假使读《庄子》觉得索然无味，只好放弃，过了几年再读。对《庄子》感觉兴味然后读《庄子》，对马克思感觉兴味，然后读马克思。

且同一本书，同一读者，一时可读出一时之味道出来。其景况适如看一名人相片，或读名人文章，未见面时，是一种味道，见了面交谈之后，再看其相片，或读其文章，自有另外一层深切的理会。或是与其人绝交以后，看其照片，读其文章，亦另有一番味道。四十学《易经》是一种味道，五十而学《易经》，又是一种味道。所以凡是好书都值得重读的。自己见解愈深，学问愈进，愈读得出味道来。譬如我此时重读 Lamb① 的论文，比幼时所读全然不同，幼时虽觉其文章有趣，没有真正魂灵的接触，未深知其文之佳境所在。一人背痈，再去读范增的传，始觉趣味。

由是可知读书有二方面，一是作者，一是读者。程子谓《论语》读者有此等人与彼等人，有读了全然无事者，亦有读了不知手之舞之足之蹈之者。所以读书必以气质相近，而凡人读书必找一位同调的先贤，一位气质与你相近的作家，作为老师。这是所谓读书必须得力一家。若单就读书，得力一家，失之于简单。然林语堂意思是要人找到师法对象，全心投入，气质浸润。此即读书以“情”读和以“智”读之区别。不可昏头昏脑，听人戏弄，庄子亦好，荀子亦好，苏东坡亦好，程伊川亦好。一人同时爱庄、荀，或同时爱苏、程是不可能的事。找到思想相近之作家，找到文学上之情人，心胸中感觉万分痛快，而魂灵上发生猛烈影响，如春雷一鸣，蚕卵孵出，得一新生命，入一新世界。George Eliot② 自叙读《卢骚自传》，如触电一般。尼采师叔本华，萧伯纳师易卜生，虽皆非及门弟子，而思想相承，影响极大。当二子读叔本华、易卜生时，思想上起了大影响，是其思想萌芽学问生根之始。因为气质性灵相近，所以乐此不疲，流连忘返。流连忘返，始可深入，深入后，如受春风化雨之赐，欣欣向荣，学业大进。

谁是气质与你相近的先贤，只有你知道，也无需人家指导，更无人能勉强，你找到这样一位作家，自会一见如故，苏东坡初读《庄子》，如有胸中久积的话，被他说出；袁中郎夜读徐文长诗，叫唤起来，叫复读，读复叫，便是此理。这与“一见倾心”之爱（love at first sight）同一道理。你遇到这样作家，自会恨相见太晚。一人必有一人中意的作家，各人自己去找去。找到了文学上的爱人，他自会有魔力吸引你，而你也乐自为所吸，甚至声音相貌，一颦一笑，亦渐与相似。这样浸润其中，自然获益不少，将来年事渐长，厌此情人，再找别的情人，到了经过两三个情人，或是四五个情人，大概你自己也已受了熏陶不浅，思想已经成熟，自己也就成了一位作家。若找不到情人，东览西阅，所读的未必能沁入魂灵深处，便是逢场作戏。逢场作

① Charles Lamb（查尔斯・兰姆），英国散文家。

② George Eliot（乔治・艾略特），英国作家。

戏，不会有心得，学问不会有成就。

知道情人滋味便知道“苦学”二字是骗人的话。学者每为“苦学”或“困学”二字所误。读书成名的人，只有乐，没有苦。据说古人读书有追月法、刺股法，及丫头监读法。其实都是很笨。读书无兴味，昏昏欲睡，始拿锥子在股上刺一下，这是愚不可当。一人书本排在面前，有中外贤人向你说极精彩的话，尚且想睡觉，便应当去睡觉，刺股亦无益。叫丫头陪读，等打盹时唤醒你，已是下流，亦应去睡觉，不应读书。而且此法极不卫生。不睡觉，只有读坏身体，不会读出书的精彩来。若已读出书的精彩来，便不想睡觉，故无丫头唤醒之必要。刻苦耐劳，淬励奋勉是应该的，但不应视读书为苦。视读书为苦，第一着已走了错路。天下读书成名的人皆以读书为乐；汝以为苦，彼却沉湎以为至乐。比如 人打麻将，或如人挟妓冶游，流连忘返，寝食俱废，始读出书来。以我所知国文好的学生，都是偷看几百万言的《三国》《水浒》而来，绝不是一学年读五六十页文选，国文会读好的。试问在偷读《三国》《水浒》之人，读书有什么苦处？何尝算页数？好学的人，于书无所不窥，窥就是偷看。于书无所不偷看的人，大概学会成名。

有人读书必装腔作势，或嫌板凳太硬，或嫌光线太弱，这都是读书未入门路，未觉兴味所致。有人做不出文章，怪房间冷，怪蚊子多，怪稿纸发光，怪马路上电车声音太嘈杂，其实都是因为文思不来，写一句，停一句。一人不好读书，总有种种理由。“春天不是读书天，夏日炎炎最好眠，等到秋来冬又至，不如等待到来年”。其实读书是四季咸宜。古所谓“书淫”之人，无论何时何地可读书皆手不释卷，这样才成读书人样子。读书要为书而读，不是为读而读。顾千里裸体读经，便是一例，即使暑气炎热，至非裸体不可，亦要读经。欧阳修在马上厕上皆可做文章，因为文思一来，非做不可，非必正襟危坐明窗净几才可做文章。一人要读书则澡堂、马路、洋车上、厕上、图书馆、理发室，皆可读。而且必办到洋车上理发室都必读书，才可以读成书。

读书须有胆识，有眼光有毅力。胆识二字拆不开，要有识，必敢有自己意见，即使一时与前人不同亦不妨。前人能说得我服，是前人是，前人不能服我，是前人非。人心之不同如其面，要脚踏实地，不可舍己耘人。诗或好李，或好杜，文或好苏，或好韩，各人要凭良知，读其所好，然后所谓好，说得好的道理出来。或竟苏、韩皆不好，亦不必惭愧，亦须说出不好的理由来。或某名人文集，众人所称而你独恶之，则或系汝自己学力见识未到，或果然汝是而人非。学力未到，等过几年再读，若学力已到而汝是人非，则将来必发现与汝同情之人。刘知几少时读《前后汉书》，怪前书不应有《古今人表》，后书宜为更始立纪，当时闻者责以童子轻议前哲，乃“赧然自失，无辞以对”，后来偏偏发现张衡、范晔等，持见与之相同。此乃刘知几之读书胆识。因其读书皆得之襟腑，非人云亦云，所以能著成《史通》一书。如此读书，处处有我的真知灼见，得一分见解是一分学问，除一种俗见，算一分进步，才不会落入圈套，满口烂调，一知半解，似是而非。

《论读书》是林语堂在复旦大学和厦门大学演讲时的演讲稿，它延续了林语堂先生散文的一贯风格，文字朴实无华，但却有一些新的特点：写法随意自然，却蕴含着浓浓的意味，令人耳目一新。

虽然林语堂先生本意只是“谈谈本人意见”“并非劝勉青年”“亦不敢指导青年”，但文章通过引经据典，言之有物，使人信服和推崇。

作品最大的特色是犹如一把手术刀将读书的各个方面剖析得十分清楚——“怎么读书?”“什么是读书?”“读书为了什么?”这些我们最想了解的读书问题，都能够从作品中探寻到。读书是一种个人行为，只有自己才知道自己需要读什么书，用什么方法去读书。读书仅仅是读书而已，是一种雅事乐事，我们不应该赋予读书太多的功利性目的。

作者先是批判社会中的某些现象，讽刺某种读书现象，而后顺势论述了自己的观点。

大学生自以为心理学他也念过，历史地理他亦念过，经济科学也都念过，世界文学艺术声光化电，他也念过，所以什么都懂。毕业以后，人家问他国际联盟在哪里，他说“我书上未念过”，人家又问法西斯蒂在意大利成绩如何，他也说“我书上未念过”。

作者通过这一现象对囿于课本的行为进行了辛辣的讽刺。读书是没有止境的，常怀敬畏之心，方能够有所精进。而不是读了两本文学史就觉得自己通晓文学发展脉络，也不是看了两本经济类书本就认为自己掌握了经济运行规律。在真正面对问题时，大脑一片茫然，只能说“我书上未念过”。

《论读书》还有一个特色是层层叙述，举例实证。作品在论述“学堂中的读书、非读书”的时候分为四个方面层层“剥开”：“所读非书”“无书可读”“不许读书”“书读不好”。一环扣一环，论证极为有力，令读者一步步信服作者的观点。

《论读书》作为一篇论述文，丰富的议论手段为本篇的论述增色不少。在论述“读书不可勉强”时运用了多种手段，例如在运用类比时，将学问思想的增长用草木之荣枯、河流之转向表现出来，各有其自然之势。逆势必无成就。树木的南枝遮荫，自会向北枝发展，否则枯槁以待毙。河流遇了矶石悬崖，也会转向，不是硬冲，只要顺势流下，总有流入东海之一日。在论述读书的时机时，则运用了举先贤实例的手段，孔子说“五十可以学易”，便是说四十五岁时尚不可读《易经》。刘知几少读古文《尚书》，挨打亦读不来，后听同学读《左传》，甚好之，求授《左传》，乃易成诵。这样，就把简单的说教转换成了一种可以真真切切感受到的读书哲学，更加易于接受。

《论读书》作为一篇在校演讲稿，基本是以在校大学生为论述对象的，接地气的阐述更容易让听众产生共鸣。论述读书的本质时，特地点名读书亦非指学堂中的读书，亦非指读教授所指定的功课，同时也结合了大学生面临的实际情况作为论述的论点。这种论述方式在演讲时极易令他们信服并在思想感情上产生共鸣。

总的来说，《论读书》给了我们许多积极有益的思考，读书是一种纯粹的精神活动，不应该携带功利性目的。读书应该选择与自己相契合的，能读进什么书选择什么书，喜爱读什么书选择什么书，而不必过于追求“非名著不读，非名家作品不读”。知识是无穷无尽的，读书也应当是永无止境的，不能因读了几本书就自视甚高，觉得自己什么都懂。最后，正如林语堂先生所说，读书须有胆识，有眼光，有毅力。

作品

思维的乐趣①

王小波

一

二十五年前，我到农村去插队时，带了几本书，其中一本是奥维德的《变形记》，我们队里的人把它翻了又翻，看了又看，以致它像一卷海带的样子。后来别队的人把它借走了，以后我又在几个不同的地方见到了它，它的样子越来越糟。我相信这本书最后是被人看没了的。现在我还忘不了那本书的惨状。插队的生活是艰苦的，吃不饱，水土不服，很多人得了病，但是最大的痛苦是没有书看，倘若可看的书很多的话，《变形记》也不会这样悲惨地消失了。除此之外，还得不到思想的乐趣。我相信这不是我一个人的经历：傍晚时分，你坐在屋檐下，看着天慢慢地黑下去，心里寂寞而凄凉，感到自己的生命被剥夺了。当时我是个年轻人，但我害怕这样生活下去，衰老下去。在我看来，这是比死亡更可怕的事。

我插队的地方有军代表管着我们，现在我认为，他们是一

① 选自《沉默的大多数》（上海三联书店 2013 年版），有改动。王小波（1952—1997），出生于北京，著有《黄金时代》《白银时代》《青铜时代》《黑铁时代》等。

批单纯的好人，但我还认为，在我这一生里，再没有谁比他们使我更加痛苦过了。他们认为，所谓思想的乐趣，就是一天二十四小时都用毛泽东思想来占领，早上早请示，晚上晚汇报，假如有闲暇，就去看看说他们自己“亚古都”的歌舞。我对那些歌舞本身并无意见，但是看过二十遍以后就厌倦了。假如我们看书被他们看到了，就是一场灾难，甚至“著迅鲁”的书也不成——小红书当然例外。顺便说一句，还真有人因为带了旧版的鲁迅著作给自己带来了麻烦。有一个知识可能将来还有用处，就是把有趣的书换上无趣的皮。我不认为自己能够在一些宗教仪式中得到思想的乐趣，所以一直郁郁寡欢。像这样的故事有些作者也写到过，比方说，茨威格写过一部以此为题材的小说《象棋》，可称是现代经典，但我不认为他把这种痛苦描写得十全十美了。这种痛苦的顶点不是被拘押在旅馆里没有书看、没有合格的谈话伙伴，而是被放在外面，感到天地之间同样寂寞，面对和你一样痛苦的同伴。在我们之前，生活过无数的大智者，比方说，罗素、牛顿、莎士比亚，他们的思想和著述可以使我们免于这种痛苦，但我们和他们的思想、著述，已经被隔绝了。一个人倘若需要从思想中得到快乐，那么他的第一个欲望就是学习。我承认，我在抵御这种痛苦方面的确是不够坚强，但我绝不是最差的一个。举例言之，罗素先生在五岁时，感到寂寞而凄凉，就想道：假如我能活到七十岁，那么我这不幸的一生才度过了十四分之一！但是等他稍大一点，接触到智者的思想的火花，就改变了想法。假设他被派去插队，很可能就要自杀了。

谈到思想的乐趣，我就想到了我父亲的遭遇。我父亲是一位哲学教授，在五六十年代从事思维史的研究。在老年时，他告诉我，自己一生的学术经历，就如一部恐怖电影。每当他企图立论时，总要在大一统的官方思想体系里找自己的位置，就如一只老母鸡要在一个大搬家的宅院里找地方孵蛋一样。结果他虽然热爱科学而且很努力，但在一生中却没有得到思维的乐趣，只收获了无数的恐慌。他一生的探索，只剩下了一些断壁残垣，收到一本名为《逻辑探索》的书里，在他身后出版。众所周知，他那一辈的学人，一辈子能留下一本书就不错。这正是因为在那些年代，有人想把中国人的思想搞得彻底无味。我们这个国家里，只有很少的人觉得思想会有乐趣，却有很多的人感受过思想带来的恐慌。所以现在还有很多人以为，思想的味道就该是这样的。

二

“文化大革命”之后，我读到了徐迟先生写哥德巴赫猜想的报告文学，那篇文章写得很浪漫。一个人写自己不懂得的事就容易这样浪漫。我个人认为，对于一个学者来说，能够和同行交流，是一种起码的乐趣。陈景润先生一个人在小房子里证数学题时，很需要有些国外的数学期刊可看，还需要有机会和数学界的同仁谈谈。但他没有，所以他未必是幸福的，当然他比没定理可证的人要快活。把一个定理证了十几年，就算证出时有绝大的乐趣，也不能平衡。但是在寂寞里枯坐就更加难熬。假如插队时，我懂得数论，必然会有陈先生的举动，而且就是最后什么都证不出也不后悔；但那个故事肯定比徐先生作品里描写的悲惨。然而，某个人被剥夺了学习、交流、建树这三种快乐，仍然不能得到我最大的同情。这种同情我为那些被剥夺了“有趣”的人保留着。

“文化大革命”以后，我还读到了阿城先生写知青下棋的小说，这篇小说写得也很浪漫。我这辈子下过的棋有五分之四是在插队时下的，同时我也从一个相当不错的棋手变成了一个无可救药的庸手。现在把下棋和插队两个词拉到一起，就能引起我生理上的反感。因为没事干而下棋，性质和手淫差不太多。我决不肯把这样无聊的事写进小说里。

假如一个人每天吃一样的饭，干一样的活，再加上把八个样板戏翻过来倒过去地看，看到听了上句知道下句的程度，就值得我最大的同情。我最赞成罗素先生的一句话：“须知参差多态，乃是幸福的本源。”大多数的参差多态都是敏于思索的人创造出来的。当然，我知道有些人不赞成我们的意见。他们必然认为，单一机械，乃是幸福的本源。老子说，要让大家“虚其心而实其腹”，我听了就不是很喜欢；汉儒废黜百家，独尊儒术，在我看来是个很卑鄙的行为。摩尔爵士设想了一个细节完备的乌托邦，但我像罗素先生一样，决不肯到其中去生活。在这个名单的末尾是一些善良的军代表，他们想把一切从我头脑中驱除出去，只剩一本 270 页的小红书。在生活的其他方面，某种程度的单调、机械是必须忍受的，但是思想决不能包括在内。胡思乱想并不有趣，有趣是有道理而且新奇。在我们生活的这个世界上，最大的不幸就是有些人完全拒绝新奇。

我认为自己体验到最大快乐的时期是初进大学时，因为科学对我来说是新奇的，而且它总是逻辑完备，无懈可击，这是这个平凡的尘世上罕见的东西。与此同时，也得以了解先辈科学家的杰出智力。这就如和一位高明的棋手下棋，虽然自己总被击败，但也有机会领略妙招。在我的同学里，凡和我同等年龄、有同等经历的人，也和我有同样的体验。某些单调机械的行为，比如吃、排泄等，也能带来快感，但因为过于简单，不能和这样的快乐相比。艺术也能带来这样的快乐，但是必须产生于真正的大师，像牛顿、莱布尼兹、爱因斯坦那样级别的人物，时下中国的艺术家，尚没有一位达到这样的级别。恕我直言，能够带来思想快乐的东西，只能是人类智慧至高的产物。比这再低一档的东西，只会给人带来痛苦；而这种低档货，就是出于功利的种种想法。

三

有必要对人类思维的器官（头脑）进行“灌输”的想法，时下正方兴未艾。我认为脑子是感知至高幸福的器官，把功利的想法施加在它上面，是可疑之举。有一些人说它是进行竞争的工具，所以人就该在出世之前学会说话，在三岁之前背诵唐诗。假如这样来使用它，那么它还能获得什么幸福，实在堪虞。知识虽然可以带来幸福，但假如把它压缩成药丸子灌下去，就丧失了乐趣。当然，如果有人乐意这样来对待自己的孩子，那不是我能管的事，我只是对孩子表示同情而已。还有人认为，头脑是表示自己是个好人的工具，为此必须学会背诵一批格言、教条——事实上，这是希望使自己看上去比实际上要好，十足虚伪。这使我感到了某种程度的痛苦，但还不是不能忍受的。最大的痛苦莫过于总有人想要用种种理由消灭幸福所需要的参差多态。这些人想要这样做，最重要的理由是道德；说得更确切些，是出于功利方面的考虑。因此他们就把思想分门别类，分出好的和坏的，但所用的标准很是可疑。他们认为，假如人们脑子里灌满了好的东西，天下就会太平。因此他们准备用当年军代表对待我们的态度，来对待年轻人。假如说，思想是人类生活的主要方面，那么，出于功利的动机去改变人的思想，正如为了某个人的幸福把他杀掉一样，言之不能成理。

有些人认为，人应该充满境界高尚的思想，去掉格调低下的思想。这种说法听上去美妙，却使我感到莫大的恐慌。因为高尚的思想和低下的思想的总和就是我自己；倘若去掉一部分，我是谁就成了问题。假设有某君思想高尚，我是十分敬佩的；可是如果你因此想把我的脑子挖出来扔掉，换上他的，我绝不肯，除非你能够证明我罪大恶极，死有余辜。人既然活着，就有权保证他思想的连续性，到死方休。更何况那些高尚和低下完全是以他们自己的立场来度量的，假如我全盘接受，无异于请那些善良的思想母鸡到我脑子里下蛋，而我总不肯相信，自己的脖子上方，原来是长了一座鸡窝。想当年，我在军代表眼里，也是很低下的人，他们要把自己的思想方法、生活方式强加给我，也是一种脑移植。菲尔丁曾说，既善良又伟大的人很少，甚至是绝无仅有的，所以这种脑移植带给我的不光是善良，还有愚蠢。在此我要很不情愿地用一句功利的说法：在现实世界上，蠢人办不成什么事情。我自己当然希望变得更善良，但这种善良应该是我变得更聪明造成的，而不是相反。更何况赫拉克利特早就说过，善与恶为一，正如上坡和下坡是同一条路。不知道何为恶，焉知何为善？所以他们要求的，不过是人云亦云罢了。

假设我相信上帝（其实我是不信的），并且正在为善恶不分而苦恼，我就会请求上帝让我聪明到足以明辨是非的程度，而绝不会请他让我愚蠢到让人家给我灌输善恶标准的程度。假若上帝要我负起灌输的任务，我就要请求他让我在此项任务和下地狱中做一选择，并且我坚定不移的决心是：选择后者。

四

假如要我举出一生最善良的时刻，那我就要举出刚当知青时，当时我一心想要解放全人类，丝毫也没有想到自己。同时我也要承认，当时我愚蠢得很，所以不仅没干成什么事情，反而染上了一身病，丢盔卸甲地逃回城里。现在我认为，愚蠢是一种极大的痛苦；降低人类的智能，乃是一种最大的罪孽。所以，以愚蠢教人，那是善良的人所能犯下的最严重的罪孽。从这个意义上说，我们决不可对善人放松警惕。假设我被大奸大恶之徒所骗，心理还能平衡；而被善良的低智人所骗，我就不能原谅自己。

假如让我举出自己最不善良的时刻，那就是现在了。可能是因为受了一些教育，也可能是因为已经成年，反正你要让我去解放什么人的话，我肯定要先问问，这些人是谁，为什么需要帮助；其次要问问，帮助他们是不是我能力所及；最后我还要想想，自己直奔云南去挖坑，是否于事有补。这样想来想去，我肯定不愿去插队。领导上硬要我去，我还得去，但是这以后挖坏了青山、造成了水土流失等等，就罪不在我。一般人认为，善良而低智的人是无辜的。假如这种低智是先天造成的，我同意。但是人可以发展自己的智力，所以后天的低智算不了无辜——再说，没有比装傻更便当的了。当然，这结论绝不是说当年那些军代表是些装傻的奸邪之辈——我至今相信他们是好人。我的结论是：假设善恶是可以判断的，那么明辨是非的前提就是发展智力，增广知识。然而，你劝一位自以为已经明辨是非的人发展智力，增广见识，他总会觉得你让他舍近求远，不仅不肯，还会心生怨恨。我不愿为这样的小事去得罪人。

我现在当然有自己的善恶标准，而且我现在并不比别人表现得坏。我认为低智、偏执、思想贫乏是最大的邪恶。按这个标准，别人说我最善良，就是我最邪恶时；别人说我最邪恶，就是我最善良时。当然我不想把这个标准推荐给别人，但我认为，聪明、达观、多知的人，比之别样的人更堪信任。基于这种信念，我认为我们国家在“废黜百家，独尊儒术”之后，就丧失了很多机会。

我们这个民族总是有很多的理由封锁知识、钳制思想、灌输善良，因此有很多才智之士在其一生中丧失了学习、交流、建树的机会，没有得到思想的乐趣就死掉了。想到我父亲就是其中的一个，我就心中黯然；想到此类人士的总和有恒河沙数之多，我就趋向于悲观。此种悲剧的起因，当然是现实世界里存在的种种问题。伟大的人物总认为，假设这世界上所有的人都像他期望的那样善良——更确切地说，都像他期望的那样思想，“思无邪”，或者“狠斗私字一闪念”，世界就可以得救。提出这些说法的人本身就是无邪或者无私的，他们当然不知邪和私是什么，故此这些要求就是：我没有的东西，你也不要有。无数人的才智就此被扼杀了。考虑到那恒河沙数才智之士的总和是一种难以想象的庞大资源，这种想法就是打算把整个大海装入一个瓶子之中。我所看到的事实是，这种想法一直在实行中，也就是说，对于现实世界的问题，从愚蠢的方面找办法。据此我认为，我们国家自汉代以后，一直在进行思想上的大屠杀；而我能够这样想，只说明我是幸存者之一。除了对此表示悲伤之外，我想不到别的了。

五

我虽然已活到了不惑之年，但还常常为一件事感到疑惑：为什么有很多人总是这样地仇恨新奇，仇恨有趣。古人曾说：天不生仲尼，万古长如夜。但我有相反的想法。假设历史上曾有一位大智者，一下发现了一切新奇、一切有趣，发现了终极真理，根绝了一切发现的可能性，我就情愿到该智者以前的年代去生活。这是因为，假如这种终极真理已经被发现，人类所能做的事就只剩下了依据这种真理来做价值判断。从汉代以后到近代，中国人就是这么生活的。我对这样的生活一点都不喜欢。

我认为，在人类的一切智能活动里，没有比做价值判断更简单的事了。假如你是只公兔子，就有做出价值判断的能力——大灰狼坏，母兔子好。然而兔子就不知道九九表。此种事实说明，一些缺乏其他能力的人，为什么特别热爱价值的领域。倘若对自己做价值判断，还要付出一些代价；对别人做价值判断，那就太简单、太舒服了。讲出这样粗暴的话来，我的确感到羞愧，但我并不感到抱歉。因为这种人士带给我们的痛苦实在太多了。

在一切价值判断之中，最坏的一种是：想得太多、太深奥、超过了某些人的理解程度是一种罪恶。我们在体验思想的快乐时，并没有伤害到任何人；不幸的是，总有人觉得自己受了伤害。诚然，这种快乐不是每一个人都能体验到的，但我们不该对此负责任。我看不出有什么理由要取消这种快乐，除非把卑鄙的嫉妒计算在内——这世界上有人喜欢丰富，有人喜欢单纯；我未见过喜欢丰富的人妒恨、伤害喜欢单纯的人，我见到的情形总是相反。假如我对科学和艺术稍有所知的话，它们是源于思想乐趣的浩浩江河，虽然惠及一切人，但这江河绝不是如某些人所想象的那样，为他们而流，正如以思想为乐趣的人不是为他们而生一样。

对于一位知识分子来说，成为思维的精英，比成为道德精英更为重要。人当然有不思索、把自己变得愚笨的自由；对于这一点，我是一点意见都没有的。问题在于思索和把自己变聪明的自由到底该不该有。喜欢前一种自由的人认为，过于复杂的思想会使人头脑昏乱，这听上去似乎有些道理。假如你把深山里一位质朴的农民请到城市的化工厂里，他也会因复杂的管道感到头晕，然而这不能成为取消化学工业的理由。所以，质朴的人们假如能把自己理解不了的事情看作是与己无关的事，那就好了。

假如现在我周围的世界又充满了“文化大革命”时的军代表和道德教师，只能使我惊，不能使我惧。因为我已经活到了四十二岁。我在大学里遇到了把知识当作幸福来传播的数学教师，他使学习数学变成了一种乐趣。我遇到了启迪我智慧的人。我有幸读到了我想看的书——这个书单很是庞杂，从罗素的《西方哲学史》，一直到英国维多利亚时期的地下小说。这最后一批书实在是很不堪的，但我总算是把不堪的东西也看到了。当然，我最感谢的是那些写了好书的人，比方说，萧伯纳、马克·吐温、卡尔维诺、杜拉斯等等，但对那些写了坏书的人也不怨恨。我自己也写了几本书，虽然还没来得及与大陆读者见面，但总算获得了一点创作的快乐。这些微不足道的幸福就能使我感到在一生中稍有所得，比我父亲幸福，比那些将在思想真空里煎熬一世的年轻人幸福。作为一个有过幸福和痛苦两种经历的人，我期望下一代人能在思想方面有些空间来感到幸福，而且这种空间比给我的大得多。而这些呼吁当然是对那些立志要当军代表和道德教师的人而发的。

恩格斯说过，思维之花是地球上最美丽的花朵。对人文自由主义者王小波来说，能够用思维来写作似乎就是一件幸福的事情。《思维的乐趣》单单依题目来看，会自觉地以为文章要给我们讲述思维给我们带来的乐趣。然而王小波不仅强调了思维的乐趣，又展现了时代带来的思维的孤独与恐慌，并对知识、思维的封锁者、钳制者进行了批判。

作者写在农村插队的时候，他带去了一本奥维德的《变形记》，被人传来看去，弄得样子越来越糟，最后被人“看没了”。可见当时人们是很想学习的。一个人如果想获得思维的乐趣，那他必是想要学习的。可是在那个年代里，人们的头脑里被塞满了同一的思想，在军代表的看管下，没有读书的自由，乐趣只能随之消失。难怪作者会在文章中说：“痛苦的顶点不是被拘押在旅馆里没有书看、没有合格的谈话伙伴，而是被放在外面，感到天地之间同样寂寞，面对和你一样痛苦的同伴。”在那个年代里，世界没有了思想，思考是一件充满恐慌的事，同时也是一件孤独的事，因为没有人可以和自己对话。所以，那个时代的人没能体会到思想的乐趣，反而是恐慌。作者亦是如此。

作者把最大的同情给予那些被剥夺了“有趣”的人。是哪些人呢？是这些“每天吃一样的饭，干一样的活，再加上把八个样板戏翻过来倒过去地看，看到听了上句知道下句的程度”的人，他们就被剥夺了“有趣”。与其说他们的生活是一成不变的，不如直接说他们没有了思想。如罗素所说“须知参差多态，乃是幸福的本源”，倘若没有了自由而多姿的思想，世界又何来参差多态，人们又怎么得到乐趣呢？作者在文章中表达了对思想“灌输”的厌恶和批判，于是他决定“假若上帝要我负起灌输的任务，我就要请求他让我在此项任务和下地狱中做一选择，并且我坚定不移的决心是：选择后者”。同时他也批判了“仇恨新奇、仇恨有趣”的限制思想自由的人。他是热爱新奇、热爱思想的，他甚至想要生活在发现终极真理之前的时代。因为在他看来，思想是快乐的来源，而没有了思想，整个世界只会变成黑色而无趣。

王小波的语言风格一向是带着调侃的幽默，却又有智慧藏在其中。《思维的乐趣》略带调侃而放松的聊天式风格，带领我们走进思维世界，享受思考乐趣。王小波渴望从自由的思维中得到乐趣。毕竟从他父亲身上，从他自己身上，他感受过思维被钳制，或者被人强加思想于头脑的痛苦。因此他知道被剥夺了乐趣是最大的不幸，他说“作为一个有过幸福和痛苦两种经历的人，我期望下一代人能在思想方面有些空间来感到幸福，而且这种空间比给我的大得多”。他不仅记挂着自己，也记挂着别人。

夜行者梦语[①]

韩少功

一

人类常常把一些事情做坏，比如把爱情做成贞节牌坊，把自由做成暴民四起，一谈起社会均富就出现专吃大锅饭的懒汉，一谈起市场竞争就有财迷心窍唯利是图的铜臭。思想的龙种总是在黑压压的人群中一次次收获现实的跳蚤。或者说，我们的现实本来太多跳蚤，却被思想家们一次次说成龙种，让大家觉得悦耳和体面。

如果让耶稣遥望中世纪的宗教法庭，如果让爱因斯坦遥望广岛的废墟，如果让弗洛伊德遥望红灯区和三级片，如果让欧文、傅立叶、马克思遥望苏联的古拉格群岛和中国的“文化大革命”，他们大概都会觉得尴尬以及无话可说的。

人类的某些弱点与生俱来，深深根植于我们的肉体，包括脸皮、肠胃、生殖器。即使作最乐观的估计，这种状况也不会因为有所谓后现代潮出现就会得到迅速改观。

---

① 选自《熟悉的陌生人》（上海文艺出版社2012年版），有改动。韩少功，1953年生于湖南长沙，著有《月兰》《马桥词典》《山南水北》等。

二

有一个著名的寓言：两个人喝水，都喝了半杯水，一位说：“我已经喝了半杯。”另一位说：“我还有半杯水没有喝。”他们好像说的是一回事，然而聪明人都可以听出，他们说的是一回事又不是一回事。

一个概念，常常含注和载负着各种不同的心绪、欲念、人生经验，如果不细加体味，悲观主义者的半杯水和乐观主义者的半杯水，就常常混为一谈。蹩脚的理论家最常见的错误，就是不懂得哲学差不多不是研究出来的，而是从生命深处涌现出来的。他们不能感悟到概念之外的具象指涉，不能将概念读解成活生生的生命状态，跃然纸页，神会心胸。即使有满房子辞书的佐助，他们也不可能把任何一个概念真正读懂。

说说虚无。虚无是某些现代人时髦的话题之一，宏论虚无的人常被划为一党，被世人攻讦或拥戴。其实，党内有党，至少可以二分。一种是建设性执着后的虚无，是呕心沥血艰难求索后的困惑和茫然；一种是消费性执着后的虚无，是声色犬马花天酒地之后的无聊和厌倦。圣者和流氓都看破了钱财，但前者是首先看破了自己的钱财，我的就是大家的；而后者首先看破了别人的钱财，大家的就是我的。圣者和流氓都可以怀疑爱情，但前者可能从此节欲自重，慎于风月；而后者可能从此纵欲无忌，见女人就上。

尼采说：上帝死了。对于有些人来说，上帝死了，人有了更多的责任。对另外一些人来说，上帝死了，人就不再承担任何责任。我们周围拥挤着的这些无神论者，其实千差万别。

观念总是大大简化了的，表达时有大量信息渗漏，理解时有大量信息潜入，一出一入，观念在运用过程中总是悄悄质变。对于认识丰富复杂的现实来说，观念总是显得有点不堪重用。它无论何其堂皇，从来不可成为价值判断标准，不是人性的质检证书。正因为如此，观念之争除了作为某种智力保健运动，没有太多的意义。道理讲不通也罢，讲通道理不管用也罢，都很正常，我们不妨微笑以待。

三

虚无之外，还有迷惘，绝望，焦虑，没意思，荒诞性，反道德，无深度，熵增加，丧失自我，礼崩乐坏，垮掉的一代，中心解构，过把瘾就死，现在世界上谁怕谁……人们用很多新创的话语来描述上帝死后的世界。上帝不是一个人，连梵蒂冈最近也不得不训示了这一点。上帝其实是代表一种价值体系，代表摩西十诫及各种宗教中都少不了的道德律令，是人类行为美学的一种民间通俗化版本。上帝的存在，是因为人类这种生物很脆弱，也很懒惰，不愿承担对自己的责任，只好把心灵一股脑交给上帝托管。这样，人在黑夜里的时候，上帝说，要有光，于是便有了光，人就前行得较为安全。

上帝据说最终死于奥斯维辛集中营。这个时候，一个身陷战俘营的法国教书匠，像他的一些前辈一样，苦苦思索，想给人类再造出一个上帝，这个人就是萨特。萨特想让人对自己的一切负责，把价值立法权从上帝那里夺回来，交给每个人的心灵。指出他与笛卡儿、康德、黑格尔的差别是很容易的，指出他们之间的相同之处更是容易的。他们大胆筑构的不管叫理性，叫物自体，还是叫存在，其实还是上帝的同位语和替代品，是一种没商量的精神定向，一种绝对信仰。B. J. 蒂利希评价他的存在主义同党时说："存在的勇气最终源于高于上帝的上帝"，"他是这样的上帝，一旦他在怀疑的焦虑中消失，他就显现"。

尼采也并没有摆脱上帝的幽灵。他的名言之一是："人为自己的不道德行为羞愧，这是第一阶段，待到终点，他也要为自己的道德行为羞愧。"问题在于，那时候为什么还要羞愧？根据什么羞愧？是什么在冥冥上天决定了这种羞而且愧？

人类似乎不能没有依恃，没有寄托。上帝之光熄灭了以后，萨特们这支口哨吹出来的小曲子，也能凑合着来给夜行者壮壮胆子。

四

一个古老的传说是，人是半神半兽的生灵，每个人的心中都活着一个上帝。

人在谋杀上帝的同时，也就悄悄开始了对自己的谋杀。非神化的胜利，直接通向了非人化的快车道。这是"人本论"严肃学者们大概始料未及的讽刺性结果。

二十世纪的科学，从生物学到宇宙论，进一步显示出人是宇宙中心这一观念，和神是宇宙中心的观念一样，同样荒唐可笑。人类充其量只是自然界一时冲动的结果，没有至尊的特权。一切道德和审美的等级制度都被证明出假定性和暂时性，是几个书生强加于人的世界模式，随便来几句刻薄或穷究，就可以将其拆解得一塌糊涂——逻辑对信仰无往不胜。到解构主义的时候，人本的概念干脆已换成了文本，人无处可寻，人之本原已成虚妄，世界不过是一大堆一大堆文本，充满着伪装，是可以无限破译的代码和能指，破译到最后，洋葱皮一层层剥完了，也没有终极和底层的东西，万事皆空，不余欺也。解构主义的刀斧手们，最终消灭了人的神圣感，一切都被允许，好就是坏，坏就是好。达达画派的口号一次次被重提："怎样都行。"

圣徒和流氓，怎样都行。

唯一不行的，就是反对怎样都行之行。在这一方面，后现代逆子倒常常表现出怒气冲冲的争辩癖，还有对整齐划一和千部一腔的爱好。

真理的末日和节日就这样终于来到了。这一天，阳光明媚，人潮拥挤，大街上到处流淌着可口可乐的气味和电子音乐，人们不再为上帝而活着，不再为国家而活着，不再为山川和邻居而活着，不再为祖先和子孙而活着，不再为任何意义任何法则而活着。萨特们的世界已经够破碎了，然而像一面破镜，还能依稀将焦灼成像。而当今的世界则像超级商场里影像各异色彩纷呈的一大片电视墙，让人目不暇接，脑无遐思，什么也看不太清，一切都被愉悦地洗成空白。这当然也没什么，大脑既然是个欺骗我们已久的赘物和祸根，消灭思想便成为时尚，让我们万众一心跟着感觉走。这样，肠胃是更重要的器官，生殖器是更重要的器官。罗兰·巴特干脆用"身体"一词来取代"自我"。人就是身体，人不过就是身体。"身体"一词意味着人与上帝的彻底决裂，物人与心人的彻底决裂，意味着人对动物性生存的向往与认同——你别把我当人。

这一天，叫作"后现代"。

"后现代"正在生物技术领域中同步推进着。鱼与植物的基因混合，细菌吃起了石油，猪肾植入了人体，混有动物基因或植物基因的半人，如男猪人或女橡人，可望不久面世，正在威胁着天主教义和联合国的人权宣言。到那时候，你还能把我当人？

五

欧洲是一片人文昌荣、物产丰饶的大陆。它的盛世不仅归因于科学与工业革命，还得助于民主传统，也离不开几个世纪之内广阔殖民地的输血——

源源不断的黄金、钻石、石油、黑奴。这样的机遇真是千载难逢。与中国不同的是，欧洲的现代精神危机不是产生于贫穷，而是产生于富庶。叔本华、尼采、萨特，差不多都是一些衣食不愁的上流或中流富家公子。他们少年成长的背景不是北大荒和老井，而是巴洛克式的浮华和维多利亚时代的锦衣玉食，是优雅而造作的礼仪，严密而冷酷的法律，强大而粗暴的机器，精深而烦琐的知识。这些心性敏感的学人，就是在这种背景下开始了追求精神自由的造反，宣示种种盛世危言。

他们的宣示在中国激起了回声，但是这宣示已经大多被人们用政治/农业文明的生存经验——而不是用金钱/工业文明的生存经验——来悄悄地给予译解。同样是批判，他们不言自明的对象是资本社会之伪善，而他们的中国同志们不言自明的对象很可能是“忠字舞”。他们对金钱的失望，到了中国，通常用来表示对没有金钱的失望。一些中国学子夹着一两本哲学积极争当“现代派”，从某种意义上来说，差不多就是穷人想有点富人的忧愁，要发点富人脾气，差不多就是把富人的减肥药，当成了穷人的救命粮。

个人从政治压迫下解放出来，最容易投入金钱的怀抱。中国的萨特发烧友们玩过哲学和诗歌以后，最容易成为狠宰客户的生意人，成为卡拉 OK 的常客和豪华别墅的新住户。他们向往资产阶级的急迫劲头，让他们的西方同道略略有些诧异。而个人从金钱的压迫下解放出来，最容易奔赴政治的幻境，于是海德格尔赞赏纳粹，萨特参加共产党，陀思妥耶夫斯基支持王权，让他们的一些中国同道们觉得特傻帽。这样看来，西方人也可能把穷人的救命粮，当成富人的减肥药。

当然，穷人的批判并不比富人的批判低档次，不一定要学会了发富人的脾气，才算正统，才可高价，才不叫伪什么派。在生存这个永恒的命题面前，穷人当然可以与富人对话谈心，可以与富人交上朋友，甚至可以当上富人的老师。只是要注意，谈话的时候，首先要听懂对方说的是什么，也必须知道，自己是很难完全变成对方的。

六

请设想一下这种情况，设想一个人只面对自己，独处幽室，或独处荒原，或独处无比寂冷的月球。他需要意义和法则吗？他可以想吃就吃，想拉就拉，崇高和下流都没有对象，连语言也是多余，思索历史更是荒唐。他随心所欲无限自由，一切皆被允许，怎样做——包括自杀——也没有什么严重后果。这种绝对个人的状态，无疑是反语言反历史反文化反知识反权威反严肃反道德反理性的状态，一句话，不累人的状态。描述这种状态的成套词语，我们在后现代哲学那里似曾相识耳熟能详。

但只要有第二个人出现，比如鲁滨孙身边出现了星期五，事情就不一样了。累人的文明几乎就随着第二个人的出现而产生。鲁滨孙必须与星期五说话，这就需要约定词义和逻辑。鲁滨孙不能随便给星期五一耳光，这就需要约定道德和法律。鲁滨孙如若要让星期五接受自己的指导，比如服从分工和讲点卫生，这就需要建立权威的组织……于是，即便在这个最小最小的社会里，只要他们还想现实地生存下去，就不可能做到“怎样都行”了。

暂时设定这种秩序的，不是上帝，是生存的需要，是肉体。在一切上帝都消灭之后，肉体最终呈现出上帝的面目，如期地没收了自己的狂欢，成了自己的敌人。当罗兰·巴特用“身体”取代“自我”时，美国著名理论家卡勒尔先生已敏感到这一先兆，他认为这永远产生着一种神话化的可能，自然的神话行将复辟。（见《罗兰·巴特》）可以看出，后现代哲学是属于幽室、荒原、月球的哲学，是独处者的哲学，不是社会哲学；是幻想者的哲学，不是行动哲学。

物化的消费社会使我们越来越容易成为独处的幻想者，人际关系冷淡而脆弱，即便在人海中，也不常惦记周围的星期五。电视机、防盗门、离婚率、信息过量、移民社会、认钱不认人……对于我们来说，个人越来越是更可靠的世界。一个个商业广告暗示我们不要亏待自己，一个个政治家暗示你的利益正被他优先考虑。正如我们曾经在忠字舞的海洋中，接受过个人分文不值的信条，现在，我们也及时接受着个人至高无上的时代风尚，每个人都是自己最大的明星，都被他人爱得不够。

七

时旷日久的文化空白化和恶质化，产生了这样一代人：没读多少书，最能记起来的是政治游行以及语录歌，多少有点不良记录，当然也没有吃过太多苦头，比如蹲监狱或参加战争。他们被神圣的口号戏弄以后谁也不来负责，身后一无所有。权力炙手可热的时候他们远离权力，苦难可赚荣耀的时候他们掏不出苦难，知识受到尊重的时候他们只能怏怏沉默。他们没有任何教条，生存经验自产自销，看人看事决不迂阔一眼就见血。他们是文化的弃儿，因此也必然是文化的逆子。——他们别无选择。

这一些人是后现代思潮的天然沃土。他们几乎不需要西方学人们来播种，就野生出遍地的冷嘲热讽和粗痞话。

其实也是一种文化，虽然没有列于文化谱系，也未经培植，但天然品质正是它的活力所在。它是思想统治崩溃的必然果实。反过来，它的破坏性，成为一剂清泻各种伪道学的毒药。

“后现代”将会留下诗人——包括诗人型的画家、作家、歌手、批评家等等。真正的诗情是藐视法则的，直接从生命中分泌出来。诗人一般都具有疯魔的特性，一次次让性情的烈焰，冲破理法的岩层喷薄而出。他们觉得自己还疯魔得不够时，常常让酒和梦来帮忙。而后现代思潮是新一代的仿酒和仿梦制品，是高效制幻剂，可以把人们引入丰富奇妙的生命景观。它恢复了人们的个人方位，拓展了感觉的天地，虽然它有时可能失于混沌无序，但潜藏在作品中的革命性、独创精神和想象力的解放显而易见，连它的旁观者和反对者也总是从中受益。

“后现代”将会留下流氓，对于有心使坏的人来说，“怎样都行”当然是最合胃口的理论执照。这将大大鼓舞一些人，以直率来命名粗暴，以超脱来命名懒惰，以幽默来命名欺骗，以法无定法来命名无恶不作，或者干脆以小人自居，也没有什么不可以。如果说，在社会管制严密的情况下，人人慎行，后现代主义只能多产于学院，成为一种心智游戏；那么在社会管制松懈之地，这种主义便更多流行于市井，成为一种物身的操作。这当然很不一样。前者像梦中杀人，像战争片，能提供刺激、乐趣、激动人心，而后者则如同向影剧院真扔上一颗炸弹——谁能受得了呢？因此，对后现代主义配置的社会条件不够，就必有流氓的结果。

诗人总是被公众冷淡，流氓将会被社会惩治。最后，当学院型和市井型的叛逆都受到某种遏制，很多后现代人可能会与环境妥协，回归成社会主流人物，给官员送礼，与商人碰杯，在教授的指导下攻读学位，要儿女守规矩和懂应酬。至于主义，只不过是今后的精神晚礼服之一，偶尔穿上出入某种沙龙，属于业余爱好。他们既然不承认任何主义，也就无所谓对主义的背叛，没有许诺任何责任。最虚无的态度，总是特别容易与最实用的态度联营。事实上，在具体的人那里，后现代主义通常是短暂现象，它对主流社会的对抗，一直被忧心忡忡的正人君子估计过高。

在另一方面，权势者对这些人的压制，也往往被人们估计过高。时代不同了，众多权势者都深谙实用的好处，青春期或多或少的信念，早已日渐稀薄，对信仰最虚无的态度其实在他们内心中深深隐藏。只要是争利的需要，他们可与任何人亲和与勾结，包括接纳各种晚礼服。不同之处在于，主义不是他们的晚礼服，而是他们某种每日必戴的精神假面。他们是后现代主义在朝中或市中的潜在盟友。

这是“后现代”最脆弱之点，最喜剧化的归宿。

从某种意义上来说，后现代主义是现代主义的分解和破碎，是现代主义燃烧的尾声，它对金灿灿社会主流的批判性，正在被妥协性和认同倾向所悄悄置换。它挑剔和逃避了任何主义的缺陷，也就有了最大的缺陷——自己成不了什么主义，不能激发人们对真理的热情和坚定，一开始就隐伏了庸俗化的前景，玩过了就扔的前景。它充其量只是前主义的躁动和后主义的沮丧，是夜行者短时的梦影。

如果“后现代”又被我们做坏，那也是没法子的事。

夜天茫茫，梦不可能永远做下去。我睁开了眼睛。我宁愿眼前一片寂黑，也不愿当梦游者。何况，光明还是有的。上帝说，要有光。

赏读

韩少功，除开他卓越的文学成就，他与其他作家相比，更加具有善于思考且坚持思考的品质。他是20世纪80年代成名的作家中，能够不囿于彼时的文学观念而有所突破的少数派，他以工匠式的创作态度，写出自己的思想随笔以及《马桥词典》等重要作品，在同时代的文人中独树一帜。

韩少功经历过知青下乡及“文化大革命”时期，因此他的脑海中留存有遭受过意识形态弊端带来的伤痛的记忆，这使他对新旧意识形态往往持批判及反思的态度，也形成了他个人文学创作的独立思想。在韩少功突破思维的过程中，他将自己置身于复杂的现实中，将自己的文学观念融合传统文学中“文史哲合一”的观念，汲取西方文学相关理论后，面对中国及世界在“全球化”中纷呈复杂的物质与精神世界时，中西融汇，古今贯通，由此提出自己的观点，将自己的作品与时代紧密结合，让作品发出“时代的声音”。

《夜行者梦语》是一篇思辨性很强的散文。通读全文，可以知道其讲述的内容既有文化的差异、思想的误读，还有使各种主义变形，引发种种荒谬、怪异——却让人觉得司空见惯的事实，有不信奉任何主义的“虚无主义”，还有致力于瓦解一切价值的“后现代”，这些思想理念都被作者以极富思考性的方式进行了书写。

文中“如果让耶稣遥望中世纪的宗教法庭，如果让爱因斯坦遥望广岛的废墟，如果让弗洛伊德遥望红灯区和三级片，如果让欧文、傅立叶、马克思遥望苏联的古拉格群岛和中国的‘文化大革命’，他们大概都会觉得尴尬以及无话可说的”，巧妙地将杰出的创作者、发明者与他们发明创作所带来的违背创作者初心的恶劣后果相挂钩，使之出现在同一个情境中。耶稣与宗教法庭、爱因斯坦与广岛废墟等等，不仅仅是单纯的起因与结果的关系，更甚至是在远隔时代的二者的鲜明对比中，再加以极端的讽刺，于是言有尽而意无穷，同时与上文的“龙种”“跳蚤”之说相承接，作为具体的事例验证“人类常常把一些事情做坏”，衔接紧密。

同样体现思辨性的还有作者关于“虚无是现代人时髦的话题之一”这一观点，作者在文中指出虚无党可以二分为“建设性执着后的虚无”和“消费性执着后的虚无”，并同时将圣者和流氓面对钱财“看破”和爱情“看破”两种情境采取的不同行为进行比对，从而得出下文“上帝死了”对不同人所具有的不同约束——有人因此自觉承担更多责任，而有人却不再去承担任何责任。

上帝死后的世界，是“虚无之外，还有迷惘，绝望，焦虑，没意思，荒诞性，反道德，无深度，熵增加，丧失自我，礼崩乐坏，垮掉的一代，中心解构，过把瘾就死，现在世界上谁怕谁……”，这样的荒谬、怪异、混乱、焦虑的世界，却是类似于我们今天所面对的现实，至今十分通用，比如2017年末十分火爆的“佛系”一词所反映的社会人物状态，其颓废中顺其自然的“无为”，与没有上帝的世界里任意而为的人们行为密切吻合；再者，“80后”“90后”被称作是“垮掉的一代”也与此处作者提及的社会状态中，人们对后代青年作为的感慨颇多相似。

“后现代”在没有法则的世界里，过多强调个人重要性，此时“人们不再为上帝而活着，不再为国家而活着，不再为山川和邻居而活着，不再为祖先和子孙而活着，不再为任何意义和任何法则而活着”，这样失去“盼头”

的人失去了精神层面，消灭了思想，只是一具身体。在瓦解尽一切价值后，这份看似“人本论”成功实施的“后现代”理论，反将人推向“非人化”。作者从“上帝之死”引入，推进到“人为本”，再由“人为本”到“人本”理念的溯源，而后是人们受“人本”影响，为了摆脱思想约束抛弃“大脑”只剩下身体苟活，最后导致人非人的讽刺。

韩少功在这一文中进行省察与反思，运用思辨的方法，层层推进，事理结合，任何观念的表达都清晰且有逻辑，使得这篇文章成为当今中国文学中思想锐度极高的散文。

黑童话·火柴天堂①

周晓枫

暖和一下手指头吧，在墙上一划，“哧”的一声……随着一次次燃起的光亮，她看见温暖的炉火、香喷喷的烤鹅、壮丽辉煌的圣诞树，还有奶奶，她在世间已彻底失去的亲人。

区别在于，火苗里的食物只用于安慰眼睛而不是肠胃，想要品尝，必须坐在天上的餐桌旁，就像跟从死神上路，才能被赐予出口以外的恒久宁静。是否所有的美味都是更高统治者垂钓在唇边的诱饵，咬一口，我们就得跟他走？也许，那只背上已插好刀叉的烤鹅不能被食用是符合天堂原则的，因为天堂的原则是赞颂而不是敌对，是仁爱而不是杀戮，怎能想象会用火和刀刃来对待一只纯洁无辜的鹅呢？它应该被天使像孩子一样抱在怀里。所以，只能想象一只鹅被消灭在胃里，绝不能真实地消灭它，我们占有它又不侵害它，闻它的肉香又不溅上它喉管中的血，快感围绕着它的身体却不触及……这意味着美味被拆成“美”和“味”的两个分离的部分，食物的欣赏价值吞掉了实用价值，或者说它的欣赏价值是实用的，而实用价值仅

---

① 选自《周晓枫散文选集》（百花文艺出版社 2011 年版）。周晓枫，1969 年生于北京，著有散文集《上帝的隐语》《鸟群》《斑纹：兽皮上的地图》等。

只停留在欣赏。如果天使喜欢，如果天使需要，他们只能动用眼神，废除掉牙和手的功用。

正因为如此，我怀疑神之间的和平不是缘于爱，而是缘于冷淡，既然他们之间，他们和所属物之间，摒弃了血肉联系。也正因为如此，他们没有矛盾，没有困惑和失误，他们更尊重一种冰冷得特别安全的人际关系和解决途径。我向往神的生活，因为我不想通过缓慢遗忘的方式来对抗疼痛，不想通过磨蚀自己的方式来减轻欲望。我向往随时再生的肉体和情感，我向往冷血，像一个神或者一条蛇那样。

也许，神比我们想象的还要光辉。他们那么平易近人，为了和那些丑陋的人间孩子看起来相似，他们努力增添一点点私欲，比如，他们使自己需要衣袍和食物。做神仙和亡者最大实惠在于，他们都不再劳动。神有咒语。什么是咒语？就是不必体力劳役就创造。这种创造接近魔术师的障眼法和物体搬移，因为神不劳动，获得便只有依靠剥削人间一途——连死人都抄袭了一点本领，白白享用祭品。对人类来说，神是一个食利阶层。这是回报率最高的投资，神的本金只有一个词：信仰。正因为神是最大的暴力阶层，所以人间又增加了许多模仿者。

卖火柴的丹麦小姑娘，她的脸上流着全世界穷孩子的泪水。但她见识过真正的天堂。神迹总是偏爱穷人的脸、冻僵的赤脚、马厩、寒苦之夜和临终祈祷。我猜测天堂的建筑材料，不会是液体、固体和气体这些常规之物，或许正是这样的神秘物质——集中火焰的形态和水的清凉，所以浴火凤凰才能不焦不死，它潜入天堂，偷了神的岁数。大神可以用省俭的材料，创建复杂的工程，比如，沙漠迷宫，火柴天堂。更可证明天堂性质的，是火炉、烤鹅、圣诞树和奶奶，都可以轻松装进一朵那么那么小的火苗里。尤其是那棵圣诞树，绿色枝子上燃烧着成百上千的蜡烛，燃烧着成百上千的火苗……而这成百上千的火苗，又全都燃烧在小女孩的一朵火苗里——我有点糊涂了，一个数字竟然大于全部数字的集合？

想想中世纪欧洲著名的神学攻关课题：一根针上能够站立多少个天使。现实情境中，能站在那么细小的地方，只能是尘埃、细菌和病毒。针尖上的天使，让我们注意到天堂的事物与它的容器、与它的承载物之间，具有一种失调的不可思议的比例关系。

我们习惯于设想上帝的伟大。他有数倍于人的体积、力量，他有无穷疆域，奔涌大地的江河不过神殿滚落的水滴。我后来怀疑到，上帝的伟大恰恰在于回避了笨重的表达方式。他需要的是轻、渺小，这样他的管理才能无孔不入。比如，他的庙宇建造于云朵之上，奇迹不在于上帝能在指尖上托起群山，而在于，指尖上托着群山的上帝竟然可以站在一片最薄的云上。他不仅使自己，同时使山峦脱去体重。他赋予万物身体，同时又侵占万物的意志，如果愿意，这个伟大的天地写作者可以使一切都变成轻得无法称量的词，包括他自己——“上帝”这个词，万能，无限，唯独没有一个可以描绘的肉体重量。他的天使孩子之所以会飞，在于他们什么也不携带。神的秘诀不仅在于加法，更重要的是减法。是的，减去体重，减去与肉体相关的欲望的重量，减去睡眠、爱情和劳动……

我还可寻找一些佐证。基督教的神三位一体，即圣父、圣子和圣灵。圣父耶和华差派爱子耶稣来世，基督以人的身份道成肉身，因为有了肉身，他便不再是万能的，开始面对疼痛和挫折。月亮比地球离天堂的距离近，人们在上面轻轻一跳就可以弹起很高，他们部分地克服了肉体的重量；同理，推测在更遥远的看不清轮廓的天堂，天使全部地克服了体重。穷人之所以进入天堂的机会较多，可能因为他们形销骨立、体重较轻的缘故。圣徒的整个人间生活都相当于在天堂门外排队，他们面容酷似，全长着驴子那样食草动物的狭长的脸。今天盛行世界的减肥运动，除了审美追求，或许也潜在某种道德修炼，某种对来世的准备……

说到今天，多数人认定它越来越远离更适宜存活于农业时代的童话，远离那些关乎月光和翅膀的原始诗意。在我看来，科学和后现代，甚至成为对童话情节的佐证和推进，虽然带有一种颠覆色彩和金属气味。卡尔维诺曾指出：“第二次工业革命的形象与第一次工业革命的形象不一样，不是轧钢机或铸件这类沉重的东西，而是以电子脉冲形式在电路上流动的信息单位。铁制的机器将会永远存在，但它们必须服从那些没有重量的信息单位。”他在歌颂“轻”的穿透力量，歌颂它神一般的领袖地位。童话中说世间有一种蜘蛛丝编成的织物可以穿过针孔，我们没见过，但我们见过一种更有效率、保存期限更长、体积更小、容量更大的奇妙之物：电子芯片。未来芯片可以记录一个国家的全部历史、人口、资源、政体、民族、宗教、法律、经济、文化、交通及其最精微的细节——针尖上，何止千百个天使起舞？

除夕之夜，我打开喜欢的电子游戏，那里面有朋友、敌人，有街道、迷宫，有鲜花、子弹，我可以成为公主或者冷面杀手……一个轻薄的软件，可以装进这么多。我和卖火柴的她一样，孤独中，幸福地看到火柴天堂里的微笑。谁管那里是不是看得到，进不去。

黑童话即黑色童话，是一种以童话的叙述手法为载体，表现黑暗、恐怖等内容的文学形式，与像糖果一样甜腻，充满美好、希望、色彩斑斓的传统童话相对。与童话都是写给小孩子看的不同，黑童话更像是成人的读物，如果说“童话里都是骗人的”，那黑童话则更多地揭示了现实生活的黑暗面。

冯牧文学奖对周晓枫的评语——“周晓枫的写作承续了散文的人文传统，将沉静、深微的生命体验融于广博的知识背景，在自然、文化和人生之间，发现复杂的、常常是富于智慧的意义联系。她对散文艺术的丰富可能性，怀有活跃的探索精神。她的作品文体精致、繁复，别出心裁，语言丰赡华美，充分展示书面语言的考究、绵密和纯粹。她的体验和思考表现了一个现代青年知识分子为探寻和建构充盈、完整的意义世界所做的努力和面临的难度。她的视野也许可以更为广阔，更为关注当下的、具体的生存疑难，当然，她的艺术和语言将因此迎来更大的挑战。”——很好地概括了周晓枫的写作风格和特色。

周晓枫从世人耳熟能详的“卖火柴的小女孩”童话引入，小女孩在冬日冻死之后，被认为亡灵离开人间去了天堂，由此探讨了神、天堂、上帝、天使等离人类比较遥远的概念，通过神明与人类的对比写法，反衬了随着科技发展，现代人之间越来越淡漠的人情。

童话里，小女孩在冬日里透过窗户看到烤鹅想吃而不得，也没有人来关爱她，直到隔天她被发现已经去了“天堂”。而在文章的第二段，作者对食物的欣赏价值和实用价值提出质疑，“那只背上已插好刀叉的烤鹅不能被食用是符合天堂原则的，因为天堂的原则是赞颂而不是敌对，是仁爱而不是杀戮，怎能想象会用火和刀刃来对待一只纯洁无辜的鹅呢？”以此来解释小女孩的死，却是在批评人类的冷酷，言外之意是说，小女孩的死并不是由于她对烤鹅的想象造成的，每一个袖手旁观的人都负有责任。

生而为人却没有得到人的尊严和爱，因此作者说想做个冷漠的神，“我向往神的生活，因为我不想通过缓慢遗忘的方式来对抗疼痛，不想通过磨蚀自己的方式来减轻欲望”，批评了没有“人情味儿”的人间。

人们不关注人却信仰神，对人冷漠却对神尊敬，很多人在死后才得到如神般的尊重和祭祀，于是穷人、在底层挣扎的人逐渐对生存的现实心灰意冷，在不为人知的时刻和地点，静静死去，所以说“正因为神是最大的暴力阶层，所以人间又增加了许多模仿者”，而且“神迹总是偏爱穷人的脸、冻僵的赤脚、马厩、寒苦之夜和临终祈祷”。小女孩在临终前看到了火炉、烤鹅、圣诞树和奶奶，这些在现实中得不到的事物，只有在“天堂”能实现，恰恰说明了现实的残酷。

接着作者又以“针尖上的天使”“上帝的伟大”说明“穷人之所以进入天堂的机会较多，可能因为他们形销骨立、体重较轻的缘故”，听起来更像是冷漠的富人对穷人之死的狡辩，拒不承认他们自己的冷酷无情和铁石心肠。既然说到“轻”，作者接着就谈到了导致人情淡漠的原因——随着工业革命和现代文明的发展，人们生活节奏加快，很少关注除自身利益之外的东西，遑论对他人友好和送温暖了。

在文章的结尾，“我”打开喜欢的电子游戏沉迷其中无法自拔，象征了现代人的自甘堕落，不思改变。

作者的文字行云流水，文风透露着淡淡的悲观，平实的言语之中不乏深刻的理性思考。《黑童话·火柴天堂》中揭露的社会现实发人深省，试图唤醒读者的“人性”和“爱”。是啊，只要人人都献出一点爱，世界将变成美好人间，小女孩也就不用再向往火柴天堂了。

作品

利玛窦之钟①

李敬泽

一

时间是日光下移动的阴影，是一滴一滴的水珠，是细沙长流。

后来人们才听到时间的声音。

二

阳光浩浩荡荡地泼洒在紫禁城金色的屋顶、血色的宫墙和空旷的广场，冬日的阳光坚脆，能听见阳光落下时发出瓷器开片般的细响。此外，再无别的声音。

乾清宫外的廊檐下，宫女和太监们垂手侍立。他们的眼睛像绵羊，似乎在等待着那致命的一刀。“时辰快到了吧？”每个人都在心中自问，南天上，太阳似乎停止了移动，一棵枝丫清疏的老树把阴影投在窗上。

等着，直到“当——”的一声从殿内传来，所有的人颤抖

① 选自《青鸟故事集》（译林出版社 2017 年版）。李敬泽，1964 年生于山西芮城，著有《颜色的名字》《通往故乡的道路》和散文集《看来看去或秘密交流》等。

了一下，然后又是一声，一声接一声，清亮的铜音儿每一声都敲在心上。

到底响了，人们似乎活转过来，靴声、衣带声、低语声，所有的声音嘈切如灰尘般浮动起来。每个人都惊喜地看了一眼太阳，此时，日正当午。

三

有些日子不为人知，但绝对重要。它们是小日子，人们甚至不知道它们是哪一年哪一天。那是风起于青萍之末的一刻，人们感受着莽荡的风，但谁知道这风最初的游丝般、鼻息般的律动起于何时？

现在，我们知道一个日子：1601 年 1 月 25 日，在这一天，来自意大利的天主教传教士利玛窦将两座自鸣钟呈献给万历皇帝。像一个得到新玩具的孩子，皇上惊喜地听到其中一座钟准时发出鸣响，这其实也是现代计时器在中国大地上最初的、决定性的鸣响。它发自大地的中心、庄严的御座背后，声波一圈一圈无边无际地扩散出去，直到两三百年之后，钟表的滴滴答答声将响彻人们的生活。

时间能够被听到，与此同时，时间也被看到。它不再是日晷的针影，不再是滴漏之水和沙漏之沙，影子仅仅是影子，水和沙仅仅是水和沙，它们不再表达和喻示时间的流动。时间就是纯粹的“时间”，是标记在表盘上的刻度，抽象而普遍，无论阴晴雨雪、无论昼短夜长，时间将放之四海而皆准。

人终于捕捉住了时间。

四

1601 年是万历二十九年，距著名的“万历十五年”已有十四年。紫禁城正殿的御座依然空着，每逢庆典，朝臣们对着空空的御座三跪九叩，行礼如仪。他们已经很久没有见到皇上了，有时某个朝臣会拼命地想：皇上长得什么样儿？但想不起来，皇上的相貌是记忆中一团模糊的影子。

万历皇帝就这样以缺席统治着他的帝国，除了宫女太监，没人知道他在哪儿，没人知道他在干什么，但所有的人都知道他“在”。他行使着一种最终的权力：不行使权力的权力。

后世的史家困惑地注视着这个怪物，他们眼看着大明王朝在他漫长、坚定的消极怠工中逐渐崩解。此人甚至算不上一个暴君，他的问题是他被“皇帝”这顶无比沉重的冠冕压垮了。如果这个名叫朱翊钧的人生在现在，他可以爱他的女人，他将把家业传给心爱的女人所生的儿子。但是不行，他是皇帝，于是大臣们前仆后继、不屈不挠地来干涉他的家务事：那个女人是个妖精，太子应该由大儿子来当，小儿子不能当。——烦不烦呢？的确很烦。

明朝是个奇怪的朝代，那时的人很奇怪。读书人读了一脑子圣贤书，然后就正气凛然，决心抛头颅、洒热血，为了什么？为的大多是诸如此类的烂事儿：如果大儿子英明神武，争得也算值得，实际上那也是个糊涂虫，很可能还有点弱智。

小隐隐于野，中隐隐于市，大隐隐于朝，万历二十九年，一位隐士隐于紫禁城。

五

那天，万历皇帝忽然问："不是说有几个洋人要进贡什么自鸣钟吗？怎么还没有送来？"

早在上年7月间，皇上就接到了驻山东临清向来往大运河的商旅征税的太监马堂的奏报，说有几个洋人要晋京朝贡。10月，马堂遵旨呈上所贡物品的清单，计有：

天主像一幅、天主母像二幅、天主经一本、珍珠镶嵌十字架一座、自鸣报时钟二座、《万国图志》一册、西琴一张。

单子呈上来皇上却未作批答，既不说让他们来也没说不让来，一压就是两个月，似乎皇上把这件事给忘了。这很平常，万历皇帝处理国事的主要方法就是把它忘掉。所以皇上越来越胖了，据说他已经像一座移动的肉山，过多的脂肪淤积在声带上，使他的声音细若游丝，紫禁城里的当值太监们必定都长着兔子一般灵敏的耳朵。

现在，他们听见了，皇上问起了自鸣钟！赶快让那几个洋人进京，把那自己会响的钟送来。

六

漫卷诗书喜欲狂，利玛窦后来肯定读过中国诗圣的诗，他将会想起1601年1月那个寒冷的日子，在那天，终于接到了皇帝的诏旨，命令他们即刻启程赴京。

他们已经在天津羁留五个多月了，漫长且似乎没有尽头的等待。有时利玛窦觉得也许会永远等待下去，他们将悬置在这里，被遗忘。实际上这不是不可能，利玛窦等人到京后见过一个突厥人，这个可怜的家伙从阿拉伯万里迢迢进贡一头狮子，然后他就开始等待朝廷批准他回去，他已经等了整整四十年，还得继续等下去。

但就在绝望中，北京发出了召唤，“这完全出乎意料，仿佛是回答了很多人在各个地方请求上天保佑这次远征成功的祈祷。……他们相信是手里掌握着皇帝们的心灵的上帝以他自己的神秘的方式造成了这场突然的变化，以便拯救这些灵魂”。

皇上想的是自鸣钟，利玛窦却惦记着皇上的灵魂。这位传教士 1552 年生于意大利小城玛切拉塔，早在青年时就发愿到“一片肥沃的土地上撒下宗教的种子，以便来日大丰收”。正值西方的地理发现和殖民扩张，传教士们远渡重洋，踏上一片又一片陌生的土地。1582 年，利玛窦抵达澳门，次年 9 月，他和一位同伴来到广东肇庆，开始了在中国毕其一生的传教事业。

此时，北京高大的城墙已遥遥在望，利玛窦抑制住剧烈的心跳，他一步一步，走向他的梦想：中国的皇帝将皈依天主，然后……

七

1583 年，也就是利玛窦来到肇庆的那年，在他的故国意大利，一个十九岁的青年注视着从教堂顶部悬吊下来的祭坛灯，那盏灯在摆动，摆过来摆过去，无论幅度大小，摆动的时间是一样的。手按着自己的脉搏，他感到那盏灯就在心脏中摆动。

他叫伽利略，比萨大学的学生。当他在祈祷会上偶然看到教堂的灯时，自然的谜底、它的内在规律向着一个好奇多思的心灵敞开，那就是物理学中的“等时性”，使摆动时间发生变化的，不是摆幅的大小，而是摆动的物体的长度。

于是，就有了钟摆。对机械计时器来说，这是决定性的进展，从此钟表的精确度就几乎是分秒必争——在此之前，一座钟一天慢上一小时也是寻常之事。

仅仅十八年后，一座装置了伽利略式钟摆的大钟已经出现在紫禁城内，不过有个问题：钟不走了。

八

利玛窦带来了两座自鸣钟，一座大的，一座小的。小的高可盈掌，青铜镀金制成；大的镀金铁质，钟摆露在外面。1601 年 1 月 25 日，发出鸣响的是那座小钟，大钟当然不会响，因为作为“当今世界最新科技成果”，它需要专业人员安装调试。

所以，传教士们可有的忙了，皇上迫不及待地希望听到那个巨大的怪物按着时辰发出响声，传召洋人火速进宫。利玛窦和一个同伴骑着马慌慌张张地赶到，只见那座金碧辉煌的钟正矗立在乾清门外的广场上。它太高了，一时无处安置。

那一天是快乐的，沉闷单调的宫廷生活忽然波光荡漾，外庭的太监侍卫们奔走相告，去看那个自己会响的钟。不仅是钟，还有两个洋人，洋人的鼻子高，眼珠是蓝的或黄的，像波斯猫。大钟前黑压压挤了一地的人，最后不得不用大棒子把人群驱散。

利玛窦也是快乐的，他终于来到了这个帝国的中心，进入了这座传说中的神奇宫殿，他甚至来不及仔细观察周围的一切，他觉得在晕眩中穿过了巨大的梦境。他一直等待着这一刻，从澳门、肇庆、韶州，到南昌、南京，他一步一步艰难地向这里行进，整整走了十八年。

利玛窦坚定地认为他将传播福音，但是现在，他得当一个钟表匠。

此后直到清代，传教士的一门必修手艺就是修理钟表。

九

万历皇帝把小自鸣钟摆放在寝宫，精巧的小钟，利玛窦已经把钟面上罗马数字的时间标记改成了中文的时辰。皇上入迷地注视着指针的跳动，有时他就一直这么看着，直到小钟内部一阵躁动后发出“当——当——”的鸣响。

皇上注视和谛听着时间，反正他有的是时间，闲着也是闲着。

很多年以后，另一位皇上——康熙皇帝写道：

昼夜循环胜刻漏，
绸缪宛转报时全。
阴阳不改衷肠性，
万里遥来二百年。

此诗题为《戏题自鸣钟》，康熙另有一诗《咏自鸣钟》：

法自西洋始，巧心授受知。
轮行随刻转，表按指分移。
绛帻休催晓，金钟预报时。
清晨勤政务，数问奏章迟。

显然，康熙的生活节奏是被钟表时间所支配的，“绛帻休催晓”，天已经亮了，但表上的时辰还没到呢，还可以再睡一会儿，但如果看表到点了，文件就必须准时送来。即使是现在，在中国的偏远农村，一个农民还是会依据日升日落、天黑天亮的自然节律安排他的生活，相比之下，二百多年前的皇上更像一个现代人，他摆脱了自然节律的羁绊，直接皈依于钟表所标示的物理时间。

皇帝是天与人的中介，是天文、历法等事关天意的知识的垄断者，他本身就是时间的尺度，他的登基之年被称为元年，元而复始，直到下一个皇帝、下一个元年，时间完成了一次循环。所以，皇帝最先掌握了时间的秘密。

时间，对现代人来说寸阴是竞，人们对用来查看时间的时钟更是司空见惯，但却少有人知道古代的人是怎样把握时间的，时钟这一西洋玩意儿又是怎么传到中国的。李敬泽的《利玛窦之钟》用生动的笔触为我们揭开了蒙在这段历史上的面纱，让我们得以一探究竟。

文章开头就说到，古人是通过影子、水滴和细沙这些肉眼可见的、与时间相关的事物来判断时间的，寥寥数字就为我们介绍了古代确定时间的方法，也说明了时钟并不是我们的发明，是“后来”传入的。

接着为我们描绘了紫禁城的雄伟，还有一群宫女太监在乾清宫外等待着钟响，“到底响了，人们似乎活转过来，靴声、衣带声、低语声，所有的声音嘈切如灰尘般浮动起来”。仿佛是时钟给了人们生机和活力，时钟在当时的重要意义从这些表现中可见一斑。

继“先声夺人”之后，作者才为我们将“利玛窦之钟”的故事娓娓道来，中间又插叙了一段关于明神宗的片段——紫禁城正殿的御座依然空着，每逢庆典，朝臣们对着空空的御座三跪九叩，行礼如仪。他们已经很久没有见到皇上了，有时某个朝臣会拼命地想：皇上长得什么样儿？但想不起来，皇上的相貌是记忆中一团模糊的影子。通过侧面描写，为我们刻画了惰于朝政的万历皇帝形象。

值得一提的是，文中所说的“万历皇帝”即明神宗朱翊钧，年号万历，是明朝中后期的皇帝，也是明朝在位时间最长的皇帝。他是一个争议颇多的历史人物。他年幼登基，张居正辅政，万历前十年创造了明朝历史上经济最为繁荣，军事比较强盛的时期，但自从万历十五年之后，明神宗开始怠政，不上朝，不见大臣，朝局急转直下，后人多认为明朝的灭亡与此脱不了干系。

皇帝不处理国事自然就多了很多空闲时间，于是他想起了自鸣钟，利玛窦因此得以进入京城，文中说“皇上想的是自鸣钟，利玛窦却惦记着皇上的灵魂”，“利玛窦抑制住剧烈的心跳，他一步一步，走向他的梦想：中国的皇帝将皈依天主，然后……”利玛窦生于意大利，明朝万历年间来到中国传教，自从他来到北京后，就因为“修理钟表”这项技能而被皇帝留了下来，不遗余力地传播天主教，后来的“圣教三柱石”——徐光启、李之藻和杨廷筠都是在他的影响下才加入天主教的。

说了利玛窦，作者接着又介绍了同样来自意大利、发现了“等时性”的伽利略；说了万历皇帝，作者还谈到了与之形成鲜明对比的乾隆皇帝；说了时钟标示物理时间，作者在最后也说到了中国人自己创造的用年号来纪年。

在有限的篇幅里，作者为我们介绍了四个人物，概述了他们的主要事件，并且以“时钟”为线索将朝代不同、国家不同的四个人串联起来，丰富内容的同时又不生硬突兀，从中可见作者广博的历史文化知识和强大的讲故事能力。

除内容外，值得一提的是文章的写作技巧也很精彩。描写方法上，有对历史建筑的景物描写，有揣测和想象出来的心理描写，还有通过正侧结合的手法来进行的人物描写。修辞方面，夸张、对比和比喻都很出色，如“所以皇上越来越胖了，据说他已经像一座移动的肉山，过多的脂肪淤积在声带上，使他的声音细若游丝，紫禁城里的当值太监们必定都长着兔子一般灵敏的耳朵”，将皇帝比作“肉山”，生动又有趣。

《利玛窦之钟》选自李敬泽所著的《青鸟故事集》，谈到写作的目的，李敬泽表示“当你看世界的时候，看历史的时候，那些朦胧的、被遮蔽的、处在阴影里的、在浩瀚的书页里只是无关紧要的小小角落里的东西，本来是零散的。你注视它，给它一个秩序，一个条理，使得它忽然产生光芒。它本来是一个无意义的碎片，但是你让它有了光，我觉得这在文学上也是一个有趣味的事情”。

总之，李敬泽用文学的手法赋予了历史新的灵魂，使之具有可读性。

1. 在林语堂的《论读书》中，我们了解到他关于读书的别致思想；在王小波的《思维的乐趣》里，我们懂得了他对于思维的独到见解；在韩少功的《夜行者梦语》中，我们学到了他对思考的精锐观念；在周晓枫《黑童话·火柴天堂》中，我们用新的方式解读童话里的世界；在李敬泽《利玛窦之钟》里，我们随他畅游于灵动的语言描绘的历史海洋。在你读这五篇文章的时候，哪一篇文章与你产生了思想火花的碰撞？结合自己的学习生活经历谈谈自己的理解。

2. 世界上总也不缺少思想家，东方有孔孟老庄，西方有苏格拉底、柏拉图，等等。在你学习了这单元后：

（1）你认为具备什么样条件的人，才可以称之为思想家？

（2）在你所接触的现当代著名作家中，除却本单元所例举的五位作家外，还有谁称得上是“你心中的思想家”？简要举出他的代表作及观点进行分析。

3. “单元导读”中提到一个笑话，“中国学生不知道什么叫‘思考’”着实让人感到心惊，里面老师提到的题目是“有谁思考过世界上其他国家粮食紧缺的问题吗”。现在请你根据自己对上述文章的理解，发挥独有的思考能力，解答这个老师提出的问题。

4. 有高尚思想的人永不会孤独的。——西德尼

哪里有思想，哪里就有威力。——雨果

你可以靠思想上的隔音器隔绝喧闹声。——罗斯

我自己的思想就是我的同伴。——朗费罗

每个人对于思想都有不同的想法，你还能举出其他有关的名人名言吗？

5. 无论是《论读书》对读书本质的揭露，还是《思维的乐趣》对思维的独到见解，抑或是《黑童话·火柴天堂》中对童话的另类看法，《利玛窦之钟》对钟表作用的历史演绎，都给我们展现出思想的内涵以及思想的力量。如何才能培养独特的思维？谈谈你的看法。

出口成章

在人类文明发展的历史上，演说扮演着极为重要的角色。古希腊、古罗马时期，演讲与修辞之学蔚然成风，乃至于被视为一门谋生的技艺。而早在我国春秋战国时期，诸子百家通过游说各国统治阶级以实现自己的政治主张，合纵连横，口吐莲花，以至于“不战而屈人之兵”。

演讲稿是应用性文体，言之有物是关键。除了吸引人的内容，清晰的脉络也是一篇优秀演讲稿的重要因素。因此，所谓的“出口成章”不仅是赞誉一个人说话漂亮，更重要的是说话的逻辑明白顺畅，说得有章法、条分理析。一场优秀的演讲不仅仅限于一份文字隽永、内容警醒的演讲稿，更关乎演讲者的逻辑思量和思维智慧。思路清晰，条理清楚，丝丝入扣，令人心服口服，让听者明白，这才是演说者吸引观众、令观众折服的核心所在。

本部分选取的五篇演讲稿各有侧重。

鲁迅先生在广州夏期学术演讲会上的演讲，以“药与酒”贯穿魏晋文学史，将魏晋人士的风流荒诞说得淋漓通透。既有丰满生动的语言，也有浓郁的个人情感偏好和时代特色。

胡适的《天下没有白费的努力》，是在北京大学的一次毕业典礼上发表的讲话。面对一群即将正式步入社会的年轻人，他开了三个“药方”，殷切希望大家在毕业后仍能够坚持对学习的热情和天真的“理想主义”，言语中好似父兄般殷殷劝诫。

谢冕在北京大学中文系 1997 级迎新会上发表的演讲《富有的是精神》，发表在世纪之交，寄予了他对于中文系新生们美好的期待，期待骄子们既要博古也要通今，非常符合时代特征与世界局势。

让人脑洞大开的是孙绍振的《论美女之婚不可证》。这是其“苦思冥想数小时，终于理清了在现场的氛围中作即兴发挥的思路”而成。他时而考古婚礼仪式，时而大谈古今中外爱情观，语言之诙谐，内容之灵活生动，思路之开阔，逻辑上的纵横捭阖、曲径通幽，更是令人击节叫好。

陈平原的《一辈子的道路取决于语文》，取“大家小文”的做法，从五方面论述语文教学对于当今学生的必要性，与当下的语文教学形势息息相关。

演讲不仅是说话者的口吐莲花，更是其逻辑思维与智慧的魅力呈现。绚丽的言辞当然可以炫人耳目，但让听者动容的却是所言所语里蕴含的逻辑力量、思维波澜。思维的魅力，这才是演讲者让听者走心、动容的硬功夫。

魏晋风度及文章与药及酒之关系

——九月间在广州夏期学术演讲会讲①

鲁 迅

我今天所讲的，就是黑板上写着的这样一个题目。

中国文学史，研究起来，可真不容易，研究古的，恨材料太少，研究今的，材料又太多，所以到现在，中国较完全的文学史尚未出现。今天讲的题目是文学史上的一部分，也是材料太少，研究起来很有困难的地方。因为我们想研究某一时代的文学，至少要知道作者的环境、经历和著作。

汉末魏初这个时代是很重要的时代，在文学方面起一个重大的变化，因当时正在黄巾和董卓大乱之后，而且又是党锢的纠纷之后，这时曹操出来了。——不过我们讲到曹操，很容易就联想起《三国演义》，更而想起戏台上那一位花面的奸臣，但这不是观察曹操的真正方法。现在我们再看历史，在历史上的记载和论断有时也是极靠不住的，不能相信的地方很多，因为通常我们晓得，某朝的年代长一点，其中必定好人多；某朝的年代短一点，其中差不多没有好人。为什么呢？因为年代长

① 选自《鲁迅全集（第三卷）》（上海科学技术文献出版社 1938 年版），有改动。鲁迅（1881—1936），浙江省绍兴府会稽县人，著有《呐喊》《彷徨》《朝花夕拾》《野草》《华盖集》《中国小说史略》等。

了，做史的是本朝人，当然恭维本朝的人物，年代短了，做史的是别朝人，便很自由地贬斥其异朝的人物，所以在秦朝，差不多在史的记载上半个好人也没有。曹操在史上年代也是颇短的，自然也逃不了被后一朝人说坏话的公例。其实，曹操是一个很有本事的人，至少是一个英雄，我虽不是曹操一党，但无论如何，总是非常佩服他。

研究那时的文学，现在较为容易了，因为已经有人做过工作：在文集一方面有清严可均辑的《全上古三代秦汉三国晋南北朝文》。其中于此有用的，是《全汉文》《全三国文》《全晋文》。

在诗一方面有丁福保辑的《全汉三国晋南北朝诗》。——丁福保是做医生的，现在还在。

辑录关于这时代的文学评论有刘师培编的《中国中古文学史》。这本书是北大的讲义，刘先生已死，此书由北大出版。

上面三种书对于我们的研究有很大的帮助。能使我们看出这时代的文学的确有点异彩。

我今天所讲，倘若刘先生的书里已详的，我就略一点；反之，刘先生所略的，我就较详一点。

董卓之后，曹操专权。在他的统治之下，第一个特色便是尚刑名。他的立法是很严的，因为当大乱之后，大家都想做皇帝，大家都想叛乱，故曹操不能不如此。曹操曾自己说过："倘无我，不知有多少人称王称帝！"这句话他倒并没有说谎。因此之故，影响到文章方面，成了清峻的风格。——就是文章要简约严明的意思。

此外还有一个特点，就是尚通脱。他为什么要尚通脱呢？自然也与当时的风气有莫大的关系。因为在党锢之祸以前，凡党中人都自命清流，不过讲"清"讲得太过，便成固执，所以在汉末，清流的举动有时便非常可笑了。

比方有一个有名的人，普通的人去拜访他，先要说几句话，倘这几句话说得不对，往往会遭倨傲的待遇，叫他坐到屋外去，甚而至于拒绝不见。

又如有一个人，他和他的姊夫是不对的，有一回他到姊姊那里去吃饭之后，便要将饭钱算回给姊姊。她不肯要，他就于出门之后，把那些钱扔在街上，算是付过了。

个人这样闹闹脾气还不要紧，若治国平天下也这样闹起执拗的脾气来，那还成甚么话？所以深知此弊的曹操要起来反对这种习气，力倡通脱。通脱即随便之意。此种提倡影响到文坛，便产生多量想说甚么便说甚么的文章。

更因思想通脱之后，废除固执，遂能充分容纳异端和外来的思想，故孔教以外的思想源源引入。

总括起来，我们可以说汉末魏初的文章是清峻、通脱。在曹操本身，也是一个改造文章的祖师，可惜他的文章传的很少。他胆子很大，文章从通脱得力不少，做文章时又没有顾忌，想写的便写出来。

所以曹操征求人才时也是这样说，不忠不孝不要紧，只要有才便可以。这又是别人所不敢说的。曹操做诗，竟说是“郑康成行酒伏地气绝”，他引出离当时不久的事实，这也是别人所不敢用的。还有这样，比方人死时，常常写点遗令，这是名人的一件极时髦的事。当时的遗令本有一定的格式，且多言身后当葬于何处何处，或葬于某某名人的墓旁；操独不然，他的遗令不但没有依着格式，内容竟讲到遗下的衣服和伎女怎样处置等问题。

陆机虽然评曰：“贻尘谤于后王”，然而我想他无论如何是一个精明人，他自己能做文章，又有手段，把天下的方士文士统统搜罗起来，省得他们跑在外面给他捣乱。所以他帷幄里面，方士文士就特别地多。

孝文帝曹丕，以长子而承父业，篡汉而即帝位。他也是喜欢文章的。其弟曹植，还有明帝曹叡，都是喜欢文章的。不过到那个时候，于通脱之外，更加上华丽。丕著有《典论》，现已失散无全本，那里面说：“诗赋欲丽”，“文以气为主”。《典论》的零零碎碎，在唐宋类书中；一篇整的《论文》，在《文选》中可以看见。

后来有一般人很不以他的见解为然。他说诗赋不必寓教训，反对当时那些寓训勉于诗赋的见解，用近代的文学眼光看来，曹丕的一个时代可说是“文学的自觉时代”，或如近代所说是为艺术而艺术（Art for Art’s Sake）的一派。所以曹丕做的诗赋很好，更因他以“气”为主，故于华丽以外，加上壮大。归纳起来，汉末魏初的文章，可说是：“清峻，通脱，华丽，壮大。”在文学的意见上，曹丕和曹植表面上似乎是不同的。曹丕说文章事可以留名声于千载；但子建却说文章小道，不足论的。据我的意见，子建大概是违心之论。这里有两个原因，第一，子建的文章做得好，一个人大概总是不满意自己所做而羡慕他人所为的，他的文章已经做得好，于是他便敢说文章是小道；第二，子建活动的目标在于政治方面，政治方面不甚得志，遂说文章是无用了。

曹操、曹丕以外，还有下面的七个人：孔融、陈琳、王粲、徐幹、阮瑀、应瑒、刘桢，都很能做文章，后来称为“建安七子”。七人的文章很少流传，现在我们很难判断；但，大概都不外是“慷慨”“华丽”罢。华丽即曹丕所主张，慷慨就因当天下大乱之际，亲戚朋友死于乱者特多，于是为文就不免带着悲凉、激昂和“慷慨”了。

“建安七子”之中，特别的是孔融，他专喜和曹操捣乱。曹丕《典论》里有论孔融的，因此他也被拉进“建安七子”一块儿去。其实不对，很两样的。不过在当时，他的名声可非常之大。孔融作文，喜用讥嘲的笔调，曹丕很不满意他。孔融的文章现在传的也很少，就他所有的看起来，我们可以瞧出他并不大对别人讥讽，只对曹操。比方操破袁氏兄弟，曹丕把袁熙的妻甄氏拿来，归了自己，孔融就写信给曹操，说当初武王伐纣，将妲己给了周公了。操问他的出典，他说，以今例古，大概那时也是这样的。又比方曹操要禁酒，说酒可以亡国，非禁不可，孔融又反对他，说也有以女人亡国的，何以不禁婚姻？

其实曹操也是喝酒的。我们看他的“何以解忧？惟有杜康”的诗句，就可以知道。为什么他的行为会和议论矛盾呢？此无他，因曹操是个办事人，所以不得不这样做；孔融是旁观的人，所以容易说些自由话。曹操见他屡屡反对自己，后来借故把他杀了。他杀孔融的罪状大概是不孝。因为孔融有下列的两个主张：

第一，孔融主张母亲和儿子的关系是如瓶之盛物一样，只要在瓶内把东西倒了出来，母亲和儿子的关系便算完了。第二，假使有天下饥荒的一个时候，有点食物，给父亲不给呢？孔融的答案是：倘若父亲是不好的，宁可给别人。——曹操想杀他，便不惜以这种主张为他不忠不孝的根据，把他杀了。倘若曹操在世，我们可以问他，当初求才时就说不忠不孝也不要紧，为何又以不孝之名杀人呢？然而事实上纵使曹操再生，也没人敢问他，我们倘若去问他，恐怕他把我们也杀了！

与孔融一同反对曹操的尚有一个祢衡，后来给黄祖杀掉的。祢衡的文章也不错，而且他和孔融早是“以气为主”来写文章的了。故在此我们又可知道，汉文慢慢壮大起来，是时代使然，非专靠曹操父子之功的。但华丽好看，却是曹丕提倡的功劳。

这样下去一直到明帝的时候，文章上起了个重大的变化，因为出了一个何晏。何晏的名声很大，位置也很高，他喜欢研究《老子》和《易经》。至于他是怎样的一个人呢？那真相现在可很难知道，很难调查。因为他是曹氏一派的人，司马氏很讨厌他，所以他们的记载对何晏大不满。因此产生许多传说，有人说何晏的脸上是搽粉的，又有人说他本来生得白，不是搽粉的。但究竟何晏搽粉不搽粉呢？我也不知道。

但何晏有两件事我们是知道的。第一，他喜欢空谈，是空谈的祖师；第二，他喜欢吃药，是吃药的祖师。

此外，他也喜欢谈名理。他身子不好，因此不能不服药。他吃的不是寻常的药，是一种名叫“五石散”的药。

“五石散”是一种毒药，是何晏吃开头的。汉时，大家还不敢吃，何晏或者将药方略加改变，便吃开头了。五石散的基本，大概是五样药：石钟乳、石硫黄、白石英、紫石英、赤石脂；另外怕还配点别样的药。但现在也不必细细研究它，我想各位都是不想吃它的。

从书上看起来，这种药是很好的，人吃了能转弱为强。因此之故，何晏有钱，他吃起来了，大家也跟着吃。那时五石散的流毒就同清末的鸦片的流毒差不多，看吃药与否以分阔气与否。现在由隋巢元方做的《诸病源候论》的里面可以看到一些。据此书，可知吃这药是非常麻烦的，穷人不能吃，假使吃了之后，一不小心，就会毒死。先吃下去的时候，倒不怎样的，后来药的效验既显，名曰“散发”。倘若没有“散发”，就有弊而无利。因此吃了之后不能休息，非走路不可，因走路才能“散发”，所以走路名曰“行散”。比方我们看六朝人的诗，有云：“至城东行散”，就是此意。后来做诗的人不知其故，以为“行散”即步行之意，所以不服药也以“行散”二字入诗，这是很笑话的。

走了之后，全身发烧，发烧之后又发冷。普通发冷宜多穿衣，吃热的东西。但吃药后的发冷刚刚要相反：衣少，冷食，以冷水浇身。倘穿衣多而食热物，那就非死不可。因此五石散一名寒食散。只有一样不必冷吃的，就是酒。

吃了散之后，衣服要脱掉，用冷水浇身；吃冷东西；饮热酒。这样看起来，五石散吃的人多，穿厚衣的人就少；比方在广东提倡，一年以后，穿西装的人就没有了。因为皮肉发烧之故，不能穿窄衣。为预防皮肤被衣服擦伤，就非穿宽大的衣服不可。现在有许多人以为晋人轻裘缓带，宽衣，在当时是人们高逸的表现，其实不知他们是吃药的缘故。一班名人都吃药，穿的衣都宽大，于是不吃药的也跟着名人，把衣服宽大起来了！

还有，吃药之后，因皮肤易于磨破，穿鞋也不方便，故不穿鞋袜而穿屐。所以我们看晋人的画像或那时的文章，见他衣服宽大，不鞋而屐，以为他一定是很舒服，很飘逸的了，其实他心里都是很苦的。

更因皮肤易破，不能穿新的而宜于穿旧的，衣服便不能常洗。因不洗，便多虱。所以在文章上，虱子的地位很高，“扪虱而谈”，当时竟传为美事。比方我今天在这里演讲的时候，扪起虱来，那是不大好的。但在那时不要紧，因为习惯不同之故。这正如清朝是提倡抽大烟的，我们看见两肩高耸的人，不觉得奇怪。现在就不行了，倘若多数学生，他的肩成为一字样，我们就觉得很奇怪了。

此外可见服散的情形及其他种种的书，还有葛洪的《抱朴子》。

到东晋以后，作假的人就很多，在街旁睡倒，说是“散发”以示阔气。就像清时尊读书，就有人以墨涂唇，表示他是刚才写了许多字的样子。故我想，衣大，穿屐，散发等等，后来效之，不吃也学起来，与理论的提倡实在是无关的。

又因“散发”之时，不能肚饿，所以吃冷物，而且要赶快吃，不论时候，一日数次也不可定。因此影响到晋时“居丧无礼”。——本来魏晋时，对于父母之礼是很繁多的。比方想去访一个人，那么，在未访之前，必先打听他父母及其祖父母的名字，以便避讳。否则，嘴上一说出这个字音，假如他的父母是死了的，主人便会大哭起来——他记得父母了——给你一个大大的没趣。晋礼居丧之时，也要瘦，不多吃饭，不准喝酒。但在吃药之后，为生命计，不能管得许多，只好大嚼，所以就变成“居丧无礼”了。

居丧之际，饮酒食肉，由阔人名流倡之，万民皆从之，因为这个缘故，社会上遂尊称这样的人叫作名士派。

吃散发源于何晏，和他同志的，有王弼和夏侯玄两个人，与晏同为服药的祖师。有他三人提倡，有多人跟着走。他们三人多是会做文章，除了夏侯玄的作品流传不多外，王何二人现在我们尚能看到他们的文章。他们都是生于正始的，所以又名曰“正始名士”。但这种习惯的末流，是只会吃药，或竟假装吃药，而不会做文章。

东晋以后，不做文章而流为清谈，由《世说新语》一书里可以看到。此中空论多而文章少，比较他们三个差得远了。三人中王弼二十余岁便死了，夏侯、何二人皆为司马懿所杀。因为他二人同曹操有关系，非死不可，犹曹操之杀孔融，也是借不孝做罪名的。

二人死后，论者多因其与魏有关而骂他，其实何晏值得骂的就是因为他是吃药的发起人。这种服散的风气，魏、晋，直到隋、唐还存在着，因为唐时还有“解散方”，即解五石散的药方，可以证明还有人吃，不过少点罢了。唐以后就没有人吃，其原因尚未详，大概因其弊多利少，和鸦片一样罢？

晋名人皇甫谧作一书曰《高士传》，我们以为他很高超。但他是服散的，曾有一篇文章，自说吃散之苦。因为药性一发，稍不留心，即会丧命，至少也会受非常的苦痛，或要发狂；本来聪明的人，因此也会变成痴呆。所以非深知药性，会解救，而且家里的人多深知药性不可。晋朝人多是脾气很坏，高傲、发狂，性暴如火的，大约便是服药的缘故。比方有苍蝇扰他，竟至拔剑追赶；就是说话，也要胡胡涂涂地才好，有时简直是近于发疯。但在晋朝更有以痴为好的，这大概也是服药的缘故。

魏末，何晏他们之外，又有一个团体新起，叫做“竹林名士”，也是七个，所以又称“竹林七贤”。正始名士服药，竹林名士饮酒。竹林的代表是嵇康和阮籍。但究竟竹林名士不纯粹是喝酒的，嵇康也兼服药，而阮籍则是专喝酒的代表。但嵇康也饮酒，刘伶也是这里面的一个。他们七人中差不多都是反抗旧礼教的。

这七人中，脾气各有不同。嵇阮二人的脾气都很大；阮籍老年时改得很好，嵇康就始终都是极坏的。

阮年轻时，对于访他的人有加以青眼和白眼的分别。白眼大概是全然看不见眸子的，恐怕要练习很久才能够。青眼我会装，白眼我却装不好。

后来阮籍竟做到“口不臧否人物”的地步，嵇康却全不改变。结果阮得终其天年，而嵇竟丧于司马氏之手，与孔融、何晏等一样，遭了不幸的杀害。这大概是因为吃药和吃酒之分的缘故：吃药可以成仙，仙是可以骄视俗人的；饮酒不会成仙，所以敷衍了事。

他们的态度，大抵是饮酒时衣服不穿，帽也不戴。若在平时，有这种状态，我们就说无礼，但他们就不同。居丧时不一定按例哭泣；子之于父，是不能提父的名，但在竹林名士一流人中，子都会叫父的名号。旧传下来的礼教，竹林名士是不承认的。即如刘伶——他曾做过一篇《酒德颂》，谁都知道——他是不承认世界上从前规定的道理的，曾经有这样的事，有一次有客见他，他不穿衣服。人责问他，他答人说，天地是我的房屋，房屋就是我的衣服，你们为什么钻进我的裤子中来？至于阮籍，就更甚了，他连上下古今也不承认，在《大人先生传》里有说："天地解兮六合开，星辰陨兮日月颓，我腾而上将何怀?"他的意思是天地神仙，都是无意义，一切都不要，所以他觉得世上的道理不必争，神仙也不足信，既然一切都是虚无，所以他便沉湎于酒了。然而他还有一个原因，就是他的饮酒不独由于他的思想，大半倒在环境。其时司马氏已想篡位，而阮籍名声很大，所以他讲话就极难，只好多饮酒，少讲话，而且即使讲话讲错了，也可以借醉得到人的原谅。只要看有一次司马懿求和阮籍结亲，而阮籍一醉就是两个月，没有提出的机会，就可以知道了。

阮籍作文章和诗都很好，他的诗文虽然也慷慨激昂，但许多意思都是隐而不显的。宋的颜延之已经说不大能懂，我们现在自然更很难看得懂他的诗了。他诗里也说神仙，但他其实是不相信的。嵇康的论文，比阮籍更好，思想新颖，往往与古时旧说反对。孔子说："学而时习之，不亦说乎？"嵇康做的《难自然好学论》，却道，人是并不好学的，假如一个人可以不做事而又有饭吃，就随便闲游不喜欢读书了，所以现在人之好学，是由于习惯和不得已。还有管叔、蔡叔，是疑心周公，率殷民叛，因而被诛，一向公认为坏人的。而嵇康做的《管蔡论》，就也反对历代传下来的意思，说这两个人是忠臣，他们的怀疑周公，是因为地方相距太远，消息不灵通。

但最引起许多人的注意，而且于生命有危险的，是《与山巨源绝交书》中的"非汤、武而薄周、孔"。司马懿因这篇文章，就将嵇康杀了。非薄了汤、武、周、孔，在现时代是不要紧的，但在当时却关系非小。汤、武是以武定天下的；周公是辅成王的；孔子是祖述尧、舜，而尧、舜是禅让天下的。嵇康都说不好，那么，教司马懿篡位的时候，怎么办才是好呢？没有办法。在这一点上，嵇康于司马氏的办事上有了直接的影响，因此就非死不可了。嵇康的见杀，是因为他的朋友吕安不孝，连及嵇康，罪案和曹操的杀孔融差不多。魏、晋，是以孝治天下的，不孝，故不能不杀。为什么要以孝治天下呢？因为天位从禅让，即巧取豪夺而来，若主张以忠治天下，他们的立脚点便不稳，办事便棘手，立论也难了，所以一定要以孝治天下。但倘只是实行不孝，其实那时倒不很要紧的，嵇康的害处是在发议论；阮籍不同，不大说关于伦理上的话，所以结局也不同。

但魏、晋也不全是这样的情形，宽袍大袖，大家饮酒。反对的也很多。在文章上我们还可以看见裴頠的《崇有论》、孙盛的《老子非大贤论》，这些都是反对王、何们的。在史实上，则何曾劝司马懿杀阮籍有好几回，司马懿不听他的话，这是因为阮籍的饮酒，与时局的关系少些的缘故。

然而后人就将嵇康、阮籍骂起来，人云亦云，一直到现在，一千六百多年。季札说："中国之君子，明于礼义而陋于知人心。"这是确的，大凡明于礼义，就一定要陋于知人心的，所以古代有许多人受了很大的冤枉。例如嵇、阮的罪名，一向说他们毁坏礼教。但据我个人的意见，这判断是错的。魏晋时代，崇奉礼教的看来似乎很不错，而实在是毁坏礼教，不信礼教的。表面上毁坏礼教者，实则倒是承认礼教，太相信礼教。因为魏、晋时所谓崇奉礼教，是用以自利，那崇奉也不过偶然崇奉，如曹操杀孔融，司马懿杀嵇康，都是因为他们和不孝有关，但实在曹操、司马懿何尝是著名的孝子，不过将这个名义，加罪于反对自己的人罢了。于是老实人以为如此利用，亵渎了礼教，不平之极，无计可施，激而变成不谈礼教，不信礼教，甚至于反对礼教。——但其实不过是态度，至于他们的本心，恐怕倒是相信礼教，当作宝贝，比曹操、司马懿们要迂执得多。现在说一个容易明白的比喻罢，譬如有一个军阀，在北方——在广东的人所谓北方和我常说的北方的界限有些不同，我常称山东、山西、直隶、河南之类为北方——那军阀从前是压迫民党的，后来北伐军势力一大，他便挂起了青天白日旗，说自己已经信仰三民主义了，是总理的信徒。这样还不够，他还要做总理的纪念周。这时候，真的三民主义的信徒，去呢，不去呢？不去，他那里就可以说你反对三民主义，定罪，杀人。但既然在他的势力之下，没有别法，真的总理的信徒，倒会不谈三民主义，或者听人假惺惺的谈起来就皱眉，好像反对三民主义模样。所以我想，魏、晋时所谓反对礼教的人，有许多大约也如此。他们倒是迂夫子，将礼教当作宝贝看待的。

还有一个实证，凡人们的言论、思想、行为，倘若自己以为不错的，就愿意天下的别人，自己的朋友都这样做。但嵇康、阮籍不这样，不愿意别人来模仿他。竹林七贤中有阮咸，是阮籍的侄子，一样的饮酒。阮籍的儿子阮浑也愿加入时，阮籍却道不必加入，吾家已有阿咸在，够了。假若阮籍自以为行为是对的，就不当拒绝他的儿子，而阮籍却拒绝自己的儿子，可知阮籍并不以他自己的办法为然。至于嵇康，一看他的《绝交书》，就知道他的态度很骄傲的，有一次，他在家打铁——他的性情是很喜欢打铁的——钟会来看他了，他只打铁，不理钟会。钟会没有意味，只得走了。其时嵇康就问他："何所闻而来，何所见而去？"钟会答道："闻所闻而来，见所见而去。"这也是嵇康杀身的一条祸根。但我看他做给他的儿子看的《家诫》——当嵇康被杀时，其子方十岁，算来当他做这篇文章的时候，他的儿子是未满十岁的——就觉得宛然是两个人。他在《家诫》中教他的儿子做人要小心，还有一条一条的教训。有一条是说长官处不可常去，亦不可住宿；长官送人们出来时，你不要在后面，因为恐怕将来官长惩办坏人时，你有暗中密告的嫌疑。又有一条是说宴饮时候有人争论，你可立刻走开，免得在旁批评，因为两者之间必有对与不对，不批评则不像样，一批评就总要是甲非乙，不免受一方见怪。还有人要你饮酒，即使不愿饮也不要坚决地推辞，必须和和气气的拿着杯子。我们就此看来，实在觉得很稀奇：嵇康是那样高傲的人，而他教子就要他这样庸碌。因此我们知道，嵇康自己对于他自己的举动也是不满足的。所以批评一个人的言行实在难，社会上对于儿子不像父亲，称为"不肖"，以为是坏事，殊不知世上正有不愿意他的儿子像自己的父亲哩。试看阮籍、嵇康，就是如此。这是，因为他们生于乱世，不得已，才有这样的行为，并非他们的本态。但又于此可见魏、晋的破坏礼教者，实在是相信礼教到固执之极的。

不过何晏、王弼、阮籍、嵇康之流，因为他们的名位大，一般的人们就学起来，而所学的无非是表面，他们实在的内心，却不知道。因为只学他们的皮毛，于是社会上便很多了没意思的空谈和饮酒。许多人只会无端的空谈和饮酒，无力办事，也就影响到政治上，弄得玩"空城计"，毫无实际了。在文学上也这样，嵇康、阮籍的纵酒，是也能做文章的，后来到东晋，空谈和饮酒的遗风还在，而万言的大文如嵇、阮之作，却没有了。刘勰说："嵇康师心以遣论，阮籍使气以命诗。"这"师心"和"使气"，便是魏末晋初的文章的特色。正始名士和竹林名士的精神灭后，敢于师心使气的作家也没有了。

到东晋，风气变了。社会思想平静得多，各处都夹入了佛教的思想。再至晋末，乱也看惯了，篡也看惯了，文章便更和平。代表平和的文章的人有陶潜。他的态度是随便饮酒，乞食，高兴的时候就谈论和作文章，无尤无怨。所以现在有人称他为“田园诗人”，是个非常和平的田园诗人。他的态度是不容易学的，他非常之穷，而心里很平静。家常无米，就去向人家门口求乞。他穷到有客来见，连鞋也没有，那客人给他从家丁取鞋给他，他便伸了足穿上了。虽然如此，他却毫不为意，还是“采菊东篱下，悠然见南山”。这样的自然状态，实在不易模仿。他穷到衣服也破烂不堪，而还在东篱下采菊，偶然抬起头来，悠然的见了南山，这是何等自然。现在有钱的人住在租界里，雇花匠种数十盆菊花，便做诗，叫作“秋日赏菊效陶彭泽体”，自以为合于渊明的高致，我觉得不大像。

陶潜之在晋末，是和孔融于汉末与嵇康于魏末略同，又是将近易代的时候。但他没有什么慷慨激昂的表示，于是便博得“田园诗人”的名称。但《陶集》里有《述酒》一篇，是说当时政治的。这样看来，可见他于世事也并没有遗忘和冷淡，不过他的态度比嵇康、阮籍自然得多，不至于招人注意罢了。还有一个原因，先已说过，是习惯。因为当时饮酒的风气相沿下来，人见了也不觉得奇怪，而且汉、魏、晋相沿，时代不远，变迁极多，既经见惯，就没有大感触，陶潜之比孔融、嵇康和平，是当然的。例如看北朝的墓志，官位升进，往往详细写着，再仔细一看，他是已经经历过两三个朝代了，但当时似乎并不为奇。

据我的意思，即使是从前的人，那诗文完全超于政治的所谓“田园诗人”“山林诗人”是没有的。完全超出于人世间的，也是没有的。既然是超出于世，则当然连诗文也没有。诗文也是人事，既有诗，就可以知道于世事未能忘情。譬如墨子兼爱，杨子为我。墨子当然要著书；杨子就一定不著，这才是“为我”。因为若做出书来给别人看，便变成“为人”了。

由此可知陶潜总不能超于尘世，而且，于朝政还是留心，也不能忘掉“死”，这是他诗文中时时提起的。用别一种看法研究起来，恐怕也会成一个和旧说不同的人物罢。

自汉末至晋末文章的一部分的变化与药及酒之关系，据我所知的大概是这样。但我学识太少，没有详细的研究，在这样的热天和雨天费去了诸位这许多时光，是很抱歉的。现在这个题目总算是讲完了。

这篇讲稿是鲁迅先生于1927年夏应当时国民党政府广州市教育局邀请，在夏期学术演讲会上发表的演讲。与鲁迅的《中国小说史略》相比，这篇有关魏晋文学史的讲稿显得不那么严肃，有情趣，更有理趣。魏晋文学流变过程，鲁迅显然是了然于胸的。于是，鲁迅从曹氏三父子到“建安七子”，说到何晏、王弼，再到“竹林七贤”，最后拿为整个魏晋时代轻轻收了个尾的陶潜做总结。这样一来，虽然是讲文学史，但鲁迅讲的却不是狭隘的文学专业史，而是文化视野的文学史，是思想脉络化的文学史，审美观照过的文学史。文学与思想紧密结合，思想又受到政治的支配，鲁迅这一篇演讲下来，用学术思想逻辑统摄文学发展历史，用智慧的历史洞见笼罩文学滔滔思潮，如此一来，便已是把魏晋的文士人心与政治风华都讲尽了，说透了。

众所周知，魏晋士人群体，率性自然，放荡不羁，成日散发饮酒，卧而谈玄，风流潇洒。即便是唐朝也没有如此骄傲放纵的文学群体出现了。事实上，魏晋士人确实是放纵得痴狂，但有真狂，也有佯狂。他们一面外露出放诞与傲慢，疏远浊世凡人，一面又陷入极度痛苦与忧愁，亲近山林鸟鹤，整个动荡的魏晋社会因此呈现一种怪诞恣肆又玄远宁静的怪诞美。于是，鲁迅以辩证的眼光，反而在嵇康的佯狂中看见了最严格的守“礼”。

同样的，鲁迅也因此发现另一个曹操。且看鲁迅是怎么评价曹操的吧！鲁迅先不提曹操的《短歌行》，也不提他的《观沧海》，倒是迂回一笔，先介绍曹操的政治主张。显然，这可不是无用之笔。因为曹操在政治上的特立独行和在思想上的通脱，直接影响他写的文章。政治上无所顾忌的人，写文章就必然不会扭扭捏捏，这其实是在说文学与政治相互印证的关系。当然，除了曹操，鲁迅也看到了许许多多人物的另一面。孔融因为思想主张与曹操不对头，深为曹操所忌惮，因此见杀；嵇康为人处事放诞，文章也写得肆无忌惮，被钟会记了仇，惹来杀身之祸；阮籍这个人写诗写得隐晦，政治上也不明朗，有人为难他就佯醉装疯，含含混混居然躲过一劫。

正是在这种汇通与辩证的思维作用下，鲁迅话锋一转，转而谈起了文学与药及酒。为什么谈到药和酒呢？实在是因为这两样东西对于魏晋人士来说影响太重大了，不仅影响身体，还深入到精神。精神即文章。“通脱”和“壮大”，是魏晋早期文学的长处，也是魏晋初期士人为人长处。鲁迅是欣赏的。但把“通脱”和“壮大”往放诞的路上引的，是药与酒。药使人迷幻，酒使人沉醉，都不是什么好东西。鲁迅将魏晋时代萎靡风气几笔勾勒出来，言语中便不乏些许嘲弄。

那么，为什么要在这个时候谈起魏晋文学史，谈起那群风流人物呢？倒未必是在乎魏晋人士的“宝宝心里苦”，鲁迅其实不过是隔山打牛罢了。他说，“然而事实上纵使曹操再生，也没人敢问他，我们倘若去问他，恐怕他把我们也杀了！”又说“青眼我会装，白眼我却装不好”。

跟着鲁迅的思路走，我们才发现，鲁迅同大家讲魏晋文学，其实无一处不是在说他眼前的事，正如鲁迅在 1928 年 12 月 30 日致陈浚的信中所说：“在广州之谈魏晋事，盖实有慨而言。”正所谓胸中有不平之气，文字便多了风云，演说开合之间自然也是语带生风。这才是鲁迅与现实的关系与情调所在，也是鲁迅思维与智慧的魅力所在。

天下没有白费的努力

——赠与今年的大学毕业生①

胡　适

这一两个星期里，各地的大学都有毕业的班次，都有很多的毕业生离开学校去开始他们的成人事业。学生的生活是一种享有特殊优待的生活，不妨幼稚一点，不妨吵吵闹闹，社会都能纵容他们，不肯严格的要他们负行为的责任。现在他们要撑起自己的肩膀来挑他们自己的担子了。在这个国难最紧急的年头，他们的担子真不轻！我们祝他们的成功，同时也不忍不依据我们自己的经验，赠与他们几句送行的赠言——虽未必是救命毫毛，也许作个防身的锦囊罢！

你们毕业之后，可走的路不出这几条：绝少数的人还可以在国内或国外的研究院继续作学术研究；少数的人可以寻着相当的职业；此外还有做官、办党、革命三条路；此外就是在家享福或者失业闲居了。第一条继续求学之路，我们可以不讨论。走其余几条路的人，都不能没有堕落的危险。堕落的方式

① 选自《胡适文集（第5卷）》（北京大学出版社2013年版），标题为编者所加。胡适（1891—1962），安徽宣城绩溪人，著有《胡适论学近著》《中国哲学史大纲》《尝试集》《白话文学史》等。

很多，总括起来，约有这两大类：

第一是容易抛弃学生时代的求知识的欲望。你们到了实际社会里，往往所用非所学，往往所学全无用处，往往可以完全用不着学问，而一样可以胡乱混饭吃，混官做。在这种环境里，即使向来抱有求知识学问的决心的人，也不免心灰意懒，把求知的欲望渐渐冷淡下去。况且学问是要有相当的设备的；书籍、试验室、师友的切磋指导、闲暇的工夫，都不是一个平常要糊口养家的人所能容易办到的。没有做学问的环境，又谁能怪我们抛弃学问呢？

第二是容易抛弃学生时代的理想的人生的追求。少年人初次与冷酷的社会接触，容易感觉理想与事实相去太远，容易发生悲观和失望。多年怀抱的人生理想、改造的热诚、奋斗的勇气，到此时候，好像全不是那么一回事。渺小的个人在那强烈的社会炉火里，往往经不起长时期的烤炼就熔化了，一点高尚的理想不久就幻灭了。抱着改造社会的梦想而来，往往是弃甲曳兵而走，或者做了恶势力的俘虏。你在那俘虏牢狱里，回想那少年气壮时代的种种理想主义，好像都成了自误误人的迷梦！从此以后，你就甘心放弃理想人生的追求，甘心做现成社会的顺民了。

要防御这两方面的堕落，一面要保持我们求知识的欲望，一面要保持我们对于理想人生的追求。有什么好法子呢？依我个人的观察和经验，有三种防身的药方是值得一试的。

第一个方子只有一句话："总得时时寻一两个值得研究的问题！"问题是知识学问的老祖宗；古今来一切知识的产生与积聚，都是因为要解答问题——要解答实用上的困难或理论上的疑难。所谓"为知识而求知识"，其实也只是一种好奇心追求某种问题的解答，不过因为那种问题的性质不必是直接应用的，人们就觉得这是"无所为"的求知识了。我们出学校之后，离开了做学问的环境，如果没有一个两个值得解答的疑难问题在脑子里盘旋，就很难继续保持追求学问的热心。可是，如果你有了一个真有趣的问题天天逗你去想他，天天引诱你去解决他，天天对你挑衅笑你无可奈何他——这时候，你就会同恋爱一个女子发了疯一样，坐也坐不下，睡也睡不安，没工夫也得偷出工夫去陪她，没钱也得撙衣节食去巴结她。没有书，你自会变卖家私去买书；没有仪器，你自会典押衣服去置办仪器；没有师友，你自会不远千里去寻师访友。你只要能时时有疑难问题来逼你用脑子，你自然会保持发展你对学问的兴趣，即使在最贫乏的智识环境中，你也会慢慢的聚起一个小图书馆来，或者设置起一所小试验室来。所以我说：第一要寻问题。脑子里没有问题之日，就是你的智识生活寿终正寝之时！古人说，“待文王而兴者，凡民也。若夫豪杰之士，虽无文王犹兴”。试想伽利略（Galileo）和牛顿（Newton）有多少藏书？有多少仪器？他们不过是有问题而已。有了问题而后，他们自会造出仪器来解答他们的问题。没有问题的人们，关在图书馆里也不会用书，锁在试验室里也不会有什么发现。

第二个方子也只有一句话：“总得多发展一点非职业的兴趣。”离开学校之后，大家总得寻个吃饭的职业。可是你寻得的职业未必就是你所学的，或者未必是你所心喜的，或者是你所学而实在和你的性情不相近的。在这种状况之下，工作就往往成了苦工，就不感觉兴趣了。为糊口而作那种非“性之所近而力之所能勉”的工作，就很难保持求知的兴趣和生活的理想主义。最好的救济方法只有多多发展职业以外的正当兴趣与活动。一个人应该有他的职业，又应该有他的非职业的顽艺儿，可以叫作业余活动。凡一个人用他的闲暇来做的事业，都是他的业余活动。往往他的业余活动比他的职业还更重要，因为一个人的前程往往全靠他怎样用他的闲暇时间。他用他的闲暇来打马将，他就成个赌徒；你用你的闲暇来做社会服务，你也许成个社会改革者；或者你用你的闲暇去研究历史，你也许成个史学家。你的闲暇往往定你的终身。英国19世纪的两个哲人，弥儿（J. S. Mill）终身做东印度公司的秘书，然而他的业余工作使他在哲学上、经济学上、政治思想史上都占一个很高的位置；斯宾塞（Spencer）是一个测量工程师，然而他的业余工作使他成为前世纪晚期世界思想界的一个重镇。古来成大学问的人，几乎没有一个不是善用他的闲暇时间的。特别在这个组织不健全的中国社会，职业不容易适合我们性情，我们要想生活不苦痛或不堕落，只有多方发展业余的兴趣，使我们的精神有所寄托，使我们的剩余精力有所施展。有了这种心爱的顽艺儿，你就做六个钟头的抹桌子工夫也不会感觉烦闷了，因为你知道，抹了六点钟的桌子之后，你可以回家去做你的化学研究，或画完你的大幅山水，或写你的小说戏曲，或继续你的历史考据，或做你的社会改革事业。你有了这种称心如意的活动，生活就不枯寂了，精神也就不会烦闷了。

第三个方子也只有一句话：“你总得有一点信心。”我们生当这个不幸的时代，眼中所见，耳中所闻，无非是叫我们悲观失望的。特别是在这个年头毕业的你们，眼见自己的国家民族沉沦到这步田地，眼看世界只是强权的世界，望极天边好像看不见一线的光明——在这个年头不发狂自杀，已算是万幸了，怎么还能够希望保持一点内心的镇定和理想的信任呢？我要对你们说：这时候正是我们要培养我们的信心的时候！只要我们有信心，我们还有救。古人说：“信心（Faith）可以移山。”又说：“只要工夫深，生铁磨成绣花针。”你不信吗？当拿破仑的军队征服普鲁士占据柏林的时候，有一位穷教授叫作费希特（Fichte）的，天天在讲堂上劝他的国人要有信心，要信仰他们的民族是有世界的特殊使命的，是必定要复兴的。费希特死的时候（1814 年），谁也不能预料德意志统一帝国何时可以实现。然而不满五十年，新的统一的德意志帝国居然实现了。

一个国家的强弱盛衰，都不是偶然的，都不能逃出因果的铁律的。我们今日所受的苦痛和耻辱，都只是过去种种恶因种下的恶果。我们要收将来的善果，必须努力种现在的新因。一粒一粒的种，必有满仓满屋的收，这是我们今日应该有的信心。

我们要深信：今日的失败，都由于过去的不努力。

我们要深信：今日的努力，必定有将来的大收成。

佛典里有一句话：“福不唐捐。”唐捐就是白白的丢了。我们也应该说：“功不唐捐！”没有一点努力是会白白的丢了的。在我们看不见想不到的时候，在我们看不见想不到的方向，你瞧！你下的种子早已生根发叶开花结果了！

你不信吗？法国被普鲁士打败之后，割了两省地，赔了五十万万佛郎（即法郎）的赔款。这时候有一位刻苦的科学家巴斯德（Pasteur）终日埋头在他的试验室里做他的化学试验和微菌学研究。他是一个最爱国的人，然而他深信只有科学可以救国。他用一生的精力证明了三个科学问题：（1）每一种发酵作用都是由于一种微菌的发展；（2）每一种传染病都是由于一种微菌在生物体中的发展；（3）传染病的微菌，在特殊的培养之下，可以减轻毒力，使它从病菌变成防病的药苗。这三个问题，在表面上似乎都和救国大事业没有多大的关系。然而从第一个问题的证明，巴斯德定出做醋酿酒的新法，使全国的酒醋业每年减除极大的损失。从第二个问题的证明，巴斯德教全国的蚕丝业怎样选种防病，教全国的畜牧农家怎样防止牛羊瘟疫，又教全世界的医学界怎样注重消毒以减除外科手术的死亡率。从第三个问题的证明，巴斯德发明了牲畜的脾热瘟的疗治药苗，每年替法国农家减除了二千万佛郎的大损失；又发明了疯狗咬毒的治疗法，救济了无数的生命。所以英国的科学家赫胥黎（Huxley）在皇家学会里称颂巴斯德的功绩道："法国给了德国五十万万佛郎的赔款，巴斯德先生一个人研究科学的成绩足够还清这一笔赔款了。"

巴斯德对于科学有绝大的信心，所以他在国家蒙奇辱大难的时候，终不肯抛弃他的显微镜与试验室。他绝不想他的显微镜底下能偿还五十万万佛郎的赔款，然而在他看不见想不到的时候，他已收获了科学救国的奇迹了。

朋友们，在你最悲观最失望的时候，那正是你必须鼓起坚强的信心的时候。你要深信：天下没有白费的努力。成功不必在我，而功力必不唐捐。

赏读

这是胡适1932年6月27日在北京大学毕业典礼上的演讲，时任北京大学文学院院长兼中国文学系主任，演讲稿后来载于《独立评论》。

1932年是"国难最紧急的年头"。国家遭受列强的侵略，人们颠沛流离。经历过器物救国、制度救国失败后的中国，正致力于思想救国。年轻学生是一股可以培养的救国势力。深谙西方的民主、自由思想的胡适致力于宣传个性自由、民主和科学，他比谁都希望北京大学的学生能在毕业后自觉承担他们对国家负责的担子，救国家于水火之中。本次演讲，便是胡适赠给应届毕业生的箴言。

演讲大概分为两大部分。先说学子毕业后可走的几条路，以及毕业后在社会上可能会遇到的两个陷阱——特殊的冷酷的社会现实，站在学生的立场，坦诚相见，据实以告。在讲道理之前把事实摆出来、说清楚。情况既然如此，那么，问题自然就带出来了。

重要的是，怎么办？胡适开宗明义，开出了三个方子，抽丝剥茧，环环相扣。原来，事事、人人都与国家紧密相连。这也正是胡适做本次演讲的根本目的。的确，保持求知欲望、发展非职业的兴趣、抱有信心，都是为了鼓励学生，示以生机。在第三个方子中，胡适甚至举出德意志人民由于抱有信心最后实现统一的例子，激情澎湃地鼓励学生"功不唐捐"。最后，举出巴斯德埋头做研究，在不知不觉中实现了科学救国。

和许多论说文一样，语重而心长，胡适在演讲结束之际回到主题，呼吁学生要深信天下没有白费的努力。整个演讲主题明确，思路清晰，对症下药，论点有力，论证神气充足。大白话也是大实话，这是胡适文学语言观的现代所在，也是他质朴有力思想风范的呈现。一如其人，蔼然可亲、温柔敦厚。

富有的是精神

——在北京大学中文系1997级迎新会上的演讲[①]

谢冕

热烈祝贺你们来到北大。你们将在这里度过20世纪仅剩的最后几年。在这几年中，你们无疑将接受本世纪全部伟大的精神财富，以及这一世纪无边无际的民族忧患的洗礼。你们将以此为营养，充实并塑造自己，并以你们的聪明才智在这里迎接21世纪的第一线曙光。你们是名副其实的跨世纪的一代人。你们要珍惜这百年不遇的机会。

发生在距今99年前的戊戌变法是失败了，但京师大学堂却奇迹般地被保留了下来，成为那次失败的变法仅存的成果。你们正是在这个流产的变法失败100年，也是京师大学堂成立100年的前夕来到这里的。当你们来到这到处都在建筑和整修的学校时，百年的沧桑、百年的奋斗、百年的期待，一下子也都拥到了你们的面前，我设想此时此刻的你们，一定是在巨大的欢欣之中感到了某种沉重。

你们是未来世纪中国的建设者。你们将在未来的岁月中做出平凡的或是杰出的贡献，你们中有的人可能还会成为未来世

① 选自《我所理解的北大精神》（中国工人出版社2015年版）。谢冕，1932年生于福建福州，著有《文学的绿色革命》《中国现代诗人论》等。

纪非常出色的人物。但不论如何，1997 年 9 月的今天，对于你们中的每一个人，都是决定自己一生命运的、不可替代的、非常重要的日子。那就是因为你们的名字和这所伟大的学校产生了联系。中国有 12 亿人，你们的同龄人也应该以千万为单位来计算，但只有极少数的人有幸能把自己的名字与这所学校联系起来。同学们，请以负重感来代替你们高考胜利的欢欣吧！

你们从各地来到北大，从现在开始，你们已结束了中学学习的阶段，开始了大学学习的阶段，在人的一生中，这是非常重要的时刻。虽然都是学习，中学只是普通教育，大学则是专业教育，这才是真正打基础的阶段，你们将来为社会服务的许多本事，是在这个阶段学到的。

去年也是这个时候，我在欢迎本系博士生和硕士生的迎新会上，也发表过一个讲话。那时我讲北大是做学问的地方，但是就重要性讲，还是做人第一、做学问第二。做人的问题很复杂，但也很简单，就是在人的质量和品德方面有高的标准和要求。只有人做好了，学问才能有好的发挥。

北大这学校出过许多学者，也出过许多革命者。这些学者中的出色的人物，往往是人的品行高洁，而学问也是前瞻和开创的。如李大钊，他最早把马克思主义引到中国来，他呼唤并参与了中国青春的创造；又如鲁迅——北大校徽的设计者，他在这里的身份只是讲师，但却是中国文化的伟人。不论是李大钊，还是鲁迅，他们都是伟大的爱国者。所以，在这里，我想强调的是，做人和做学问的统一，爱国者和敬业精神的统一。

一个人成就有大小，水平有高低，决定这一切的因素很多。但最根本的，是学习。学习是不能偷巧的，一靠积累，二靠思考，综合起来，才有了创造。但是第一步是积累。积累说白了，就是抓紧时间读书，一边读书，一边思考，让自己的大脑活跃起来。用前人的经验来充实自己，先学习前人，而后发展前人，而后才有自己的发现和创造。

但无论怎么说，首先是学习，抓紧一切的时间学习。我的经验是，不要抱怨，更不要拒绝老师提供的那一串长长的书单，那里边有的道理，你们现在并不理解，但是要接受它，按照那个参考书目或必读书目，一本一本地读，古今中外都读，分门别类地读。有的书要反复读，细读；有的书可以走马观花，快读；但是一定要读。这叫机不可失，时不再来。

我想告诉大家，我现在从事的工作，应付着方方面面工作的，不论是写文章、说话、论证、做判断，靠的就是北大本科几年的书的积累。那时还有很多的政治运动，用到学习上面的时间并不多，但也就是那些有限的时间里读到的那些中国文学、外国文学、历史、哲学、语言学等方面的积累，支撑着我现时的繁重的工作。虽然时感知识不足，所知者少，但使我有能力去应付那千头万绪的局面的，还是北大当学生那几年打下的基础。

事实上，人一旦走上了工作岗位，现在这样专注的、系统的、全力以赴的学习机会也就随之失去了。等到工作临头，你发现罗曼·罗兰没有读过，高尔基没有读过，《离骚》没有读过，《故事新编》没有读过，但丁和普希金也没有读过，那时工作逼着你发言，你只好手忙脚乱地临时乱翻。那是应急，不是学习。匆忙中谁能把《约翰·克利斯朵夫》一口吞了下来？即使吞了下来，你又能发表出什么意见呢？离开大学，可以说，你基本上失去了大学学习的条件，那时想起那一串长长的书单，你真是悔之莫及了。

所以，你们到北大来，我第一要劝你们的，是做书呆子。只有先做呆子，然后才能做聪明人。一开始就想做聪明人，什么都没有，而要装天才，做神童，那才是真正的呆子。聪明绝顶，目空一切，这是北大学生容易犯的毛病。我们要杜绝这种小聪明，争取将来的大智慧。

此外，要学好语言。不仅本国语言要学好，外国语也要学好。那种认为中文系学生不必学好外语的观念，是一种短见，是很浅薄的。现在国门开放，不是闭关锁国的时代了，中国要了解世界，世界也要了解中国，要靠语言这座桥。

除了外国语，还有本国语。现代汉语要掌握好，写文章要用语法，不要写错别字，文字要漂亮。更重要的，是要掌握好古代汉语，中文系学生不会直接阅读古文，是耻辱。不要读白话史记或话语今译之类的书，不是那些书不好，而是中文系学生应当掌握好古汉语，直接和庄子、李白用他们当年的语言对话。还有，也许已超出了教学大纲的范围了。

但是我还要讲，那就是中文系学生应当学毛笔字，还要识别繁体字。以上所说，对别人可能是苛求，而对中文系学生而言，则是必要的和起码的。

因为文学是你们的专业，所以我还要谈谈文学，在我的心目中，文学是非常神圣的。我们讲敬业，就是要对文学怀有敬畏之心。文学，有人说起源于劳动，有人说起源于游戏。在文学的功能中，是有游戏的成分，有让人愉快让人轻松的作用。但文学从根本上说不能等同于游戏，因此，我们不能游戏文学。

文学中的优秀部分，最有价值的部分，是人类崇高精神的诗化。文学是一种让人变得高雅、变得充实、变得聪明、变得有情趣的精神劳作。我们学习文学，是要把文学当作事业去创造、去发展、去发扬光大，而不是把它当作手中的玩物。我讲这些话不是无的放矢，而是有感于当前文学的某种缺陷和某种失落。

号称全国最高学府的北大，物质条件很差，有的方面如学生宿舍则是超乎寻常的差。物质的贫乏并不等于精神的贫乏。在精神方面，北大是富有的，是强者，北大的这种富有，足以抵抗那物质的贫乏而引以为自豪。走在我们前面的，有我们一代又一代的老师，他们一介布衣，终生清贫，但却是我们永远敬重的精神的强者。

这是谢冕先生在北京大学（下称“北大”）中文系1997级迎新会上的演讲。简明扼要地既点出100年来北京大学的忧患，又谆谆嘱咐新生们要任重道远，且要珍惜机会。简短却震撼的三个“百年”，概括出北大百年史，欢欣更有沉重。

北京大学，似乎天然地能带给学子民族忧患的意识和中国现代知识分子的使命感。能置身于这样的学习与生活的环境中，新生自然是处于“巨大的欢欣之中”的，但谢先生更希望能用已经走过百年沧桑的北大的历史经验和教训警醒新生，对他们做出嘱托，提出期望，而不是仅仅在迎新会上祝贺学生的到来。因此，在对学生简单地表示祝贺之后，演讲开始从讲述新入学的欢欣感变成了讲述“负重感”。

如何将这种“负重感”化为今后的行动呢？谢先生强调“做人与做学问的统一”，这是谢先生一贯强调的观点，不管是博士生，还是硕士生，都要从学做学问学做人，从书中得到精神的感化与陶冶；从学做人学做学问，才能不虚假和轻浮，才能全身心投入学问。具体来说，做人，便要求做到“爱国者和敬业精神的统一”；做学问，最重要的还是勤勤恳恳地学习，谢先生在此细说当年没条件读太多书的缺憾，以及通过比较大学与工作的学习时间，以此告诫学生在大学多学习的重要性。强调要做一个简单、纯粹的“书呆子”，并针对专业，提出了要学好语言、文学以及相关技能的要求。

谢先生没有卖弄文采和学识，没有用高深的语言谈论文学，没有以高高在上的态度论述深奥的人生哲理，而更多的是以长辈、过来人的身份，结合自己实际而平凡的经历，用朴实无华的语言去谆谆劝导中文系学子该如何担负起“沉重感”，如何充分践行北大精神，等等。这能让听众听懂谢先生深入浅出的道理，拉近了演讲者与听众的距离，能够让听众沉浸其中，使整个演讲行云流水，令人回味无穷。

此篇演讲并非像许多开学典礼上的演讲那么热烈喜庆、振奋人心，而是在相对凝重的气氛中，警醒着学子进入北大的沉重与责任。谢先生不避讳地点出北大“物质条件很差”的现状，但他引导学生，让学生明白北大精神之富有是其他比北大物质条件高的大学所没有的，让学生能够真正理解并向往北大精神。这些不是醍醐灌顶、虚无缥缈的“鸡汤”，而是针对现实提出的实诚的忠告，可见谢先生不是浅薄的乐观主义者。

谢先生说自己的故事，讲的却是大家的道理，这是长者的轻声低语、谆谆教诲。长者慈心，绵密深沉。他饱含诗心，洞彻世情，实践真知，做事勤勤恳恳，严肃地对待学问，这本身就是他自己践行北大精神的最好表现，也见出他百转峰回、豁然开朗的论说智慧。

论美女之婚不可证

——证婚人演说词[1]

孙绍振

朋友的孩子结婚，请我当证婚人，要求发表演说，要有趣，还要深刻。绝对禁止讲空话、套话。要讲真话，讲出学者的水平来。

苦思冥想数小时，终于理清了在现场的氛围中作即兴发挥的思路如下：

这么热烈的掌声把我捧到台上来，我实在禁不住有点惶恐。承蒙抬举，让我担当这么个荣耀的角色，但是，我觉得，证婚人这个角色完全是浪费！都这么明媒正娶的了，又不是抢亲，更不是包二奶，大张旗鼓地隆重庆祝，来了上百的亲朋好友，要证明婚姻的确实，不是多此一举？在公元二千零一年的一天晚上七时三十分零一秒，新郎新娘在这个酒店里合法地结婚。经过省级医院著名医生检查，男方没有艾滋病，女方也持有居民委员会的权威的文件，日后绝对不存在重婚罪的可能。

① 选自《孙绍振幽默文集（第一卷）》（广东旅游出版社 2002 年版），有改动，标题为编者另加。孙绍振，1936 年生于福建长乐，著有散文集《面对陌生人》，论文集《美的结构》《文学创作论》等。

如果这样明白的事，还要证明，就说明主办婚事的家长，怀疑诸位来宾有夜盲症。

“文化大革命”虽然一去不复返，但伟大格言仍然在耳：群众的眼睛是雪亮的，群众是真正的英雄，难道这么多英雄的雪亮的眼睛都不算数，都不能信任？只有我说了，才能算数？

这就不是抬举我，而是把我孤立起来，放在众人怒火的炉子上烤。

谢谢你们的鼓掌，谢谢你们由衷的笑，你们笑得越开心，我却越沉重。和这么多人眼睛相比，我的眼睛不过是多了一副眼镜，有几百度的近视，有几百度的老花，再加几百度的散光。不戴眼镜的时候，我的眼睛充满了诗意，有蜜蜂的复眼的功能，能把月牙儿看成复瓣的栀子花，把一头的蛇看成多头蛇，颤抖的、血红的舌头像失了火窗子里火焰纷飞。现在我就看见在新郎身边站着五六个新娘。

请诸位不要笑，我是非常严肃地怀疑着我这个职位的必要。

但是，谦虚不是我的特长，我记得伟大的格言，谦虚使人进步，但是，在眼下可能是个例外。

证婚人的职责是“证”，就是提供证据。或者是人证，或者是物证。人证，还用我来提供吗？在场的这么多人，还缺一个我吗？至于物证，将来生了孩子，就是证明。英国人说，手里拿着食品布丁，从理论上证明它就是布丁是很困难的，他们发明了一个经验主义的方法，说是“布丁的证明就是吃”。我们推演一下：结婚的证明就是孩子。有时孩子还不行，现在赖账的太多，就有了亲子鉴定的科学。但是，这也有十万分之几的误差。

科学不完全可靠，因为有些是间接证明，最可靠的是直接证明。

但是，什么都可以直接证明，只有结婚是例外，结婚与第三方无关，不允许参观。允许参观的就不是真正的爱情和婚姻。比如说，影视屏幕和戏曲舞台上，明明两个人没有什么感情，可是装得很像是堕入爱河，神魂颠倒的样子，能装上五分钟，至多两个小时，让你看了流眼泪，要给个文华奖或者奥斯卡奖什么的。但是，这是艺术。爱情如果成了艺术，成了演戏，允许人参观，就是假的了。真正结婚，不欢迎直接参观，它是秘密的，一切动作都属于法律意义上的隐私范畴。

据说有一种毛病叫作偷窥癖，专门偷偷看人隐秘的行为。你们不至于就指派我干这个吧？

站在证婚人的位置上，我就只有以下几种选择：

第一，对于此项职责持吊儿郎当的态度，其结果，说文雅一点，就是渎职，等着我的是撤销职务的处分；第二，硬着头皮执行任务，免不了要被当成心理不健全的偷窥癖的患者，名誉受到损害；第三，由于偷窥，而承担严重的法律责任，例如民事拘留数天之类；第四，为了避免上述尴尬局面，主动申请充当有职无权的傀儡：日后离婚诉讼，让我出庭作证，我本着邓小平的实事求是的原则，只说一句话：我什么也没有看见。

结婚是两个人的自由，自由是不需要任何人来证明的。这是五四先驱所追求的恋爱婚姻自主的理想。这一点自由虽然看来真是微不足道，可要真正实现，却花了上千年的时间，以无数的梁山伯、祝英台和罗密欧朱丽叶的悲剧为代价，至今还没有彻底实现。

有人说，也许，原始婚姻是自由的，只要两情相悦，爬到树枝上，躲到山洞里、草堆里都成，连个塑料席子也不用。但是，我看过一本苏联人写的《印度史话》，说是早期的印度人是从伏尔加河迁移过去的（有他们的印欧语系共同的词根为证）。那时很原始，很自由，但是也很野蛮，就在佛法无边的印度河，或者恒河里，做母亲的看到自己的“对象”被自己年轻的女儿吸引了，就毫无痛苦地把自己的女儿扼杀了。她倒是充分地行使了自己的自由权，她的女儿的自由就化为乌有了。

本来，我们的祖先，青春期一到，就自由一番，所以连孔夫子都是“野合而生”（当然，孔夫子家乡的人，也许有其他的解释），耶稣似乎也是私生子。人跟人在这个问题上，从来就不是很讲理的，今天年轻人不是常说一句话吗？叫作“爱你没商量”。有商量，乘兴而来，兴尽而返，再见。但是，常常是你有兴，而我没有兴，就要来点强迫。“结婚”的“结”字，就是我自由地把你“结”起来，或者捆起来，剥夺你的自由。这个“婚”字就更有文章。女字偏旁是表意的，与妇女有关。光有女的，还不能结婚。原来，这是站在男性立场上的。这个字的另外一半是表音的，与黄昏有关。为什么？且看甲骨文上的描写：

屯如，邅如
乘马，班如，
非寇，婚媾。

乘马，班如。
泣血，涟如。

威风凛凛地一大队马队来了，好像是强盗来抢劫，把姑娘弄走了，其实不是抢劫，而是来娶亲的。女孩子还伤心地哭泣了。这种早期的诗歌被巫师记诵，在甲骨上刻了下来，成了最早的文献，记载了最早的仪式，证明当时婚姻一点也不自由，和强盗抢劫差不多。抢劫妇女和抢劫财产一样，不适合在大白天进行，黄昏时间，较为合适，这就给最初造词的先民一个启示，在黄昏时间把你捆起来，这就叫作“结婚”，这就是办喜事的由来。

结婚成为一种仪式，就是从不自由开始的。不能让你太自由，仪式就是不自由。

抢婚本来是野蛮的，但是成为一种仪式，用诗化的语言，有节奏的语言来表现，就美化了。再来点抬轿子吹喇叭的，不自由情感就成了美好的仪式。

仪式能把不自由化为神圣的自由。这事有一点煞风景，不管我们多么以文明而自豪，大讲其五讲四美三热爱，却不能否认自己就是野蛮的婚姻之树上的结出来的果子。证据就是我们至今仍然要把两个人灵魂和肉体的同盟，叫作“结婚”，为什么很少叫作“结亲”，或者“结合”呢？因为，“结亲”是结婚的结果——繁衍了后代，就有了亲戚关系。“结合”则是更为“文明”，一方面是暗示肉体上的沟通，一方面又暗示精神的交融。虽然，现代当代青年的“结合”，常常是在大白天在宾馆里、大学生宿舍里乃至公园里的树荫下，兴之所至，等不及到傍晚，是常有的事。至于一些美国式的婚礼，时常是在中午开始，在游艇上操办的，大家还是不约而同地把它叫作结婚，如果有人自作聪明地把中午的婚礼，按照福柯的理论，反抗现成的权威话语，改成个人话语，叫作“结午”，就没有人知道你说什么，也就没有人来参加你的婚礼了。

在老祖宗的时候，婚姻是不自由的，在现代社会，婚姻仍然不能太自由，这就有了证婚和证书的问题。

证婚人尽管站在新郎和新娘的中间，也不是主角，你是第六个手指，无用的摆饰，但是，到了悲剧演出的时候，双方吵了起来，一方狡辩的时候，你就能派上用场。这样的用场，是悲剧性的，我看不如没有。

细细想想看，是不是有点滑稽？自己结婚，却要别人来证明！

人也实在是无奈，什么都能干，上天下地，连月球上都留下了脚印。但是，人就是不能证明自己，社会越是现代化，人越是不能证明自己。法庭辩论，控方、辩方的证词互相抵销，都等于零，白白让空气快活地震动了一番。最好是有人证、物证。说你杀人了，还不行，还得找到你杀人的刀子，刀子上的血迹和你血里的DNA相同。克林顿说，他和那个“来吻死鸡”小姐没有关系，他之所以狼狈，是因为从留存“来吻死鸡”小姐裙子上的纪念品，查出了克林顿的DNA密码。萨特说，他人是地狱，可是到了关键时刻，别人的裙子上的精斑却有了上帝的权威。

人类越是进步，人对人越是不能放心，因为人太狡猾了，荀子说，人性恶，别的方面，我不知道，在婚姻方面，比之人性善要深刻得多。在涉及人的情感中最为强烈的方面的时候，人最会说谎，连测谎器都无能为力。“一言既出，驷马难追”原意是说，话说出口就很难反悔，去掉这个意思，就是：说话等于打水漂，连个影儿也没有。结果是，人对人的不相信成了一种宗教、一种制度、一种民俗，具体表现就是证婚啊，证书啊，婚礼啊等等。你会赖账吗？有婚礼为证。

为什么要拜天地？就是请天地为证。

为什么要上礼拜堂？就是请上帝为证。

天地无言，这是圣人讲的，上帝也是不讲话的。鄙人什么都不如上帝，但是，有一点上帝不如鄙人，他不会讲话。这个证人，就轮到了鄙人这儿。

就是不能让你自己为证。

可怜的新郎新娘哪，你可不能相信你所爱的人。

在婚姻上相信对方的人、心灵不设防的人、善良的人、纯洁的人，到头来只能是哑巴吃黄连。

20世纪70年代初期，我下放在福建省德化一个白云深处的山村，叫作西溪村。那里的妇女价格昂贵，小伙子结婚要付出一笔巨大的财礼。从男孩子一出世，整个家庭就面朝黄土背朝天地为积累这笔财礼而奋斗二十多年。

邻居老头子，一不小心，多生了几个男孩，大的一个长到了二十几岁，还在打光棍，把老头子弄得夜不能寐。他毕竟有乡巴佬的狡猾，看到附近镇子上，出现了一个寡妇，长得又老又丑，却带着两个年轻的姑娘。大的已经二十来岁。老头子就非常勇敢地托人到镇上，向寡妇成功地求了婚。办了喜酒以后，老太婆就说，新事新办，到公社去办个手续。老头子就说了，七老八十，丢人现眼的，办什么手续？反正我们是一家人，你的女儿和我的儿子，也就一家了，不如把他们的亲事也办了。老太婆觉得也是，就让女儿和老头子的孩子拜了天地。

老头子就这样没有花一分钱完成了孔夫子交代下来的人生大业。

把这两件事办妥了以后不多久，老头子就宣布感情不和，和老太婆分手。

老太婆告状到法院，法官问，有没有登记呀？没有。那法律不予保护。

老太婆就说，不是有那么多的乡亲吃我们的喜酒，他们不能证明吗？

不行。人再多也顶不上一张纸。

人是这样不顶用，不但不能证明别人，甚至证明自己都无效。

一个人出差到外地，忘记了带身份证，让家里把它挂号寄来。他到邮电局去拿，不行，要有身份证才能拿，又让家里把身份证寄来，到邮电局拿身份证，不行，要有身份证才能拿身份证。他说，我就是这个人，不行，你用什么来证明呢？我还不能证明我吗？你怎么能证明你呢？要有身份证。

找一个人来证明，行不行呢？不行，他的身份证不能为你做证明。

身份证不过是一张照片和一组数字，不是人做的吗？是的。一旦做出来以后，人就不如自己的照片和代表自己的数字可靠了。

这就造成了一个尴尬局面，人不如一张纸，不如一组号码。所以北村就写了一篇小说，叫作《张生的故事》，说的是一个在大学里研究哲学的年轻人，要和一个普通的女孩子结婚，两情相悦，就去领结婚证，说得好好的。可是走到半路上，却决定不结婚了。

这个情节令我莫名其妙，问北村，为什么？他说，这很简单，人自己都不能相信自己，为什么就相信那一张纸？

发明身份证是为了方便，也表明信息社会符号化的进步，方便、进步的结果，却变成了和自己作对。

人生的许多麻烦都产生于人不能证明自己，虽然如此，人并不自卑，对自己，尤其是情感，是充满了自信的。在爱情方面，可以说是自信到无以复加。正是因为这样，浪漫主义的、疯疯癫癫的诗人，才横跨了那么多的历史时期，被视为天之骄子。

莎士比亚说，情人、诗人和疯子是属于同一类型的。

苏格兰诗人罗勃特·彭斯，这样描述一见钟情始终不渝：

To see her is love her,
And love but her for ever.
（看见她，就爱上她，就爱上她一个，一爱就爱到死。）

诗人总是比较浪漫的，把爱情说成是永恒的、不变的。欧洲诗人如此，中国诗人也一样。白居易写李隆基、杨玉环的爱情和罗勃特·彭斯异曲同工：

在天愿为比翼鸟，
在地愿为连理枝。
天长地久有时尽，
此恨绵绵无尽期。

在天，在地，说的是爱情是超越空间的，不以地点为转移的，永恒不变的，我在美国南俄勒冈大学英文系，用这几句诗向美国大学生解释说，中国古典诗人相信爱情是绝对的、无条件的，不管你到了撒哈拉大沙漠，还是到了北冰洋，爱情都是不会有任何的折扣的。

由于20世纪60年代开始的性解放，美国大学生，早已很少有生死不渝的爱情观念。在美国大学校园，拿浪漫这个英语词形容美国大学生，多少带着嘲弄的意味。他们还为在大学生时代没有性经验的人发明了一个词，对于美国女大学生来说，绝对是充满了可疑的意味的。中国诗歌中有如此绝对的爱情观念，使得他们大为感动，一个个欢呼起来：Great！（棒）我说，其实，中国古典诗人和欧洲古典诗人的爱情价值观是一样的。你们那个彭斯，他就说，爱情要爱到天荒地老，到石头和沙子熔化。这和白居易说的爱情的遗憾超越宇宙（天长地久）的时间限制，是一样的。

如果真是这样的话，倒是好了。也就不用什么结婚仪式了，也就不用登记了。但是人的感情是多变的。今天我爱上你，是真诚的，明天或者后天，我一看见你就恶心，也是真诚的。今天你说，爱上你就爱到天荒地老，是真的，明天你去包二奶也是真的。

人的感情不是永恒的，而是瞬息万变的，不但不是终生不变的，相反是不断变幻的，不但是随着岁月变化的，而且是瞬息万变的，用我们家乡俗语来说，就是眼睛一眨，老母鸡变鸭。用英文来表述，就是：Changing with passing second。用物理学语言来表述：就像分子勃朗运动一样，不可捉摸。在托尔斯泰的《战争与和平》中作为美和纯洁的化身的娜塔莎，一见了安德烈公爵，爱得不得了，可是安德烈公爵离开才不久，就几乎跟着一个花花公子军官私奔。肖洛霍夫的《静静的顿河》中那个阿克西尼亚，也是个美的典型，她为了爱葛里高利，连家，连丈夫都不要了，但是，在葛里高利不在的时候，她居然也顶不住军官李斯特尼斯基的引诱。鲁迅说贾府上的焦大不爱林妹妹，这可说得太绝了。苏联作家拉甫烈涅夫的《第四十一》，写的是一个绝对仇恨白军的红军女战士，当她在航海的过程中，和她看守的白军俘虏军官，经历了一场意想不到的风暴以后，来到一荒岛上，他们两个就谈起恋爱来了。如果可以设想，把林妹妹和焦大一起放到荒岛上，世界就只剩下一个男人、一个女人，林妹妹变得非常热烈地爱上焦大，也说不定。你想想，林妹妹要吃，不靠焦大行吗？冷了，除了焦大滚热的躯体能够给她温暖，她能指望谁呢？世界上没有无缘无故的爱，有了缘故，就可以天经地义地爱起来，焦大是那么强壮，连出汗都比贾宝玉更性感，林妹妹如果后悔当年爱上那没有男子汉气概的贾宝玉，也不是没有可能。

人就是这么善变。人的本性就在变。当然也有往好里和坏里变的分别，但是男人，除了唐僧那样无性的，大多数有点像猪八戒，变坏比变好要快得多。在美国一本心理学杂志上，我看到一篇文章说，男人本性就有多恋的倾向，所以才有那么多的婚变、婚外恋、家庭暴力，等等。

有一个色鬼男诗人，终生没有写什么让人记得住的诗句，只有一句诗是真正的例外："女人是个好东西"，这未免太形而下了。而一个很了解她丈夫的女人，说了一句话："男人都不是好东西"，这句话很土，但是形而上的哲学意味很强。

在我看来，在坏和贱方面，男人和女人是差不多的。因为光是一个男人是坏不起来的。每一个坏男人的背后都有一个坏女人。

人毕竟是人，并不愿自己这么贱，就想出办法来控制自己，所以就有了结婚仪式，拜天地，由天地的永恒来加强保证的权威，在神父面前盟誓，把什么坏的可能都说在了前头，不管是健康还是病痛，不管是富裕还是贫穷，都要让你表态。

就拿准了你哪怕是在天地、上帝面前说话都不一定算数，才设计了结婚仪式。

所以要证婚，就是因为准备离婚。

这里有一个悖论，一个两难推理：如果在结婚的时候，就想着离婚，也就不用请什么证婚人；如果有充分的把握，永远也不会有离婚的可能，那就同样不用什么证婚人。

我的想法是：堂而皇之地请了证婚人的，就说明他们心怀鬼胎，大张旗鼓地操办婚事的，肯定是盘算着日后离婚的战略和策略。

但是，我相信，我们这个厅堂里的新郎新娘，我们面前的新郎新娘，与众不同，他们是我朋友的精心杰作，秉承着孔夫子的伟大传统，他们的血管里汹涌着白居易浪漫情怀，莎士比亚式的纯洁、永恒的情感正在他们心灵里流淌。

你们的掌声说明，这毫无疑问。

既然在这一点上，我们已经达成共识，我建议，取消我这个证婚人资格。

谁不同意，就说明他对新人的未来缺乏信心。

（我把思路整理到这里，觉得很是兴奋，总是有点惴惴，这样的演说，尽管句句是真话，但是，仍然显得有点煞风景。也许是因为真理总是赤裸裸的，而在大庭广众之间，不能没有伪装，或者包装。想来想去，不禁心虚起来。到了婚礼上，一看那欢乐的场景，我就胆怯了，当机立断把准备好的一切完全放弃，临时按着流行的老一套，说了些祝新郎新娘白头偕老，永结同心的废话。）

2001 年 1 月 5 日

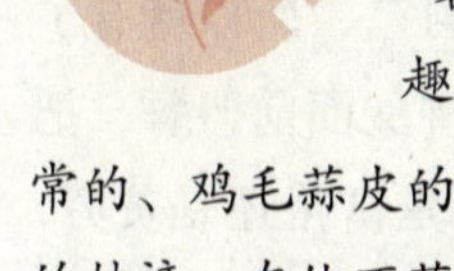

以幽默、文学评论，乃至酷评闻名的孙绍振教授是较早“客串”散文写作的学者之一。比之时下盛行的讲究“雅趣”的学者散文，他的文风别具一格。他的拿手好戏是从平常的、鸡毛蒜皮的甚至别人不屑一顾的琐事中，体悟人性的真实，洞察生命的妙谛。在他不落俗套、诙谐生动的论说中，人们不难感受到其平易近人、可亲可爱的智慧与幽默。

本文原来是作者想为朋友的孩子结婚所作的一篇演讲稿。

婚姻是美好的，证婚人可以说是美好的见证人。但作者却认为婚姻是浪漫空想的一种，通篇演讲便围绕着“证婚人这个角色完全是浪费”来对世人眼中的“美好”进行讽刺。不过这个“讽刺”并没有脱离孙绍振教授自己主张的“二重逻辑错位”幽默理论的核心。在“二重逻辑错位”理论里，他认为一般来讲，讽刺性越强，幽默性越弱，反过来幽默性越强，讽刺性越弱，二者成反比关系。可作者在这篇文中的讽刺并不具备很强的攻击性，所以和他理论里的“讽刺”是不可进行比较的。

文章的开头提出“证婚浪费论”这一观点，可以说讽刺性十足。但是作者“歪理歪推”，却得出正儿八经的结论，令人幡然醒悟。这“歪理歪推”与正儿八经的对比所带来的戏剧性效果就是孙绍振减少他的讽刺的攻击性，从而更多地体现他的幽默、自嘲的方法之一。并且他将嘲讽烩成一起，最后都能在幽默的逻辑汇通下，升华为人事洞见与别见，让人在大笑过后也能体会到他对人性和生命的感悟。

接着便是为了证明观点而旁征博引的一些例子。孙绍振的幽默性也表现在他随手拈来的一些通俗，甚至是粗俗的例子。然而话糙理不糙，话粗理不粗。以大白话、大实话和大粗话说细腻道理和情思，是作者演说的一大妙处。一方面以市井百姓的日常情态，让演讲更易得到听众共鸣，同时继续削减他讽刺的攻击性；另一方面，在听得懂的前提下翻转逻辑，跳脱出智慧，反而生发出浓郁的幽默趣味，让人心悦诚服、会心会意。

演讲的亮点其实在文章的最后，作者还是担起了自己作为证婚人的一点责任，为新人送上了祝福，只是临了还不忘强调不满意自己的话可以取消自己“证婚人”的身份。这种“调皮”的话语缓冲了听众听到孙绍振对于婚姻、对于证婚人、对于爱情、对于浪漫空想的讽刺的不适感，反而被他“可爱”的言论逗笑，这也是开头说教授在这篇文章里的讽刺没有太强的攻击性最重要的原因之一，可以说孙绍振一贯的黑色幽默就在于此了。

该篇演讲带有“诡辩”的意味，但“歪理歪推”里蕴藏的是智慧，并非是胡搅蛮缠，而是“诗有别裁”，让人在自我矛盾中自动、主动明白道理，发现真知。在他的演讲与文字中，没有不可逾越的陈规戒律，也没有睥睨世俗的高傲心态，他甚至还特意追求自我调侃、自我消解、自我嘲弄，这样我们反而能从他的字里行间感受到他澎湃的自信与洒脱的智慧。这大概就是古人所说的“正言若反”的大智慧吧。

作品

一辈子的道路取决于语文[①]

陈平原

今天谈教育，最响亮的口号，一是国际化，二是专业化。这两大潮流都有很大的合理性，但若以牺牲“母语教育”或“中国文辞”为代价，则又实在有点可惜。

准确、优雅地使用本国语言文字很重要

北大中文系百年系庆时，我曾谈及：“‘母语教育’不仅仅是读书识字，还牵涉知识、思维、审美、文化立场等。我在大陆、台湾、香港的大学都教过书，深感大陆学生的汉语水平不尽如人意。”前一句好说，后一句很伤人，这其实跟我们整个教育思路有关。

记得几年前，在上海哈佛中心成立会上，与哈佛大学英文系教授交流各自的心得与困惑，我谈及“大一国文”的没落以及大学生写作能力的下降，对方很惊讶，因对他们来说，“阅读与写作”是必修课，抹不掉的。准确、优雅地使用本国语言文字，对于任何一个国家任何一个时代的大学生都很重要。而这种能力的习得，不是一朝一夕的事，更不是政治课或通识课

① 选自2017年第8期《阅读时代》。陈平原，1954年生于广东潮州，著有《中国现代学术之建立》《中国散文小说史》《中国大学十讲》等。

所能取代的。

学习本国语言与文学，应该是很美妙的享受。同时，此课程牵涉甚广——语文知识、文学趣味、文化建设、道德人心、意识形态，乃至“国际关系”等。

“无他术，唯勤读书而多为之”

高中的语文课或大学的文学史课程，依旧注重自由自在的阅读，没有那么多“先修课程”的限制，也不太讲究“循序渐进”。面对浩如烟海的名著或名篇，你愿意跳着读、倒着读，甚至反着读，问题都不大。这也是大学里的“文学教育”不太被重视的原因——“专业性”不强，缺几节课，不会衔接不上。

可这正是中学语文或大学的文学课程可爱的地方，其得失成败不是一下子就显示出来的，往往潜移默化，“润物细无声”。比如多年后回想，语文课会勾起你无限遐思，甚至有意收藏几册老课本，闲来不时翻阅。

另外，对于很多老学生来说，语文老师比数学、英语或政治课老师更容易被追怀。不仅是课时安排、教师才华，更与学生本人的成长记忆有关。在这个意义上，说中小学语文课很重要，影响学生一辈子，一点都不夸张。

语文教学的门槛很低，堂奥却极深。原因是，这门课的教与学，确实是“急不得也么哥”，就像广东人煲汤那样，需要时间与耐心。如何在沉潜把玩与博览群书之间，找到合适的度，值得读书人认真思考。

今人读书如投资，都希望收益最大化。可这一思路，明显不适合语文教学。实际上，学语文没什么捷径可走，首先是有兴趣，然后就是多读书、肯思考、勤写作，这样，语文就一定能学好。

《东坡志林》里提到，有人问欧阳修怎么写文章，他说：“无他术，唯勤读书而多为之，自工。世人患作文字少，又懒读书，每一篇出，即求过人，如此少有至者。疵病不必待人指摘，多做自能见之。”这样的大白话，是经验之谈。欧阳修、苏东坡尚且找不到读书作文的“诀窍”，我当然更是“无可奉告”了。

“经典阅读”与“快乐阅读”并不截然对立

为何先说“学”，再说“教”？因本国语文的学习，很大程度靠学生自觉。所谓“师傅领进门，修行靠个人”，在这门课上表现特别突出。教师能做的，主要是调动阅读热情，再略为引点方向。若学生没兴趣，即便老师你终日口吐莲花，也是不管用的。

说到语文学习的乐趣，必须区分两种不同的阅读快感：一是诉诸直觉，来得快，去得也快；一是含英咀华，来得迟，去得也迟。“经典阅读”与“快乐阅读”，二者并不截然对立。

我只是强调教学中如何培养学生“发现的目光”。发现什么？发现表面上平淡无奇的字里行间所蕴含着的汉语之美、文章之美、人性之美以及大自然之美。而这种“发现”的能力，并非自然而然形成，而是需要长期的训练与培育。这方面，任课教师的“精彩演出”与“因势利导”，都很重要。

讲课是一门艺术，课堂即舞台，单有演讲者的“谈吐自如”远远不够，还必须有听讲者的“莫逆于心”，这才是理想状态。我曾发表过一篇文章，承认慕课（MOOC，即大规模开放在线课程）在普及教育、传播知识方面的巨大优势，同时又称：从事文学教育多年，深知“面对面”的重要性。

打个比喻，这更像是在干“农活儿”，得看天时地利人和，很难“多快好省”。别的课我不懂，但深知语文课不能对着空气讲，“现场感”很重要，必须盯着学生们的眼睛，时刻与之交流与对话，这课才能讲好。只顾摆弄精美的PPT，视在场的学生为“无物”，这不是成功的教学，也不是称职的教师。

太富贵、太顺畅、太精英，不一定是好事情

关于中学语文课以及大学的文学教育，我说过两句话：一是请读无用之书，二是中文系是为你的一生打底子；现在看来，有必要增加第三句，那就是：语文学习与人生经验密不可分。

读无用之书。先说第一句，那是答记者问时说的。我谈到提倡读书的三个维度，其中包括“多读无用之书”。为什么这么说？因为今天中国人的阅读，过于讲求“立竿见影”了。

在校期间，按照课程规定阅读；出了校门，根据工作需要看书。与考试或就业无关的书籍，一概斥为“无用”，最典型的莫过于搁置文学、艺术、宗教、哲学、历史等。而在我看来，所谓“精英式的阅读”，正是指这些一时没有实际用途，但对养成人生经验、文化品位和精神境界有意义的作品。

中文系是为你的一生打底子。第二句则是在北大中文系2012届毕业典礼上的致辞：中文系出身的人，常被贬抑为“万金油”，从政、经商、文学、艺术，似乎无所不能；如果做出惊天动地的大成绩，又似乎与专业训练无关。可这没什么好嘲笑的。

中文系的基本训练，本来就是为你的一生打底子，促成你日后的天马行空，逸兴遄飞。有人问我，中文系的毕业生有何特长？我说：“聪明、博雅、视野开阔，能读书，有修养，善表达，这还不够吗？当然，念博士，走专家之路，那是另一回事。”

语文学习与人生经验密不可分。这就说到了第三句。引述章太炎“余学虽有师友讲习，然得于忧患者多”（《太炎先生自定年谱》），似乎有点高攀；那就退一步，说说普通人学生的学习状态。不同地区不同水平的中学毕业生，通过高考的选拔，走到一起来了；可实际上，他们的学习能力及生活经验千差万别。

一般来说，大城市重点中学的学生学业水平高，眼界也开阔，乡村里走出来的大学生，第一年明显学得很吃力，第二年挺住，第三、四年就能渐入佳境——其智力及潜能若得到很好的激发，日后的发展往往更令人期待。如果读的是文史哲等人文学科，其对于生活的领悟，对于大自然的敬畏，对于幸福与苦难的深切体会，将成为学习的重要助力。

某种意义上，学文学的，太富贵、太顺畅、太精英，不一定是好事情。多难兴邦，逆境励志，家境贫寒或从小地方走出来的大学生，完全不必自卑。

还得学会独立思考与精确表达

对于今天的大学生来说，单讲认真读书不够，还得学会独立思考与精确表达。这里的表达，包括书面与口头。

几年前，我写《训练、才情与舞台》，谈及学术会议上的发言、倾听与提问，其中有这么几句：“作为学者，除沉潜把玩、著书立说外，还得学会在规定时间内向听众阐述自己的想法。有时候，一辈子的道路，就因这十分钟二十分钟的发言或面试决定，因此，不能轻视。”

具体的论述容或不准确，但强调口头表达的重要性，我想八九不离十。大陆、香港、台湾的大学生在一起开会，你明显感觉到大陆学生普遍有才气，但不太会说话——或表达不清，或离题发挥，或时间掌握不好。

这与我们的课堂教学倾向于演讲而不是讨论有关。实行小班教学，落实导修课，要求学生积极参与讨论并记分数，若干年后，这一偏颇才有可能纠正过来。相对于其他课程来说，语文课最有可能先走一步。

在一个专业化时代，谈“读书”与“写作”，显得特别小儿科。或许正因此，当大学老师的大都不太愿意接触此类话题。既然没有翅膀，若想渡江，就得靠舟楫。不管小学中学大学，对于老师来说，给学生提供渡江的“舟楫”，乃天经地义——虽然境界及方法不同。

在北京大学的专题课以及香港中文大学的讲论会上，每当循例点评学生的论文时，我不仅挑毛病、补资料、谈理论，更设身处地帮他们想，这篇文章还可以怎么做。学生告诉我，这个时候他们最受益。

说到底，中学语文课以及大学人文学科，就是培养擅长阅读、思考与表达的读书人。只讲“专业知识”不够，还必须“能说会写”——这标准其实不低，不信你试试看。

2014年12月21日，陈平原在华东师范大学召开的“百年语文的历史回顾与展望”研讨会上发表主旨演说。演讲稿后改为《语文之美与教育之责》，收入其《六说文学教育》一书。讲稿延续了“大家小书”的风格，字字精简，没有多余的废话，篇幅相比一般演说稿“小”，或许可称为“小演讲”。

从内容来看，这篇“小演讲”主要就是从“语文到底是什么？对于我们现在又有什么意义？我们又该如何去学习语文？”这三个问题出发，再结合当今中小学与大学的文学教育出现的问题，对语文学习、语文教育做出了分析，也都对这些问题提出了相应的解决办法，主题便是要“重视语文学习”，要培养语文的“天赋”，要树立“一辈子的道路取决于语文”的观点。

“重视语文学习”作为主题可以说是贯穿作者整篇演讲，谈语文与教育的关系是为了突出语文的重要性，说起本国语言对于一个国家的意义也是为了论述语文在中国人心中的地位，列举的那些学习语文的方法和语文教学的注意事项都是基于语文不可忽视的价值而言的。

作者说的语文“天赋”的这个“天赋”不全是先天的，后天也可以练成。陈平原是广东人，所以他将语文课说成慢火煲汤，必须是慢慢地、逐渐地读。读了必有收益，但读了不可能马上体现出来。语文知识、文学趣味、文化建设、道德人心、意识形态，乃至国际关系等，你都得去读一读，都在煲的过程中，慢工细活，如鱼饮水冷暖自知。

做出“一辈子的道路取决于语文”的判定也是因为语文是一门需要时间，也扛得住时间考验的课程。对中国人而言，语文是一辈子的关怀，它和我们的文化有关，更与我们未来的人生有关。作者自己也说“从某种意义上来说，这些语文课本里面不仅是具体的语言知识、文学修养、人生观，还有我们所说的各种各样的思维方式、思想感情以及文学趣味，都在里面。”

另外值得一提的是这篇文章的逻辑结构，如议论文般分点罗列观点，逻辑严明，说理清晰，是这篇“小演讲”一个十分鲜明的特点。

文章开头，作者就用一句话说明自己对今天教育发展的看法，并且由“若以牺牲‘母语教育’或‘中国文辞’为代价，则又实在有点可惜”，将“语文”与“教育”联系在一起。这正是议论文中起到总起全文作用的段落。接着便是分了几大点，举例说明了语文学习的具体方法和对现代语文教学的要求，在最后说到最后一个例子的时候再点明一下主题——语文教育，强调一下习得的不易性，如果不看最后一句“不信你试试看”，当真是一篇说理有据的总分结构的议论文了，但是加了这么俏皮的一路结尾，又是很符合演讲的逻辑——吸引观众的注意力，让自己的演讲更加生动活泼。

总的来说，从对于社会的意义来看，这篇文章对现代语文教育事业有着深刻的思考，文中很多语文学习、语文教育的方法都值得我们学习借鉴，文中关于语文发展的思路值得我们探究；从演讲稿的形式来看，这是一篇十分值得学习的文章，有议论文的逻辑严明，但没有它的枯燥无味，有演讲稿的生动形象，但全文有理有据，有着辩证性的语言，有着对社会的思考，不是无病呻吟。

1. 在这个单元选取的五篇讲稿中，既有20世纪的学术演讲，也有近年的婚礼现场发言，风格不一，语言各异。从演讲的内容和受众来看，你认为演讲中最重要的是什么？如何才能做到演讲内容思路清晰、逻辑有力？

2. 鲁迅的文字逻辑性非常强，除了思路敏捷之外，入思的角度也非常独特，因此每每能发人所未发。试分析《阿Q正传》里的下列片段中阿Q和吴妈的对话，想想这样写好在哪里？

吴妈，是赵太爷家里唯一的女仆，洗完了碗碟，也就在长凳上坐下了，而且和阿Q谈闲天：

“太太两天没有吃饭哩，因为老爷要买一个小的……”

“女人……吴妈……这小孤孀……”阿Q想。

“我们的少奶奶是八月里要生孩子了……”

“女人……”阿Q想。

阿Q放下烟管，站了起来。

“我们的少奶奶……”吴妈还唠叨说。

“我和你困觉，我和你困觉！”阿Q忽然抢上去，对伊跪下了。

一刹时中很寂然。

3. 孙绍振先生为了证明“证婚人这个角色完全是浪费”，甚至在举例论述后得出“所以要证婚，就是因为准备离婚”的判断，但是结尾处又写请他来证婚的这对新人是与众不同的。你能理解作者的思路转折吗？正话反说，正言若反，这样写在表达效果上有什么作用？

时代目光

犹太谚语说："人类一思考，上帝就发笑。"我们自作聪明，以为接近了真理，却发现反被上帝愚弄，因为"吾生也有涯，而知也无涯"，没有人掌握绝对的真理。处于平凡世界中的我们，人云亦云，困惑重重，为了生活而奔波，却忘了思考，我们已很久没有听到上帝的笑声了。不过，独立思想的光芒还在照耀着我们，历久弥新。当我们站在巨人的肩膀上时，才能看清远方的路。只有踏着先贤的足迹，我们才能走得更远。

本部分五篇选文均选自20世纪初至80年代，在几十年的历史激荡、社会变迁、文学发展中，大师们始终以审视的目光注视时代，以辩证的思维思考社会，以多变的视角考量生活。

生于晚清，处于"三千年未有之大变局"时代的李大钊，在《新的！旧的！》一文中认为，新旧"这两种精神活动的方向，必须是代谢的，不是固定的；是合体的，不是分立的，才能于进化有益。""要打破此矛盾生活的阶级，另外创造一种新生活，以寄顿吾人的身心，慰安吾人的灵性。"

针对左联"左"的倾向，瞿秋白在《普洛大众文艺的现实问题》一文中，提出了"向群众去学习"，以此解决现代文学遗存的言文不一致而导致的新文学无法走进工农群众的问题。用什么话写、写什么东西、为着什么而写、怎样去写、要干些什么，作者层层深入，思路较为严谨。

梁启超的《敬业与乐业》是面向学生的一篇演讲词，阐述了作者弘扬传统文化的观点。"敬业乐业"是人类生活的不二法门，其实质是用"责任心"和"趣味"，让自己的生活闪亮。大师通读经典古籍，经典之句、之事信手拈来，有说服力，有感召力。

蒋梦麟置身于中西学说交互激荡、磨合的时代背景，在《文化的变化与进步》一文中，以自己的学识、素养并结合时代特点对中西文化的交互影响进行了自己的思考、辨析和整合，经过"史料"的论证和"逻辑"的推断，有力说明了“中华文化能够适当吸收外来文化，且使之适应于中国，慢慢形成新的文化发展动力，进而促进中华文化的新生与进步”。

王元化在《论知性的分析方法》一文中扫清了知性分析方法对人们认识的危害，推动了新时期的“思想解放”运动。“知性不能掌握美”，知性方法是认识事物的一种方法，但它绝不是艺术思维的方法，也不能把握美。它自身的价值必须既联系于感性又进展到理性时，才能体现出来。

时代发展，纷繁多变，我们要像大师们一样保持理性的目光，对繁杂的信息加以甄别和提纯，从多方面对事物或现象进行辩证思考。只有不断提高逻辑思辨力，才能变“满盘珠玉”为“一线穿珠”，才能使纷繁的材料条理化，复杂的问题简单化。唯有此，才能摆脱时代的束缚，以更理性的目光打量这个世界，体察我们生活的时代。

胡适之说：“一个头脑受过训练的人在看一件事是用批判和客观的态度，而且也用适当的智识学问为凭依。”阅读中，我们要有意识体会行文中的思辨之美，学习大师们的批判意识及创新精神，这两点尤为重要。

新的！旧的！①

李大钊

宇宙进化的机轴，全由两种精神运之以行，正如车有两轮，鸟有两翼，一个是新的，一个是旧的。但这两种精神活动的方向，必须是代谢的，不是固定的；是合体的，不是分立的，才能于进化有益。

中国人今日的生活全是矛盾生活，中国今日的现象全是矛盾现象。举国的人都在矛盾现象中讨生活，当然觉得不安，当然觉得不快，既是觉得不安不快，当然要打破此矛盾生活的阶级，另外创造一种新生活，以寄顿吾人的身心，慰安吾人的灵性。

矛盾生活，就是新旧不调和的生活，就是一个新的，一个旧的，其间相去不知几千万里的东西，偏偏凑在一处，分立对抗的生活。这种生活，最是苦痛，最无趣味，最容易起冲突。这一段国民的生活史，最是可怖。

欲研究一国家或一都会中某一时期人民的生活，任取其生活现象中的一粒微尘而分析之，也能知道其生活全部的特质。

---

① 选自《李大钊选集》（人民出版社 1984 年版）。李大钊（1889—1927），河北乐亭人。

一个都会里一个人所穿的衣服，就是此都会里最美的市场中所陈设的；一个人的指爪上的一粒炭灰，就是由此都会里最大机械场的烟突中所飞落的。既同在一个生活之中，刹刹尘尘都含有全体的质性，都着有全体的颜色。

我前岁在北京过年，刚过新年，又过旧年。看见贺年的人，有的鞠躬，有的拜跪，有的脱帽，有的作揖，有的在门首悬挂国旗，有的张贴春联，因而起了种种联想。

想起黄昏时候走在街头，听见的是更夫的梆子丁丁的响，看见的是站岗巡警的枪刺耀耀的亮。更夫是旧的，巡警是新的。要用更夫，何用巡警？既用巡警，何用更夫？

又想起我国现已成了民国，仍然还有甚么清室。吾侪小民，一面要负担议会及公府的经费，一面又要负担优待清室的经费。民国是新的，清室是旧的。既有民国，哪有清室？若有清室，何来民国？

又想起制定宪法。一面规定信仰自由，一面规定“以孔道为修身大本”。信仰自由是新的，孔道修身是旧的。既重自由，何又迫人来尊孔？既要迫人尊孔，何谓信仰自由？

又想起谈论政治的。一面主张自我实现，一面鼓吹贤人政治。自我实现是新的，贤人政治是旧的。既要自我实现，怎行贤人政治？若行贤人政治，怎能自我实现？

又想起法制习俗。一面立禁止重婚的刑律，一面许纳妾的习俗。禁止重婚的刑律是新的，纳妾的习俗是旧的。既施刑律，必禁习俗；若存习俗，必废刑律。

以上所说不过一时的杂感，其余类此者尚多。最近又在本志上看见独秀先生与南海圣人争论，半农先生向投书某君棒喝。以新的为本位论，南海圣人及投书某君最少应生在百年以前。以旧的为本位论，独秀、半农最少应生在百年以后。此等“风马牛不相及”的人物思想，竟不能不凑在一处，立在同一水平线上来讲话，岂不是绝大憾事！中国今日生活现象矛盾的原因，全在新旧的性质相差太远，活动又相邻太近。换句话说，就是新旧之间，纵的距离太远，横的距离太近；时间的性质差的太多，空间的接触逼的太紧。同时同地不容并有的人物、事实、思想、议论，走来走去，竟不能不走在一路来碰头，呈出两两配映、两两对立的奇观。这就是新的气力太薄，不能努力创造新生活，以征服旧的过处了。

我常走在前门一带通衢，觉得那样狭隘的一条道路，其间竟能容纳数多时代的器物：也有骆驼轿，也有上贴“借光二哥”的一轮车，也有骡车、马车、人力车、自转车、汽车等，把 20 世纪的东西同 15 世纪以前的汇在一处。轮蹄轧轧，汽笛鸣鸣，车声马声，人力车夫互相唾骂声，纷纭错综，复杂万状，稍不加意，即遭冲轧，一般走路的人，精神很觉不安。推一轮车的讨厌人力车、马车、汽车，拉人力车的讨厌马车、汽车，赶马车的又讨厌汽车。反说回来，也是一样。新的嫌旧的妨阻，旧的嫌新的危险。照这样层级论，生活的内容不止是一种单纯的矛盾，简直是重重叠叠的矛盾。人生的径路，若是为重重叠叠的矛盾现象所塞，怎能急起直追，逐宇宙的文化前进呢？仔细想来，全是我们创造的能力缺乏的原故。若能在北京创造一条四通八达的电车轨路，我想那时乘坐驼轿、骡车、人力车等等的人，必都舍却这些笨拙迂腐的器具，来坐迅速捷便的电车，马路上自然绰有余裕，不像那样拥挤了。即于寥寥的汽车、马车、自转车等依旧通行，因为与电车纵的距离不甚相远，横的距离又不像从前那样逼近，也就都有容头过身的道路了，也就没有互相嫌恶的感情了，也就没有那样容易冲突的机会了。

因此我很盼望我们新青年打起精神，于政治、社会、文学、思想种种方面开辟一条新径路，创造一种新生活，以包容覆载那些残废颓败的老人，不但使他们不妨害文明的进步，且使他们也享享新文明的幸福，尝尝新生活的趣味，就像在北京建造电车轨道，输运从前那些乘驼轿、骡车、人力车的人一般。打破矛盾生活，脱去二重负担，这全是我们新青年的责任，看我们新青年的创造能力如何。

进！进！进！新青年！

1918 年 5 月 15 日

赏读

纵观历史，新旧问题在历史的每一个阶段都有争论。那么，生于晚清，学于日本，处于“三千年未有之大变局”时代的李大钊，又会如何看待这个问题呢？

作者在首段开宗明义地提出了自己的看法。他认为新旧“这两种精神活动的方向，必须是代谢的，不是固定的；是合体的，不是分立的，才能于进化有益”。新旧处于不断的变化之中，今日之新，会成明日之旧。今日之旧，曾是昨日之新。在历史的发展中，“新的”会征服取代“旧的”。

但身处于晚清民国的人们却生活在“矛盾生活”中，既“觉得不安”，又“觉得不快”。作者首先给我们解释了什么是“矛盾生活”，并提出了文章要论述的中心问题。

接着，作者利用大量的笔墨给我们分析了这个问题，即“中国今日生活现象矛盾的原因，全在新旧的性质相差太远，活动又相邻太近。……新旧之间，纵的距离太远，横的距离太近；时间的性质差的太多，空间的接触逼的太紧”。从而，指出问题的根源是“我们创造的能力缺乏”，不能征服旧的过处。历史的新旧更替是按照自身发展规律，从内部产生的。但晚清民国的新旧更替，是因为西方先进文化的强势介入，打破了中国原有的发展轨迹。“新的”不断闯入，“旧的”固执地坚守自己的阵地。新旧对立，产生了对抗的生活。

最后，作者给我们提出了解决“矛盾生活”的方法，即“开辟一条新径路，创造一种新生活”，来“打破此矛盾生活的阶级，……以寄顿吾人的身心，慰安吾人的灵性”。

作者的论述逻辑清晰，言浅意深，贴近生活，具有很强的说服力，呈现出以下三个特点。

其一，多用反问句。如“要用更夫，何用巡警？既用巡警，何用更夫？”“既有民国，哪有清室？若有清室，何来民国？”“既重自由，何又迫人来尊孔？既要迫人尊孔，何谓信仰自由？”等。作者利用反复手法，借助反问来引发读者的思考，有力地表明了自己的立场。新旧矛盾生活中，我们必须要有取舍。

其二，善用对比。如“更夫是旧的，巡警是新的”“民国是新的，清室是旧的”“信仰自由是新的，孔道修身是旧的”等等。作者通过对比这些生活中存在的新旧现象，鲜明地揭示了生活中的矛盾现象，充分论证了“矛盾生活，就是新旧不调和的生活，就是一个新的，一个旧的，……分立对抗的生活。这种生活，最是苦痛，最无趣味，最容易起冲突”的观点。

其三，擅长使用举例论证。作者为了在论述新旧问题时不流于抽象，列举了很多生活中的反常现象。如“看见贺年的人，有的鞠躬，有的拜跪，有的脱帽，有的作揖，有的在门首悬挂国旗，有的张贴春联”“狭隘的一条道路，其间竟能容纳数多时代的器物：也有骆驼轿，也有上贴‘借光二哥’的一轮车，也有骡车、马车、人力车、自转车、汽车等，把20世纪的东西同15世纪以前的汇在一处”。这些来自于生活的鲜活事例，让读者清楚地看到生活中存在的矛盾。

《新的！旧的！》发表于1918年。作为新文化运动领导者之一的李大钊，并没有像其他领导者一样激进，反而是温和的。他“盼望我们新青年打起精神，于政治、社会、文学、思想种种方面开辟一条新径路，创造一种新生活，以包容覆载那些残废颓败的老人，不但使他们不妨害文明的进步，且使他们也享享新文明的幸福，尝尝新生活的趣味”。他希望用“新的”来包容“旧的”，让“新的”服务于生活，服务于“新的”和“旧的”人们。

同时，作为中国现代思想家的李大钊也向青年中的“新青年”发出号召，让大家敢于“打破矛盾生活，脱去二重负担”，勇于创造，积极创造。希望大家能创造出一个新的天地，让“新的”和“旧的”和谐地生活于其中。

作品

普洛大众文艺的现实问题①

瞿秋白

这将要是自由的文艺，因为这种文艺并不是给吃饱了的姑娘小姐去服务的，并不是给胖得烦闷苦恼的几万高等人去服务的，而是给几百万几千万劳动者去服务的，这些劳动者才是国家的精华，力量和将来呢。

——《列宁文集》初版第七卷上册第二十五页

中国普洛大众文艺②的问题，已经不是什么空谈的问题，而是现实的问题。难道还只当做亭子间“茶余饭后”谈天的资料么？苏联十月革命之前，许多革命的文学家，后来的普洛文学家，曾经埋设在小报馆的校对、访员等类的地位五六年七八年，当时的高等读者社会里没有人知道他们；他们在谋生的困

① 选自《瞿秋白选集》（人民出版社1985年版），有改动。瞿秋白（1899—1935），江苏常州人，著有《赤都心史》《俄乡纪程》《多余的话》等。在1931年1月党的六届四中全会上，瞿秋白受到王明等的打击排挤，被撤掉党内的领导职务。此后，他主要在上海和鲁迅合作，从事革命文化活动，写了大量有关文化和文艺理论的作品。此文写于1931年10月25日，最初发表于1932年3月左联出版的《文学》（第1卷第1期）上，署名史铁儿。

② 普洛大众文艺，即无产阶级文艺。普洛是英语 proletariat 的音译，普洛列塔利亚的缩写，即无产阶级。

苦工作之外，仍旧能够很多地写作小本小说，价钱只有三四分大洋一本，销到工人贫民中间去。这些作家之中，只有一个绥拉菲摩维支①是在当时就成了名的（高尔基②不算在内）；其余的都这么埋没着，甚至于革命后也没有“出名”的。但是，当时的工人读者知道他们，爱他们。他们的作品，未必都是第一流的，未必都流传下来。但是在当时，这些作品至少能够供给一般贫民的文艺生活，起了革命的作用。可以说，那还不是普洛文艺，然而那是最真实的普洛文艺的胚胎。现在的中国呢？普洛文艺的胚胎还没有，只有普洛文艺的理论和所谓前辈。只有普洛文艺的“母亲”，她应当怀胎，但是还没有怀胎。

普洛文艺的“母亲”为什么还没有怀胎？因为她“节制生育”。她还是摩登姑娘，学到了巴黎式的时髦。她思慕着奢华淫滥的生活和交际明星的声望。她只在想一脚跨进摩登化的贵族厅堂——在所谓“纱笼”里去和当代名流“较一日之短长”。她于是乎把腰束束紧，于是乎用些“史班通”之类的药来避孕。总之，虚荣和声望，嫉妒和贪欲，使有些人只在想“一举成名天下知”。可是，这个天下显然只是“纱笼”的天下，而不是贫民窟的天下！

而普洛文艺“要是自由的文艺，因为调动新的力量和更新的力量到这种文艺的队伍里来的，并非贪欲和声望，而是社会主义的理想和对劳动者的同情。”（《列宁文集》，同上）

现在中国文艺生活的现象是个神奇古怪的怪现象。因为封建余孽的统治，所以文艺界之中也是不但有阶级的对立，并且还有等级的对立。中国人的文艺生活显然划分着两个等级，中间隔着一堵万里长城，无论如何都不相混杂的。第一个等级是五四式的白话文学和诗古文词——学士大夫和欧化青年的文艺生活。第二个等级是章回体的白话文学——市侩小百姓的文艺生活。现在，请平心静气的回答一个问题：直到今天为止，普洛文艺的作品是属于哪一个等级?!

普洛文艺应当是民众的。新式白话的文艺应当变成民众的。但是还并没有变呢。因此，劈头一个问题就是：怎样去变？这个问题不能决，一切都无从说起。因此，也就会发生我这篇文章的怪题目：“普洛大众文艺”。普洛文

① 绥拉菲摩维支（1863—1949），苏联作家。著有长篇小说《铁流》等。

② 高尔基（1868—1936），原名阿列克赛·马克西莫维奇·彼什科夫。苏联作家。著有《海燕》《母亲》以及自传体三部曲《童年》《在人间》《我的大学》等。

艺一般都应当是大众的，难道有“非大众的普洛文艺”？然而不然！居然有。甚至于有人说：不能够把艺术降低了去凑合大众的程度，只有提高大众的程度，来高攀艺术。这在现在的中国情形之下，简直是荒谬绝伦的论调。现在的问题是：革命的作家要向群众去学习。现在的作家，难道配讲要群众去高攀他吗？老实说是不配。

这样，“向群众去学习”——就是“怎样把新式白话文艺变成民众的”问题的总答复。总之，假定意识是正确的作品，可是仅只能够给欧化青年去“服务”的，当然不是大众文艺。这种文艺，只能够做普洛革命文学的次要工作，为的是在敌人营垒里去捣乱后防。这种“欧化文艺”尚且要努力大众化，扩大自己的读者社会。同时必须打进大众的文艺生活之中去——跳过那一堵万里长城，跑到群众里面去。这就必须创造普洛的革命的大众文艺。现在大众所“享受”的文艺生活是什么？那些章回体的小说，群众尚且不能够完全看得懂。他们所“享受”的是：连环图画，最低级的故事演义小说（《七侠五义》《说唐》《征东传》《岳传》等），时事小调唱本，以至于《火烧红莲寺》等类的大戏，影戏，木头人戏，西洋镜，说书，滩簧，宣卷等等。这里的意识形态是充满着乌烟瘴气的封建妖魔和“小菜场上的道德”——资产阶级的“有钱买货无钱挨饿”的意识。现在的主要工作，因此应当是创造普洛的大众文艺，应当向那些反动的大众文艺宣战。这是一条唯一的道路——可以造成新的群众的言语，新的群众的文艺，站到群众的“程度”上去，同着群众一块儿提高艺术的水平线。所谓“非大众的普洛文艺”和“普洛大众文艺”之间的区别，将要在这一条道路上逐渐的消灭净尽。

文艺问题里面，同样要“由无产阶级反对资产阶级而完成资产阶级民权革命的任务”，准备着，团结着群众的力量，以便“立刻进行社会主义的革命”。为着执行这个任务起见，普洛大众文艺应当在思想上意识上情绪上一般文化问题上，去武装无产阶级和劳动民众：手工工人、城市贫民和农民群众。这是艰苦的伟大的长期的战斗！

普洛大众文艺应当立刻实行，应当认真的解决一些现实的问题：第一，用什么话写。第二，写什么东西。第三，为着什么而写。第四，怎么样去写。第五，要干些什么。

第一，用什么话写？

苏联党的中央委员会曾经认定反对鞑靼民族等改用罗马字母的人，事实上等于出卖阶级（胡愈之在《莫斯科印象记》上提到的正是这些右倾机会主义者）。现在，我们对于中国文的罗马化问题，暂时不说。可是，至少要注意到这个“罗马化”的基础，就是创造一种真正现代大多数人用的文字——言语。固然，书面上的话（文字）和口头上的话（言语）之间，在欧美先进各国，也都有相当的区别，然而那分别都只是比较紧凑和散漫罢了；欧美先进各国的“书面上的话”，都只是紧凑些的“口头上的话”，读出来是可以懂得的。中国的情形可不同，书面上的“白话”——五四式的白话和文言一样，读出来是不能够懂得的，非看着汉字不可。这种话要用罗马字母拼音，当然就是不可能的了。

中国的“言”和“文”之间的区别为什么如此之大？就因为是封建余孽作祟。“五四”以前士大夫用的文言，据说是“周朝话”，其实只是周朝话的极模糊极省略的纪录，因为用以纪录的工具是象形文字，所以就不能够不模糊省略。五四时期的文学革命要想推行所谓“白话文”，这是资产阶级民权革命之中的一般文化革命的任务，自然不是狭义的文学革命。这个文化革命也和一九二七年的革命一样，是失败了，是没有完成它的任务，是产生一个非驴非马的新式白话。这五四式的白话仍旧是士大夫的专利，和以前的文言一样。现在新式士大夫和平民小百姓之间仍旧“没有共同的言语”。革命党里的“学生先生”和欧化的绅商用的书面上的话是一种，而市侩小百姓用的书面上的话，是另外一种。这两种话的区别，简直等于两个民族的言语之间的区别。俄国在十七八世纪时候，欧化贵族只读斯拉夫文的典籍和法文的小说，而平民读俄文。现在的中国欧化青年读五四式的白话，而平民小百姓读章回体的白话。中国还是需要再来一次文字革命，像俄国洛孟洛莎夫①到普希金②时代的那种文字革命。不然呢，革命的知识分子和民众没有共同的言语，反而是商店作坊的老板和伙计学徒之间有共同的言语。这个文字革命任务，现在同样要由无产阶级来领导，资产阶级不需要再彻底的文字革

---

① 洛孟洛莎夫，今译罗蒙诺索夫（1711—1765），俄国学者、诗人、科学家。对历史和语言学也很有研究。

② 普希金（1799—1837），俄国大诗人。瞿秋白曾译过他的长诗《茨冈》。

命，而且还在反对这个革命。

这个革命就是主张真正的用俗话写一切文章。如果“白话”这个名词已经被五四式的新士大夫和章回体的市侩文丐垄断了去，那么，我们可以把这个新的文字革命叫作“俗话文学革命运动”。固然，最近一年来——一九三一年——有极少数的新进的作家，例如穆时英①、张天翼②等，以及以前的一些老作家，都在自己的作品里注意到俗话的运用，但是，我们还需要有一个积极主张俗话的运动，不但自己这样写，并且还要号召一切人应当这样写，还要攻击不这样写的人，总之，要有像五四时期一样的战斗精神。要剧烈的反对和抵制许许多多现在的“林琴南”③！自然，单单会运用俗话并不就是普洛文学，因为用俗话一样可以写封建的、资产阶级意识的东西；但是用非驴非马的白话写的东西，绝对不能成为普洛文艺。难道现在俄国普洛文学可以用斯拉夫、拉丁文混合的言语来写作品？难道英美普洛文学能够用古代英文来写作品？绝对的不能够。因为这使它不能够给大众服务！因此，可以说：不注意普洛文艺和一切文章用什么话来写的问题，这事实上是投降资产阶级，是一种机会主义的表现，是拒绝对于大众的服务。这个俗话革命的任务，是一般文化革命的任务，一切革命的文化组织应当担负起来，而尤其是文学的革命组织。

因此，对于“用什么话写”的问题，答案是很清楚的。

第一，当然不是用“周朝话”来写，就是绝对的不是用文言来写。

第二，也不能够用五四式的白话写。五四式的白话，表现的形式是很复杂的：有些只是梁启超式的文言，换了几个虚字眼，不用“之乎者也”，而用“的吗了呢”，这些文章，叫士大夫看起来是很通顺的。有些是所谓“直译式”的文章，这里所容纳的外国字眼和外国文法并没有消化，而是囫囵吞枣的。这两大类的所谓白话，都是不能够使群众采用的，因为读出来一样的不能够懂。原因在于：制造新的字眼，创造新的文法，都不是以口头上的俗话做来源的主体，——再去运用汉文的，欧美、日本文的字眼，使他们尽量

---

① 穆时英（1912—1939），浙江鄞县人，现代作家。

② 张天翼（1906—1985），湖南湘乡人，现代作家。

③ 林琴南（1852—1924），名林纾，福州人，著名的桐城派古文家、翻译家。曾用文言翻译过一百余种外国文学作品。在五四运动时期，是反对新文化运动最坚决的守旧派人物之一。

的容纳而消化；而是以文言做来源的主体，——甚至于完全不消化的生硬的填塞些外国字眼和文法。结果，这种白话变成了一种新式文言：《说文》和《康熙字典》，东文术语词汇和英文句法分析练习簿，——就是这种新式文言的来源的主体。这叫作非驴非马的“骡子活”，——写的人自己也不能讲这种话。固然，成熟的作家自己做的东西（翻译的不在其内），大半不至于如此“骡子气”；然而，新式白话的作品和翻译，科学政治论文和文艺等等一切出版物，百分之七十以上是用这种骡子话写的。如果普洛大众文艺也仍将用这种话来写，那么，简直是没有人可以听得懂的，这就绝对不能够达到群众里去。

第三，也并不是用章回体的白话来写。这种白话，最好的像《水浒传》《红楼梦》，也只是明朝话或者清朝话；而且同样是省略的记录，并不能够完全代表当时人口头上的话的。姑且把考据功夫搁起，假定的叫他“明朝话”罢，这种话显然不是现代中国人的话。只要看这一类小说里的对话，里面的虚字眼有许多是现代人不讲的了，例如“把”写作“将”，“就”写作“便”等等。而且这种话的全部的腔调，可以证明这仍旧是士大夫迁就平民的一种言语，或者是平民高攀士大夫的一种话。因此，我们可以看见，凡是比较复杂的说理，描写，叙述……实际上仍旧是文言的腔调，至多只是京戏里说白的腔调。你想想：现代人嘴里会不会说出“不知老兄意下如何”？或者“欲知后事如何，且听下回分解”？至于比《水浒传》《红楼梦》“等而下之”的许多演义小说，现在礼拜六派①的小说，直到连环图画式的小说，那简直是文言白话混合得乱七八糟的东西。这到现在，显然仍旧是以文言为主体的一种话。如果简单的采用这种“明朝话”，那就无所谓文字革命。固然，采取这种话可以使群众勉强懂得，但是这就完全忽略了革命的任务。这也是投降主义！

总之，不但普洛大众文艺，就是“非大众的普洛文艺”，都不能够用“周朝话”写，都要反对用“骡子话”来写，而且也并非要用“明朝话”来写。而要用现在人的普通话来写——有特别必要的时候，还要用现在人的土话来写（方言文学）。无产阶级，在“五方杂处”的大城市和工厂里，正在

① “礼拜六派”是辛亥革命后出现的一种文学流派，以出版《礼拜六》期刊而得名。他们大量发表描写才子佳人的小说，故又称为“鸳鸯蝴蝶派”。

天天创造普通话，这必然的是各地方土话的互相让步，所谓“官话”的软化。统一言语的任务也落到无产阶级身上。让绅商去维持满洲贵族旗人的十分道地的上等京话做“国语”罢，让他们去讥笑蓝青官话①罢。无产阶级自己的话，将要领导和接受一般知识分子现在口头上的俗话——从最普通的日常谈话到政治演讲，——使它形成现代的中国普通话。自然，照中国的现状，还会很久的保存着小城市和农村的各地方的土话，这在特殊必要的时候，也要用它来写的。总之，普通俗话的发展，必须无产阶级的文化运动来领导，就是要把这种言语做主体，用它来写一切文章，尤其是文艺，尤其是大众文艺。要为着这个新的文字革命而斗争。事情其实很简单，只要把自己嘴里的话写出来。这种俗话同样的可以有深浅，有书面的和口头的分别，——自然并非一切文章都等于速记的纪录。而普洛大众文艺的特点，就在于暂时这种文艺所用的话，应当是更浅近的普通俗话，标准是：当读给工人听的时候，他们可以懂得。这样就可以开辟一条道路，使工农群众在文艺生活之中逐渐提高组织自己言语的能力，根据于“联想”的公律采用必须的汉文的以及欧化的字眼、文法。无产阶级在这里有一个坚定的自信力：他们口头上所讲的话，一定可以用来写文章，而且可以写成很好的文章，可以谈科学，可以表现艺术，可以日益进步而创造出“可爱的中国话”，并用不着去学士大夫的骡子话（可以看而不可以听的话），并用不着去学戏台上的明朝人的说白。而现在的章回体小说，却正使群众觉着一定要用那种“半文不白”的腔调，才能够说故事，才能够写文章。中国现在还没有“可爱的屠格涅夫②的言语”（列宁说的），中国的普洛文学应当担负创造这种言语的责任。

总之，普洛大众文艺要用现代话来写，要用读出来可以听得的话来写。这是普洛大众文艺的一切问题的先决问题。这个问题不解决，其余的努力大半要枉费的。

第二，写什么东西？

普洛大众文艺用什么话写的问题解决之后，就要回答写什么东西的问

---

① 蓝青官话，夹杂别地口音的不纯的北京话。

② 屠格涅夫（1818—1883），俄国著名作家。著有《父与子》等作品。

题。应当用现代人的白话写的并不仅是大众文艺。大众文艺和其他文章在言语上的区别，仅仅只在于深浅。可是，讲到写什么东西的问题，就是作品的体裁问题，那就不同了。这里的区别比较的是很大的。

现在新式白话作品的体裁，大半已经是很欧化的了。老实说，是很摩登化的了。因为，中古世纪的欧洲作品，甚至于文艺复兴①初期的作品，体裁也和近代的摩登主义大不相同。意大利的《十日谈》，西班牙的《董吉诃德传》，法国大仲马②的《三剑客》（《侠隐记》）和《二十年后》，在体裁上就和中国的《今古奇观》《儒林外史》《三国演义》等等，有好些相像的地方。这种情形足以证明欧洲封建的上层建筑的崩溃，和经济基础的变更，互相适应着。欧洲当时的民众从中世纪式的武侠小说进一步来读《董古诃德传》的时候，不感觉到体裁上突然的绝对的不同。而中国的近代资本主义的发展是从买办而来。手工工厂的发展突然的跳到最新式的百货公司和电气动力的工厂；表面上尤其急遽转变的，是出现了帝国主义的大规模的银行资本，城市的地皮投机事业……于是欧化士大夫的“文艺享受”同样的可以从诗古文词一跳就跳到摩登主义的“神奇古怪”的体裁。吃租阶级的摩登贵族，有这么的“福气”。但是对于民众，这种体裁是神奇古怪的，没有头没有脑的。关于人物，没有说明“小生姓甚名谁，表字某某，什么省什么县人氏”；关于风景，并不是清清楚楚的说“青的山，绿的水，花花世界”，而是象征主义的描写，山水花草都会变成活人似的忧愁或者欢喜，皱眉头或者亲嘴；关于对话，并不说明“某某道”“某某大怒道……”；句法是倒装的，章法是“零乱的”。这些，在欧美的工人早已不成多大的问题（以发展史最短的俄国文学来看，从斯拉夫文的作品，经过最早的俄文通俗作品，经过普希金到高尔基，逐渐摩登化的过程也有了一百五十年）。但是，中国民众还觉得非常之看不惯。普洛文艺至今用全部力量去做摩登主义的体裁的东西，这样自然发生的结果是：上中下三等的礼拜六派倒会很巧妙的运用着旧式大众文艺的体裁，慢慢的渐渐的“特别改良”一下，在这种形式里面灌进维新的封建

① 文艺复兴是 14 至 15 世纪在欧洲兴起的文化思想运动。它反映了新兴资产阶级反对封建主义和宗教神权的要求。最初开始于意大利，逐渐扩及德、法、英、荷各国。在诗歌、小说、戏剧、绘画及自然科学等领域都获得了丰富的成果。恩格斯称之为“一次人类从来没有经历过的最伟大的进步的变革”。

② 大仲马（1802—1870），法国作家，著有《基度山恩仇记》等许多作品。

道德，资产阶级民族主义的……内容，写成《火烧红莲寺》等的“人众文艺”；而革命的普洛的文艺因为这些体裁上形式上的障碍，反而和群众隔离起来。这也同样是不了解完成资产阶级民权革命任务的错误。

所以普洛大众文艺所要写的东西，应当是旧式体裁的故事小说、歌曲小调、歌剧和对话剧等，因为识字人数的极端稀少，还应当运用连环图画的形式；还应当竭力使一切作品能够成为口头朗诵，宣唱，讲演的底稿。我们要写的是体裁朴素的东西——和口头文学离得很近的作品。

可是，也要预防一种投降主义，就是盲目的去模仿旧式体裁。这里，我们应当做到两点：第一是依照着旧式体裁而加以改革；第二，运用旧式体裁的各种成分，而创造出新的形式。关于第一点，一切故事、小说、小唱、说书、剧本、连环图画，都可以逐渐的加进新式的描写叙述方法。关于第二点，举几个例来讲：可以创造新的短篇说书话本，不必要开头是“却说”，末了是“且听下回分解”，而是俗话的短篇小说；可以输入欧美的歌曲谱子，要接近于中国群众的音乐习惯的，而填进真正俗话的诗歌；又可以创造一种新的俗话诗，不一定要谱才可以唱，而是可以朗诵，可以宣读的，在声调、节奏、韵脚里面能够很动人很有趣的；可以模仿文明戏而加入群众自己的参加演戏；可以创造新式的通俗歌剧，譬如说用“五更调”“无锡景”“春调”等等凑合的歌剧，穿插着说白，配合上各种乐器，——因为话剧（文明戏）没有音乐，对于群众的兴趣是比较的少的。这些，都还只是没有实行经验的设想，有了经验之后，还可以想到无数的新的形式，群众来听小调来看戏的人，可以教我们的还多得很呢。

这样，就是在文艺的形式上，普洛大众文艺也要同着群众一块儿提高艺术的程度。

第三，为着什么而写？

普洛大众文艺的题材——艺术内容上的目的是什么？普洛大众文艺要为着什么而写？

这里，在所谓“非大众的普洛文艺”和“普洛大众文艺”之间，差不多没有什么区别的。如果有的话，那只是相对的。譬如说，因为读者对象的不同，所以“非大众的文艺”大半要是捣乱敌人后防的，而“大众的”大半要是组织自己的队伍的。这是文艺，所以这尤其要在情绪上去统一团结阶级斗争的队伍，在意识上、在思想上、在所谓人生观上去武装群众。

（一）是鼓动作品，所谓“Agitka”。这当然多少不免要有标语口号的气味，当然在艺术上的价值也许很低。但是，这是斗争紧张的现在所急需的，所谓“急就章”是不能够避免的。

可是，同时也应当尽可能的叫他艺术化，这是学习的机会。这些作品如果做得好，一样的可以避免“标语口号主义”，而使标语口号艺术化，而取得艺术品的资格；——因为这里主要的将是为着时事，为着大事变而写的东西，而大事变往往可以产生意义伟大的作品。这必然要认作一种在一定的事变之中的反对一切种种反革命的武断宣传的斗争。

（二）为着组织斗争而写的作品。这是说一般的阶级斗争，经常的一切问题上的阶级斗争。这里，当然首先是描写工人阶级的生活，描写贫民、农民、兵士的生活，描写他们的斗争。劳动群众的生活和斗争，罢工，游击战争，土地革命，当然是主要的题材。同时，小资产阶级、资产阶级、绅士地主阶级的一切丑恶，一切残酷狡猾的剥削和压迫的方法，一切没有出路的状态，一切崩溃腐化的现象，也应当从无产阶级的立场去揭发他们，去暴露他们。讽刺的笔锋和刻毒的描写，对于敌人是不知道什么叫作宽恕的。这是冲锋的捣乱后防的游击队。这是要打破群众对于敌人，对于动摇的“同盟者”的迷信。这里，当前的斗争任务是：反对武侠主义①，反对民族主义②。因为现在豪绅资产阶级的“大众文艺”之中，闹得乌烟瘴气的正是武侠剑仙的迷梦，岳飞复活的幻想。我们的大众文艺，应当反对军阀混战；反对帝国主义瓜分中国的战争，反对进攻苏联，为着土地革命，为着无产阶级领导的工农民权独裁，为着中国的真正解放，而努力的一贯的去贯彻反对武侠主义和民族主义的斗争，宣传苏维埃革命，宣传社会主义和反帝国主义的国际主义。为着这种目的而写的作品，可以是“阶级经验的小说”（例如现在的革

---

① 当时流行的武侠小说，如《七侠五义》之类，多带有公案情节，写“侠客”“义士”协助“清官”破案，把人民群众反抗恶势力迫害的希望寄托在“清官”和“侠客”“义士”身上。这种“武侠主义”或“青天大老爷”思想，对人民群众有极大的毒害，起着维护封建社会秩序的作用。

② 1930 年 6 月，国民党上海教育局长潘公展联合一批反动文人，发起所谓“民族主义文学运动”，并创办了《前锋周报》《前锋月刊》等，胡说“阶级意识在中国，可以说是陷民族于灭亡的窨阱”，标榜“文艺的最高意义”，就是所谓“民族主义”。这种思想一出现就受到鲁迅和左联的痛击。

命斗争……太平天国、义和团、辛亥、“五四”、“五卅”、广州公社①、武汉时代等等）；可以是片断的或者想象的斗争和生活，例如中国的《董吉诃德传》，短篇的这类的故事；可以是古代传说（关公、岳飞、薛仁贵等）和现时大众小说（《火烧红莲寺》等）的改作；可以是欧美“阶级经验小说”以及其他名著的改译（《九十三年》《铁流》等等）。

（三）为着理解人生而写的作品。所谓“人生”，难道只有“高尚的”知识分子才了解，难道只能够从资产阶级的观点去了解？不然的！无产阶级和劳动民众也需要了解，需要从无产阶级的观点去了解，需要清楚的发现现实生活的意义。现在，他们的意识形态大半是在地主资产阶级的人生观的束缚之下。工人、农民、一切贫苦的民众，他们有自己的私人生活，他们受着宗法社会和封建观念的束缚，他们也有恋爱，他们也有家庭，他们要求生活，他们要求解放。但是，豪绅资产阶级的“大众文艺”，正在供给他们以各种各式的毒药迷魂汤。他们有许多本来就是小资产阶级（例如农民、兵士），他们之中的工人，也有许多刚刚离开小资产阶级的地位不久。摆脱宗法社会联系还很少。绅商豢养的文丐，就首先用宗法主义和市侩主义去羁縻他们。工农的人生是和斗争不可分离的。绅商就特别努力的想把他们的人生和斗争分割开来。一切宣卷、说书、小唱……没有一本不是变相的所谓“善书”，宣传那些最恶劣最卑鄙最下贱的中国礼教和果报观念。单是一句“变牛变马来还债”的话，单是一句“淫人妻女，自己的妻女也被人淫”的话，单是一句“乐善好施金玉满堂”的话，就可以使人知道：现在市面上的大众文艺是多么努力的在宣传宗法主义和市侩主义。充其量是鼓吹一些梁启超式的维新道德，暗示民众说：只要自己勤苦，总可以成家立业。这种小资产阶级的幻想，是“安分守己”甘心做奴隶的主义，是非政治主义的情绪。总之，这里充满着伪善、卑鄙、等待、迷信……一切种种恶化的毒药；甚至于淫书都标题着“警世之书”，把男女关系写成禽兽不如的把戏，把残杀所谓“淫妇”当做英雄豪侠的信条；摧残民众中的每一丝每一毫的光明，把对于人生、恋爱、家庭、劳动的了解，都恶化到无以复加的地步。所以在反对地主制度和资本主义的文艺里，就要一贯的贯彻反对宗法主义和市侩主义的斗争。为着这种目的而写的作品，可以是劳动民众的私人生活的故事，恋爱的

① 1927年11月广州起义建立的苏维埃政府，也称广州公社。

故事，宗法社会的牺牲，成家立业幻想的破产……以及无产阶级的理想（社会主义）的解说。

总之，普洛大众文艺的斗争任务，是要在思想上武装群众，意识上无产阶级化，要开始一个极广大的反对青天白日主义①的斗争。五四时期的反对礼教斗争只限于知识分子，这是一个资产阶级的自由主义启蒙主义的文艺运动。我们要有一个“无产阶级的‘五四’”，这应当是无产阶级的革命主义社会主义的文艺运动，这就是反对青天白日主义。青天白日是所谓青天大老爷的主义。武侠和剑仙是一个青天大老爷，所谓祖国民族也是一个青天大老爷。宗法主义是这样，市侩主义也是这样，一切反革命的武断宣传都是这样：“最高最完美的理想”只是——地上要有青天大老爷，天上也要有青天大老爷，于是乎小百姓有冤有处诉，有仇有人报，父父子子夫夫妇妇……安分守己的过活，耕田经商做工，挣得一点家财，生个好儿子，中状元，做大官，或者上天报应，大发洋财，可以荒淫纵欲大享艳福；为着答报青天大老爷，岳飞、包公、彭公②等等的这样恩典起见，就要爱国。……如果这些福气享不到，那么，就来一些劫富济贫的空谈，把强盗来当青天大老爷！反对这种青天白日主义的斗争，应当有一个广大的反帝国主义的国际主义，反封建宗法的劳动民众的民权主义和社会主义的文艺运动——苏维埃的革命文艺运动。

第四，怎么样去写？

怎么样去写普洛大众文艺？这并不是大众文艺的特殊问题。这是普洛文艺的一般创作方法的问题。谁要以为那些说书式的小说可以随随便便的写，那他就大错而特错了。

普洛作家要写工人、民众和一切题材，都要从无产阶级观点去反映现实的人生、社会关系、社会斗争。如果仅仅把几句抽象的理论，用说书的体裁来写出来，就可以当作文艺作品，那就根本用不着普洛文学运动，因为这只是通俗的论文。文艺作品应当经过具体的形象，——个别的人物和群众，个

① 这里是指以国民党反动政权为“正统”的思想。“青天白日”是国民党党旗、党徽的标志。

② 包公、彭公，指流行的公案、武侠小说《包公案》《彭公案》等书中的包拯、彭鹏，都是长期流传民间、多出附会臆造的“青天大老爷”。

别的事变，个别的场合，个别的一定地方的一定时间的社会关系，用“描写”“表现”的方法，而不是用“推论”“归纳”的方法，去显露阶级的对立和斗争，历史的必然和发展。这就须要深切的对于现实生活的了解。

但是，现在革命的作家之中，许多还保存着那种浮萍式的男女青年的“气派”。浮萍式的——因为他们在社会里是没有根蒂的，他们不但不知道工人贫民的生活，而且不知道一切有职业的人的生活。这大半是离开母亲和学校的怀抱之后，就立刻成为“欧化的”无业游民。这还不要紧。文学也可以做职业，革命也可以做职业。他们大半连从旁边去观察一下也不愿意的。他们是在等灵感的天才的神彩之笔。他们所有的只是“天才”，只是“理论”，他们已经得到的是些归纳的结论，将要得到的还是些归纳的笼统的结论。用不着去观察，用不着去体验！现在我们固然正在克服这种主观主义，可是他的遗产还是会作祟的。

因此，很可能的是用一种轻率的态度来对大众文艺，——而这种轻率态度就可以使许多恶劣的资产阶级影响复活起来。这是不能够不预防的。当然，我在这里要说的只是最大概的，也许是最粗鲁的说法：

（一）感情主义。从“五四”以来，所谓“民众”文学曾经在各种形式里表现过。洋车夫文学和老妈子文学，大约就是这十几年的成绩了。站在统治阶级剥削阶级的地位来可怜洋车夫、老妈子，以至于工人、农民，这也会冒充革命文学。这种创作里的浅薄的人道主义，是普洛文艺所不需要的。文艺复兴初期的感情主义居然和世纪末的颓废主义碰了头，混合在一起作为“革命文学”，甚至于“普洛文学”的先锋。普洛文学要克服这种倾向，在普洛大众文艺里，尤其要防止这种感情主义的诉苦、怜惜、悲天悯人的名士气。

（二）个人主义。英雄主义的个人忽然像“飞将军从天而下”，落到苦恼的人间，于是乎演说，于是乎开会，于是乎革命，于是乎成功，——这种个人主义，“个人的英雄决定一切”的公式，根本就是诸葛亮式的革命。这样，甚至于党都可以变作诸葛亮、剑仙、青天大老爷！无产阶级的集体主义必须完全克服这种倾向。必须真切的理解群众的转变，群众的行动，群众的伟大的作用。个人只有在集体之中，作为集体的一分子，然后他的英勇，他的热心，他自己对于自己的个人主义的斗争，群众的克服他的个人主义……。对于这些斗争的过程的理解，才能够把一切种种的变相剑仙和变相武侠肃清，而正确的显露无产阶级政党的集体的领导作用。

（三）团圆主义。才子中状元，佳人嫁大官，好人得好报，恶人得恶报……固然是团圆主义。可是，一切一厢情愿的关于群众斗争的描写，也是一种团圆主义。没有失败，只有胜利；没有错误，只有正确。这种写法，这种做法，也是一种团圆主义。这里，还会发生更加简单的公式主义：工人痛苦，革命党宣传，工人觉悟、斗争、胜利，有困难一定解决，有错误一定改正，一些百分之百的“好人”打倒了一些百分之百的“坏人”。无产阶级难道需要自己骗自己？更加要注意的是农民和兵士。这里，难道没有一点儿小资产阶级机会主义的幻想、冒险主义和盲动主义？无产阶级不需要欺骗自己，更不需要投降农民小资产阶级的“左”右机会主义！工人需要学习，在错误之中学习，主要的是在现实生活和斗争里学习。这才能增长斗争的力量、经验。

（四）脸谱主义。京戏里面奸臣画白脸，忠臣画红脸，小丑画小花脸……同样，可以把帝国主义、地主、资本家、工人、农民……一个个的规定出脸谱来。这不但可以，而且的确有人这样写！甚至于可以详细的说：布尔塞维克、孟塞维克、盲动主义者等等，都可以有脸谱。反革命的一定是只野兽，只要升官发财，只要吃鸦片讨小老婆；而革命的一定是圣贤，刻苦、坚决……这种简单化的艺术，会发生很坏的影响。生活不这么简单！工人、劳动群众所碰见的敌人、友人、同盟者、动摇的“学生先生”，也不是这样纸剪成的死花样，而是活人。工人农民自己也是活人！反革命的人，一样会有自己的理想，自己的道德……假定在文艺之中尚且给群众一些公式化的笼统概念，那就不是帮助他们思想上武装起来，而是解除他们的武装。在这种简单化的概念之下，他们遇见巧妙一些的欺骗，立刻就会被迷惑，遇见复杂一些的现象，立刻就不会分析。他们将要永世不能够了解：精忠报国舍生取义的岳飞会是他们的最危险最恶毒的敌人。关于工农自己，也是同样的，这里，应当表现真正的生活、分化、转变、团结的过程，方才能够给布尔塞维克的教育。

埃及古代艺术上有一种所谓条件主义，——团圆主义和脸谱主义，就是这么一类的东西，把一切现实生活里的现象都公式化了，用来自己欺骗自己，或者欺骗别人。感情主义和个人主义，其实也是骗人和骗自己的浪漫谛克。无产阶级是资本主义社会里的最先进的阶级，他不需要虚伪，不需要任何理想化，不需要任何的自欺欺人的幻想。“现实”用历史的必然性替无产阶级开辟最终胜利的道路。无产阶级需要认识现实，为着要去改变现实。无产阶级不需要矫揉做作的麻醉的浪漫谛克来鼓舞，他需要切实的了解现实，而在行动斗争之中去团结自己，武装自己；他有现实的将来的灯塔领导着最热烈最英勇的情绪，去为着光明而斗争。因此，普洛大众文艺，必须用普洛现实主义的方法来写。这需要开始一个运动，一个为着普洛现实主义而斗争的运动。不然，那些资产阶级的影响将要使我们投降豪绅资产阶级的大众文艺。

第五，要干些什么?

现在的实际问题是，要开始实行普洛大众文艺运动，应当干些什么事?

这个问题，由上文所说的一切，已经可以给自然的结论：

（一）开始俗话文学革命运动——这是要完成白话文学运动的任务，要打倒胡适之主义，像现在要打倒青天白日主义一样。胡适之的白话定义是：“说白之白，清白之白，黑白之白。”这理论已经种下了文言本位的改良主义，虽然适之自己做的文章倒还通顺。这所谓“白”仅仅是和戏台上的曲文对待的“说白”，是和模糊对待的“清白”，是和“堆砌涂饰”对待的“黑白”。现在我们需要的是彻底的俗话本位的文学革命。没有这个条件，普洛大众文艺就没有自己的言语，没有和群众共同的言语。这固然不是限于文艺范围的运动，但是普洛革命文学运动应当负起发动这个新的革命运动的责任，而和一切革命的文化组织共同的起来斗争。具体的办法是要争取完完全全的公开路线——要有一个一般的文化问题的杂志，尤其是学生读物的杂志，这种杂志应当分一部分的篇幅开始这个运动，来详细的研究中国俗话的文法、句法，批评一切所谓白话文章的绅士性质，批评反动的大众文艺的言语的死文字性质，从新的观点上来重新讨论翻译问题等等，发展这种讨论和研究到群众的文艺团体里去。

（二）街头文学运动——开始做体裁朴素的接近口头文学的作品：说书式的小说、唱本、剧本等等。这需要到群众中间去学习。在工作的过程之中去学习。即使不能够自己去做工人、农民……至少要去做“工农所豢养的文丐”。不是群众应该给文学家服务，而是文学家应当给群众服务。不要只想群众来捧角，来请普洛文学导师指导，而要去向群众唱一出“莲花落”讨几个铜板来生活，受受群众的教训。首先就要组织革命的“文学青年”——劳动青年，鼓动他们来实行这种街头文学运动。一批一批的打到那些说书的，唱小唱的，卖胡琴笛子的，摆书摊的里面，在他们中间谋一个职业。茶馆里，空场上……工厂里，弄堂口，十字街头，是革命的“文学青年”的出路。移动剧场，新式滩簧，说书，唱诗……这些是大众文艺作品产生的地方。“不跳下水去，是学不会游水的”。这里，将要有真正的机会去观察、了解、经验那工人和贫民的生活和斗争，真正能够同着他们一块儿感觉到另外一个天地。要知道：单是有无产阶级的思想是不够的，还要会像无产阶级一样的去感觉。这些“文学青年”也许不肯去，也许很少肯去，也许去了会有许多“临阵脱逃”，但是，文学青年不一定是贵公子，也有贫苦的；而且这个运动开始之后，工人青年之中，将要发现很多意料之外的天才，渐渐的他们会变成主体。

（三）工农通讯运动——要开始经过大众文艺来实行广大的反对青天白日主义的斗争，就必须立刻切实的实行工农通讯运动。举个例来说一说工人通讯员的运动罢：工人通讯员固然并不限于文艺，而且主要的还是政治通讯，但是这是普洛文学的一个来源。文艺的通讯，应当在一般的工农通讯员运动里去发展。在中国现在城市之中的条件之下，可以创办一种俗话报去吸收。这种定期刊物要公开的专销贫民区域。这可以在形式上并非报纸，而是一本连环图画，或者一集连环图画、时事唱本、时事短篇小说，批评当时的反动的大众文艺（影戏，新出的连环图画等等）。工农通讯员将要是一种新的群众的文艺团体的骨干。这可以是很多种的小团体，在这种团体里面才能够得到现实生活的材料，反映真正群众的情绪，很确切的很具体的批评到武侠主义、民族主义，宗法主义、市侩主义的要点。工人和农民自己在这里将要学习到运用自己的言语的能力。而一般“文学青年”才能够学习到大众文艺所需要的知识。普洛文学将要在这种集体工作之中产生出自己的成熟的作品。

（四）自我批评的运动——为着普洛现实主义的斗争，必须实行更深刻的自我批评。对于过去错误的认识不诚恳、不深刻，实际上是不能够纠正错误的，甚至于要掩蔽错误。缺乏革命者的认识错误的勇气，将要使我们在大众文艺方面仍旧重复旧的错误。那些非辩证法的，非唯物论的观点和倾向就不能够肃清。这里，具体的步骤，就是要在文学报上开始关于大众文艺的讨论，开始关于一般创作方法的讨论。只有斗争，和一切不正确倾向斗争，才能够锻炼自己的力量，才能够发展革命的普洛的文学运动。

普洛大众文艺的运动是一个艰苦的伟大的斗争，必须这样从各方面去努力，必须这样郑重的认真的刻苦的开始工作，克服一切可能的失败和错误，必须立刻回转脸来向着群众，向群众去学习，同着群众一块儿奋斗，才能够胜利的进行。而没有大众的普洛文学是始终要枯死的，像一朵没有根的花朵。

1931 年 10 月，瞿秋白为了扭转左联“左”的倾向，为中国无产阶级确定新的航线，为实现文艺大众化，他带病写出了《普洛大众文艺的现实问题》这篇经典论文。文章提出了“向群众去学习”的问题，这就为作家指出要写出大众文艺作品，只有走向群众学习的这条唯一途径。在这里，瞿秋白不但为作家指出向群众学习的道路，还说明“去感觉”是对文学艺术创作特殊规律的要求。

在这篇文章中，瞿秋白开篇就讲中国普洛大众文艺的问题，已经不是什么空谈的问题，而是现实的问题。接着他联系苏联文学实际，结合中国文艺现状，提出了新式白话的文艺应当变成民众的出路就是“向群众学习”。至于怎样学习，他从五个方面进行了论述：第一，用什么话写；第二，写什么东西；第三，为着什么而写；第四，怎么样去写；第五，要干些什么。

《普洛大众文艺的现实问题》主要围绕如何创建适合于工农群众的新式白话文学来展开。瞿秋白主张进行一场无产阶级的五四文学革命，以此解决因现代文学遗存的言文不一致而导致的新文学无法走进工农群众的问题。那么怎样“革命”呢？他认为在当时中国的情形下，只能是“革命的作家向群众去学习”“站在群众的程度上”“同着群众一块儿提高艺术的水平线”。首先就是要解决语言问题，要用现在人的普通话，尤其是方言土语来创作工人可以听懂的文学。这是普洛大众文艺一切问题的先决问题。再者，既然是站在群众的程度上，就应当写群众熟悉的事物，要写朴素的东西，与口头文学接近的作品。此外他还提出了一个很重要的问题，即文学家不仅思想要无产阶级化，感情也应当无产阶级化。这就需要文学家改变态度，本着为群众服务的观点，走到群众中间，接受群众的“教训”，去“茶馆里，空地上……工厂里，弄堂口，十字街头”等地方，他认为只有在这里才能真的去观察、了解、体验工人和贫民的生活和斗争，真正感觉到他们的世界。在文章末尾，瞿秋白最后得出结论：普洛大众文艺运动是一个艰苦的伟大的斗争……必须回转脸来向着群众，向群众学习，同着群众一块儿奋斗，才能够胜利的进行。至此，可以看出瞿秋白创造“普洛大众文艺”的基点就在于群众——运用群众的语言，采取群众熟悉的形式，表达群众的体验；站在群众的立场上，本着无产阶级观点，才能创造出普洛大众文学。由此可以将瞿秋白的观点归结为两个关键词：群众、普洛大众文学。

瞿秋白的《普洛大众文艺的现实问题》内涵丰富，在无产阶级文艺发展长河中发挥了不可替代的巨大作用。这篇经典文献发表至今有87年之久了，但它的历史价值、文献价值、思想价值依然闪耀着光辉。

敬业与乐业[1]

梁启超

我这题目，是把《礼记》里头“敬业乐群”② 和《老子》里头“安其居，乐其业”③ 那两句话，断章取义造出来的。我所说的是否与《礼记》《老子》原意相合，不必深求；但我确信“敬业乐业”四个字，是人类生活的不二法门。

本题主眼，自然是在“敬”字、“乐”字。但必先有业，才有可敬、可乐的主体，理至易明④。所以在讲演正文以前，先要说说有业之必要。

孔子说：“饱食终日，无所用心，难矣哉！”⑤ 又说：“群居终日，言不及义，好行小慧，难矣哉！”⑥ 孔子是一位教育大家，他心目中没有什么人不可教诲，独独对于这两种人便摇

---

① 选自《梁启超家书》（中国友谊出版公司 2012 年版）。梁启超（1873—1929），广东新会人，著有《中国近三百年学术史》《中国历史研究法》《新中国未来记》等。

② 敬业乐群：专心致志于学业或事业，与人相处得很好。

③ 安其居，乐其业：使人民安居乐业。

④ 理至易明：指道理述说到了极致，简单明了，极容易明白。

⑤ 饱食终日，无所用心，难矣哉：引自《论语·阳货》，意思是整天吃饱了饭，不肯动脑筋去做点事，这种人是很难造就的呀！

⑥ 群居终日，言不及义，好行小慧，难矣哉：引自《论语·卫灵公》，意思是整天和大家混在一起，不说一句有道理的话，只是卖弄小聪明，这种人是很难造就的呀！

头叹气说道："难！难！"可见人生一切毛病都有药可医，惟有无业游民，虽大圣人碰着他，也没有办法。

唐朝有一位名僧百丈禅师，他常常用两句格言教训弟子，说道："一日不做事，一日不吃饭。"他每日除上堂说法之外，还要自己扫地、擦桌子、洗衣服，直到八十岁，日日如此。有一回，他的门生想替他服务，把他这天应做的工悄悄地都做了，这位言行相顾的老禅师，老实不客气，那一天便绝对地不肯吃饭。

我征引儒门、佛门这两段话，不外证明人人都要有正当职业，人人都要不断地劳作。倘若有人问我："百行什么为先？万恶什么为首？"我便一点不迟疑答道："百行业为先，万恶懒为首。"没有职业的懒人，简直是社会上的蛀米虫，简直是"掠夺别人勤劳结果"的盗贼。我们对于这种人，是要彻底讨伐，万不能容赦的。今日所讲，专为现在有职业及正在做职业上预备的人——学生——说法①，告诉他们对于自己现有的职业应采何种态度。

第一要敬业。敬字为古圣贤教人做人最简易、直接的法门，可惜被后来有些人说得太精微，倒变得不适实用了。惟有朱子解得最好，他说："主一无适②便是敬。"用现代的话讲，凡做一件事，便忠于一件事，将全副精力集中到这事上头，一点不旁骛，便是敬。业有什么可敬呢？为什么该敬呢？人类一面为生活而劳动，一面也是为劳动而生活。人类既不是上帝特地制来充当消化面包的机器，自然该各人因自己的地位和财力，认定一件事去做。凡可以名为一件事的，其性质都是可敬。当大总统是一件事，拉黄包车也是一件事。事的名称，从俗人眼里看来，有高下；事的性质，从学理③上解剖起来，并没有高下。只要当大总统的人，信得过我可以当大总统才去当，实实在在把总统当作一件正经事来做；拉黄包车的人，信得过我可以拉黄包车才去拉，实实在在把拉车当作一件正经事来做，便是人生合理的生活。这叫作职业的神圣。凡职业没有不是神圣的，所以凡职业没有不是可敬的。惟其如此，所以我们对于各种职业，没有什么分别拣择。总之，人生在世，是要天天劳作的。劳作便是功德，不劳作便是罪恶。至于我该做哪一种劳作呢？全看我的才能何如、境地何如。因自己的才能、境地，做一种劳作做到圆

① 说法：说教，讲道理。

② 主一无适：专心于一件事，一点也不向别处分心。适，指朝别的路上去。

③ 学理：科学上的原理或法则。

满，便是天地间第一等人。

怎样才能把一种劳作做到圆满呢？惟一的秘诀就是忠实，忠实从心理上发出来的便是敬。《庄子》记佝偻丈人承蜩的故事①，说道：“虽天地之大，万物之多，而惟吾蜩翼之知。”② 凡做一件事，便把这件事看作我的生命，无论别的什么好处，到底不肯牺牲我现做的事来和他交换。我信得过我当木匠的做成一张好桌子，和你们当政治家的建设成一个共和国家同一价值；我信得过我当挑粪的把马桶收拾得干净，和你们当军人的打胜一支压境的敌军同一价值。大家同是替社会做事，你不必羡慕我，我不必羡慕你。怕的是我这件事做得不妥当，便对不起这一天里头所吃的饭。所以我做这事的时候，丝毫不肯分心到事外。曾文正③说：“坐这山，望那山，一事无成。”我从前看见一位法国学者著的书，比较英法两国国民性质，他说：“到英国人公事房里头，只看见他们埋头执笔做他们的事；到法国人公事房里头，只看见他们衔着烟卷像在那里出神。英国人走路，眼注地下，像用全副精神注在走路上；法国人走路，总是东张西望，像不把走路当一回事。”这些话比较得是否确切，姑且不论；但很可以为敬业两个字下注脚。若果如他所说，英国人便是敬，法国人便是不敬。一个人对于自己的职业不敬，从学理方面说，便是亵渎职业之神圣；从事实方面说，一定把事情做糟了，结果自己害自己。所以敬业主义，于人生最为必要，又于人生最为有利。庄子说：“用志不分，乃凝于神。”④ 孔子说：“素其位而行，不愿乎其外。”⑤ 所说的敬业，不外这些道理。

第二要乐业。“做工好苦呀！”这种叹气的声音，无论何人都会常在口边流露出来。但我要问他：“做工苦，难道不做工就不苦吗？”今日大热天气，我在这里喊破喉咙来讲，诸君扯直耳朵来听，有些人看着我们好苦；反过

---

① 佝偻丈人承蜩（tiáo）的故事：驼背老人捕蝉的故事。出自《庄子·达生》。佝偻，驼背。丈人，古代对老年男子的尊称。承蜩，粘取蝉，捕蝉。

② 虽天地之大，万物之多，而惟吾蜩翼之知：虽然天地这样大，万物这样多，但是我只注意蝉的翅膀。这是驼背老人对孔子说的话。

③ 曾文正：即清代军政大臣曾国藩，“文正”是他的谥号。

④ 用志不分，乃凝于神：语出《庄子·达生》。意思是运用心思，专一而不分散，精神便会集中（凝）起来。

⑤ 素其位而行，不愿乎其外：语出《中庸》。意思是按与他平素所处的地位，做他所当做的事，而且不祈求本分以外的事情。

来，倘若我们去赌钱去吃酒，还不是一样淘神费力？难道又不苦？须知苦乐全在主观的心，不在客观的事。人生从出胎的那一秒钟起到绝气的那一秒钟止，除了睡觉以外，总不能把四肢、五官都搁起不用。只要一用，不是淘神，便是费力，劳苦总是免不掉的。会打算盘①的人，只有从劳苦中找出快乐来。我想天下第一等苦人，莫过于无业游民，终日闲游浪荡，不知把自己的身子和心子摆在哪里才好，他们的日子真难过。第二等苦人，便是厌恶自己本业的人，这件事分明不能不做，却满肚子里不愿意做。不愿意做逃得了吗？到底不能。结果还是皱着眉头，哭丧着脸去做。这不是专门自己替自己开玩笑吗？我老实告诉你一句话："凡职业都是有趣味的，只要你肯继续做下去，趣味自然会发生。"为什么呢？第一，因为凡一件职业，总有许多层累②、曲折，倘能身入其中，看它变化、进展的状态，最为亲切有味。第二，因为每一职业之成就，离不了奋斗；一步一步的奋斗前去，从刻苦中将快乐的分量加增。第三，职业性质，常常要和同业的人比较骈进③，好像赛球一般，因竞胜而得快感。第四，专心做一职业时，把许多游思、妄想杜绝了，省却无限闲烦闷。孔子说："知之者不如好之者，好之者不如乐之者。"④人生能从自己职业中领略出趣味，生活才有价值。孔子自述生平，说道："其为人也，发愤忘食，乐以忘忧，不知老之将至云尔。"⑤这种生活，真算得人类理想的生活了。

我生平最受用的有两句话：一是"责任心"，二是"趣味"。我自己常常力求这两句话之实现与调和，又常常把这两句话向我的朋友强聒不舍⑥。今天所讲，敬业即是责任心，乐业即是趣味。我深信人类合理的生活应该如此，我望诸君和我一同受用！

---

① 打算盘：合计，盘算。

② 层累：层层叠叠，指困难和阻力重重。

③ 骈进：并进。

④ 知之者不如好之者，好之者不如乐之者：语出《论语·雍也》。意思是懂得它的人不如爱好它的人，爱好它的人不如以实行它为快乐的人。

⑤ 其为人也，发愤忘食，乐以忘忧，不知老之将至云尔：语出《论语·述而》。意思是他这个人啊，用功便忘记了吃饭，陶醉在学问里，便忘记了忧愁，不知道衰老就要到来，如此而已。云尔，语助词，相当于"罢了"。

⑥ 强聒（qiǎng guō）不舍：硬要啰唆个不停。聒，喧扰。舍，舍弃，放弃。

梁启超，是中国近代维新派代表人物，著名学者。其号任公，别号饮冰室主人，其遗作名为《饮冰室合集》，集一千余万字。他接受康有为的思想学说并由此走上改良维新的道路，时人合称“康梁”，他们曾一起发动有名的“公车上书”。他兴趣广泛，学识渊博，在文学、史学、哲学等领域均有较深的造诣。

《敬业与乐业》是梁启超对上海中华职业学校学生的一次讲演。当时正是戊戌变法失败之后，梁启超退出政坛，赴欧洲考察，了解到西方社会的诸多弊端，回国后主张发扬传统文化，用东方的“固有文明”来拯救世界。所以这篇文章就带有作者弘扬传统文化的观点。

本文是一篇演讲词，也是一篇议论文。演讲的对象是一群职业学校的学生，为的是向他们说明对职业应有“敬业”和“乐业”的态度，并说明如何培养“敬业”和“乐业”的精神，演讲自始至终都在围绕着“敬业”与“乐业”在论述，观点极其鲜明。

观点鲜明地摆在那里，可是要如何论证自己的观点，让这群职业学生既能听得懂，又能欣然接受呢？论证过程便足见一代大师的功力。

梁启超先生按部就班，娓娓道来。整篇演讲结构严格按引论—本论—结论的顺序排列，首先说明演讲题目的来由，题目一字一词都不是凭空产生的，它是采撷《礼记》《老子》中的两句话，“断章取义”造出来的，不求原意相合，但信“敬业乐业”四个字是人类生活的不二法门。在“本论”中，又是一个问题接一个问题，有业—敬业—乐业，一一道来，特别是运用些标志性词语使内容更显条理分明。如“先要说说”“第一”“第二”就分别领起“有业”“敬业”“乐业”。在论述“乐业”时，提出“凡职业都是有趣味的，只要你肯继续做下去，趣味自然会发生”的观点后，理由也分条陈述，有条有理。这样清晰的思路还愁这些职业学生听不明白吗？

一代大师必然是学富五车、实力超凡的，古籍经典无不通读，经典之句、之事信手拈来，精彩的引用和丰富的事例让在座学生无不倾倒，更为观点的论证提供了有力的支撑。如引用孔子“群居终日，言不及义，好行小慧，难矣哉！”、朱子“主一无适便是敬”、曾国藩“坐这山，望那山，一事无成”、庄子“用志不分，乃凝于神”等多条格言作为理论论据，使得文章更有说服力，思维更有深度。百丈禅师、佝偻丈人，比较法国人和英国人的工作态度，当总统和拉黄包车同是神圣的职业，这些古今事例使文章的说服力在生活中得到验证。

另外，梁启超先生在演讲时还力求语言的通俗和情境的谐调。先生在引用古籍名言时常用通俗的话来进行解释，有时又如话家常，先生也非常注意结合演讲时的情境与观众交流。这些都越发拉近了讲者和听者的距离，使听者更加信服、投入。

文化的变化与进步①

蒋梦麟

文化是个有生命的有机体，它会生长，会发展；也会衰老，会死亡。文化，如果能够不断吸收新的养分，经常保持新陈代谢的作用，则古旧的文化，可以更新，即使衰老了，也还可以复兴。

历史上多少灿烂的文化，如巴比伦文化、迦太基文化、古埃及文化，在人类文化历史上都像昙花般一现就消歇了，但也有若干文化，绵延不断，历久弥新，其间盈虚消长，是值得我们深长思索的。

大凡文化的发展，有两个重要的因素：一个是内在的，基于生活的需要，人类有种种生活的需要，为了满足这些需要，不得不想种种方法来创造，来发明，这是促进文化发展的一个动力。另一个是外来的，基于环境的变迁，环境变迁多半是受外来的影响，这是因为四周环境改变了，为了适应新的环境，就不得不采取新的适应方法，人类如不能适应新的环境，就不能在这环境里生存。我们从历史上看，这两个因素总是交互影

① 选自《现代世界中的中国：蒋梦麟社会文谈》（学林出版社 1997 年版），题目为编者关鸿、魏平所加。蒋梦麟（1886—1964），浙江余姚人，著有《西潮》《新潮》《谈学问》等。

响的。

中国文化是少数古文化现在还巍然屹立的一枝。它之所以能够如此，就是因为能不断吸收新的文化与适应新的环境。历史上较早的较显著的一个例子发生在战国。

战国时候的赵武灵王为了国家的生存，不管王公大臣和国内人民的反对，毅然采取了匈奴的服装（胡服）和他们的骑射之术（骑在马上射箭）。胡服和骑射都是外国的东西。他的叔叔公子成对此大表反对。他说“臣闻中国者，圣贤之所教也，礼乐之所用也，远方之所则效也；今王舍此，而袭远方之服，变古之道，逆人之心，臣愿王孰图之也”。赵武灵王听了这席话，便自己亲自去向他叔叔说明。他说“吾国东有齐、中山，北有燕、东胡，西有楼烦、秦、韩之边；今无骑射之备，则何以守之哉？先时中山负齐之强兵，侵略吾地，系累吾民，引水围鄗，微社稷之神灵，则鄗几于不守也。先君丑之。故寡人变服骑射，欲以备四境之难，报中山之怨，而叔顺中国之俗，恶变服之名，以忘鄗事之丑，非寡人之所望也”。上面这段话，把公子成说服了。于是下令变服，习骑射。

胡服骑射的结果，中原出现了两种东西，一种是裤子，一种是骑射。中国人向来不穿裤子，裤子是从胡人那里学来的。我们推想大概在打仗的时候，要骑在马上射箭，没有裤子不大便当。骑射在战术上更是一个重大的改革。以前我们的箭是徒步的兵卒从地面发射的，也有站在战车上发射的。自从胡人那儿学得了骑射以后，战车便少用了，甚至于不用了。这是因为战车太笨重，在中原平地，没有山的地方，可以横行，可以打仗，但赵国（现在的山西）境内多山，战车在山里无法使用，所以非采取骑射不能抵抗敌人。从此以后，战争的方法起了革命性的改变，也保障了中华民族的生存。

骑射引进以后，马成了非常重要的一种工具，所以有“苜蓿随天马，葡萄逐汉臣”之句。汉武帝在宫外好几千亩地里种苜蓿。天马是指西域来的马，阿拉伯古称天方，从那边来的马称天马。马要用苜蓿来饲养，所以要引进马，同时还要引进苜蓿。这时战车不用了，原来徒步的兵卒，现在已成了马上的骑士，从此军队的活动范围变得既广且远，运用也迅速了，因此战术便整个变了。

虽然胡服骑射是外面来的，但进来以后，就慢慢地变成了我们自己的东西了。我们内部长期发展和适应的结果，到汉武帝时，中国已经繁殖了不少的马，战术也变得高明了，所以能把匈奴逐出去。

汉武帝是一个雄才大略的国君，他一面发展中国的文化，同时发展军略，改进战术，文治武功，都极一时之盛。凭了新发展的战术，引军西向，把匈奴赶得远远的。历史上说“匈奴远行，不知去向”。现在我们知道他们跑到欧洲去了，他们骚扰欧洲四百多年，结果把罗马帝国毁了。

所以外来的文化，如果能够采取适当，并适应本国的环境，是能够帮助解决本国问题的。进来之后，便成了我们自己文化的一部分，再经过相当时期的发展，便可以产生一种更高的新的文化。胡服骑射就是一个很好的例子。

外来的文化，固然可以刺激本国文化的发展，而本国的文化，受了外来的影响，也可以更适应环境。如果食而不化，便不会产生像汉代一样灿烂的文化。所以最危险的事情是只以为我们自己的文化好，对外国来的瞧不上眼。“知识不够识见近”，往往患这种毛病。譬如义和团的事情，西太后以至于北方一班老先生，恨外国的文化，用中国义和团的符咒、刀枪想打外国人，结果一败涂地。我们不是说外国来的都是好的。外国来的东西如果不能适应中国的需要当然不会采取。外国来的东西对于中国有好处的，是拒绝不了的。

譬如我们的音乐，就是我们现在所称的国乐，大都是从西域外国来的，如琵琶、胡琴、羌笛，好多乐器，都是外国来的。中国原来的音乐，只能在孔庙里听见。许多人都不知我们现在所称的国乐，是受外国影响很大的。唐代的各种宫廷音乐，大都是西域来的。现在日本宫廷里还代我们保存了一部分。我们中国人并不都是守旧的，我们一向很愿意取人之长、补己之短。我们这个民族能够这样长久存在，原因就是愿意向外国学习。

又譬如佛教，是从东汉时起慢慢地进来的，到唐朝大盛。从东汉到宋朝（从公元 2 世纪到 11 世纪）经过八九百年的工夫，佛教变成了中国自己的思想，与中国原有的儒道两家思想一直共存到现在。等到北宋的时候，宋儒起来了。宋儒是我们原有的儒家思想受佛教影响而产生的一种新思想，它把中国自己原有的思想改变了。所以近人把宋儒叫新儒学。

现在我们讲新儒学。我们现在称宋儒明儒之学为新儒学。新儒学有两派：一派以我国原有思想为主，所受佛教思想影响较轻，这派叫作程朱学派，程指程颢、程颐兄弟，朱即朱熹；另一派以宋之陆象山、明之王阳明为领袖，所以称为陆王派，这派受佛教思想较重，所含我国原来的思想较轻。我们至少可以这样说，陆王派对外来的佛教思想与中国本来的儒家思想是并重的。两派比较，则程朱一派较为侧重儒家思想一些，这是两派的分别。陆王一派到了明朝，佛教思想格外浓厚，这是受了禅宗思想的影响，陆王、程朱两派彼此互相诋毁，互相倾轧。陆象山曾作诗讥讽朱熹，他说："易简工夫终久大，支离事业竟浮沉。"其实陆王与程朱两派，都同受佛教影响，不过轻重之分而已。

明朝末期，西洋耶稣会传教士来了，他们一面传布耶稣的教义，同时把西洋的科学也传了进来。科学思想与科学方法的传人，影响了清代的学风。有清一代，因为受科学的影响，考据之学，便成了清代学术的中心。

近代西洋文化的输入，初期是由日本转译而来，稍后才直接从西洋输入。自西洋文化直接从欧洲输入，中国文化就开始发生大变动了。这个大变动可以五口通商、割让香港作为起点。此后，外国的资本主义、帝国主义、殖民主义都一起汹涌地进来了。中国所受影响，也愈来愈厉害。1898 年戊戌变法，就是康有为和梁启超想帮助光绪皇帝把中国彻底改革，实行西化，但因当时反动的力量太大变法没有成功。到 1900 年（庚子年）的时候，忽然发生了一场反西化的义和团运动，他们想帮助清朝消灭外国人，所谓"扶清灭洋"，就是他们的门号。这事闯下了很大的乱子，从此以后，中国的国势，便一天不如一天了。

日本乘这个机会，用西洋文化来打我们，起初是甲午战争，我们被打败以后，便把台湾割让给日本。此后日本又继续不断向中国侵略。到第一次欧战时，日本的侵略格外变本加厉。所谓的"二十一条"，就是在这时候提出来的。后来凡尔赛和会想把青岛让给日本，消息传来，国内大表反对，学生反对得尤其厉害。这是一次纯粹的爱国运动。由这次爱国运动，导出了一次要求文化改革与社会改革的五四运动。五四运动之后，中国人的思想，便起了极大的变动。日本一连串地侵略，我们一连串地抵抗。后来革命军北伐，国民政府成立，与日本的冲突愈大。到 1937 年，日本开始大规模侵略我们，等到袭击珍珠港的时候，日本人把世界各国都打上了。一直等到中国八年①

① 现抗日战争时间为 1931 年九一八事变至 1945 年日本向同盟国无条件投降，共十四年。

血战，才在同盟国共同协力下，把这个远东侵略国家打败了。

所谓中华民族，本来由中国境内的各民族混合而成的。先秦时的记载中，就有东夷西戎南蛮北狄之称。居住在东部地方的叫夷，西部的叫戎，南部的叫蛮，北部的叫狄。这是我们历史上常常看见的名字，所谓蛮夷，所谓戎狄，都是异族的通称。这些异族，不但散居我们国境四周，而且还杂处在我们国境之内。所以在这种状况之下，我们只能以文化为中心来教育他们同化他们。春秋时候，所谓“诸夏而夷狄者则夷狄之，夷狄而诸夏者则诸夏之”，就是这个意思。所谓夷狄，所谓诸夏，不是种族的差别，只是文化的异同。夷狄而接受诸夏文化的，则夷狄也是诸夏；诸夏而采取夷狄文化的，诸夏也变为夷狄了。夷夏之分，本来如此。后来内部慢慢统一，就成了一个华夏大民族，　个中国统一的民族。

所谓东夷、西戎、南蛮、北狄等称谓，是我们初期历史对外来民族的通称。到了汉朝凡从外国来的就叫胡，或称夷了。到了唐朝，外国来的就叫做番了。所以我们常常称自己为汉人，称外国人为夷人。唐朝时自己称唐人，称外国人为番子。后来我们把自己的国土称为中国，旁的国家称外国。所以汉与胡、唐与番、中与外，都是中国与外国之别。

这些夷狄与中国本土民族相接触，外来的文化与原有的文化，因接触而彼此吸收，外国文化，经过中国吸收，便变为中国文化了。我们前面讲赵武灵王吸收胡人的战术、胡人的骑射，到了汉朝便发展成为一种新的战术。到了唐朝，吸收印度的文化，不但是佛教，还有从佛教带来的美术。印度美术含有希腊的成分，这是亚历山大征略印度边境时带来的，中国美术，尤其是雕刻内容都是深受影响的。外来文化的进入有两个途径，其一是由冲突与战争而进来的，其二是由和平的交往而进来的。因为战争而进来的像胡服骑射，因为文化交往而进来的像印度的佛教和希腊的美术。中国吸收了外国文化以后，经过一个时期的融合，就成了中国文化了。中国文化受它的影响，从此便形成了光辉灿烂的新的文化，这在历史上都是有史可鉴的。所以中华民族是吸收外来文化的民族，不是拒绝外来文化的民族。这是我们大家要知道的。能够吸收外来的文化吸收得适当，而且能够把它适应于中国，这是中国文化进步的一个重要的关键。

以前我写过《西潮》，那是讲外来的文化所予我们中国的影响，现在我在这本《新潮》里，要讲的是中国文化因受外来文化的影响，自己所生的种种变化。我们从历史上知道，每次外来文化输入以后，经过相当时间，一定会产生一种新的文化，这就是进步。

作为拥有“秀才”和“博士”两种大相异趣头衔的现代学人，蒋梦麟对中国传统文化和欧美现代文化均有较深的理解。在有些人认为中国文化已积重难返、停滞不前，不再具备吸纳能力的论调下，置身中西学说交互激荡、磨合时代背景下的蒋梦麟以自己的学识、素养并结合时代特点对中西文化的交互影响展开了自己的思考、辨析和整合。

《文化的变化和进步》一文就是作者这种思考的结果。文章洋洋洒洒，博古通今，论证中华民族是一个开放的善于吸纳新文化的民族。文章开篇即提出：文化是一个有生命的机体，总是处在变化之中，在变化中衰亡或者进步。中华文化之所以能够历久弥新，正是在于中华文化的吸纳力。

为了证明中国文化的吸纳力，作者在文中旁征博引，从战国的赵武灵王胡服骑射到汉武帝克胜匈奴，从佛教东传到唐代引进的西域音乐，从受佛教影响而产生的新儒学到受传教士影响的清朝学术，从近代洋务运动一直到五四运动……用历史的证据向世人展示：中华文化就是这样在不断吸纳更新重塑中前进，中华文化绵延至今的原因正是其能够不断吸收新文化与适应新环境。

作者文中还提到了经典的“夷夏之辨”。虽然古人有“夷夏之别”的思想，但古人也早在春秋时期就提出了“诸夏而夷狄者则夷狄之，夷狄而诸夏者则诸夏之”。可见古人的“华夏”“中国”观念是随着时代发展和文化的交互影响而动态变化的。清末还有“师夷长技以制夷”的思想。蒋梦麟指出：诸夏和夷狄之变更多是指文化之变。所谓的“诸夏”，不是种族的差别，只是文化的异同。就为了突出中华民族是善于吸收外来文化的民族，不是拒绝外来文化的民族。

到此，论述也可以戛然而止，但作者的思考维度继续延展。善于吸纳外来文化，不等于自身文化就能进步，有时甚至会消亡。相比于巴比伦文化、古埃及文化、迦太基文化，只有中华文化历经沧桑，其间虽盈虚消长，但中华文化保持了自身的整体性和连续性。中华文化不仅具有强大的吸纳力，而且具有很强的消化吸收力，从而不断新生。作者在文中说：“不是说外国来的都是好的。外国来的东西如果不能适应中国的需要当然不会采取。外国来的东西对于中国有好处的，是拒绝不了的。”就是告诉我们首先对待其他文化，我们不能拒绝，要辨别分析，为我所用。外来文化如果适应本国环境，是能解决本国问题的。外国文化进来后便成为中华文化的一部分，经过长期发展便可产生更高的新的文化。这一点也正好对应了中国历史上的几次大的民族融合直至近代的各种思潮和运动，不断给中国注入新鲜的血液，实现中华文化的蜕变和新生。每次外来文化输入后，经过相当一段时间的碰撞、磨合、交融后便会产生新的更有生命力的文化，这就是进步！

作者经过“史料”论证和“逻辑”推断，有力说明：中华文化能够适当吸收外来文化，且使之适应于中国，慢慢形成新的文化发展动力，进而促进中华文化的新生与进步。

作品

论知性的分析方法[①]

王元化

知性概念

我们习惯把认识分为两类，一类是感性的，另一类是理性的。并且断言前者是对于事物的片面的、现象的和外在关系的认识，而后者则是对于事物的全面的、本质和内在联系的认识。这样的划分虽然基本正确，但也容易作出简单化的理解。因为它不能说明在理性认识中也可能产生片面化的缺陷。例如知性在认识上的性能就是如此。

康德曾经把认识划分为感性—知性—理性三种。后来黑格尔也沿用了这一说法，可是他却赋予这三个概念以不同的含义。黑格尔关于知性的阐述，至今仍具有现实意义，对我们颇有启发。笔者将要在本文中借鉴他的一些观点。

这里先谈谈知性的译名。知性的德文译名是 Zerstand。我国过去大抵把它译作悟性。黑格尔《美学》中译本有时亦译作理解力。现从贺译译作知性。这一译名较惬恰，不致引起某种

① 选自 1982 年第 9 期《上海文学》，有改动。王元化（1920—2008），湖北武昌人，著有《文艺漫谈》《文学沉思录》《文心雕龙讲疏》等。

误解，而且也可以较妥切地表达理智区别作用的特点。

我觉得用感性—知性—理性这三个概念来说明认识的不同性能是更科学的。把知性和理性区别开来很重要。作出这种区别无论在认识论或方法论上，都有助于划清辩证法和形而上学的界限。根据我的浅见，马恩也是采用知性的概念，并把知性和理性加以区别。马克思在《政治经济学批判导言》中说："我如果从人口着手，那么这就是一个混沌的关于整体的表象，经过更切近的规定后，我就会在分析中达到越来越简单的概念；从表象中的具体达到越来越稀薄的抽象，直到我达到一些最简单的规定。于是行程又得从那里回过头来，直到我最后又回到人口，但是这回人口已不是一个混沌的关于整体的表象，而是一个具有许多规定和关系的丰富的整体了。"从这段话看来，马克思也是运用了感性　知性—理性这三个概念的。如果把马克思的上述理论概括地表述出来，就是这样一个公式：从混沌的关于整体的表象开始（感性）—分析的理智所作的一些简单的规定（知性）—经过许多规定的综合而达到多样性的统一（理性）。马克思把这一公式称为"由抽象上升到具体"的方法，并且指出这种方法"显然是科学上正确的方法"。按照马克思的说法，和这种方法相对立的则是经济学在初期走过的路程，例如十七世纪的经济学家［他们像恩格斯所指出的那些启蒙学者一样，把"思维的悟性（知性）作为衡量一切的唯一尺度"］，就是从混沌的关于整体的表象开始，通过知性的分析方法把具体的表象加以分解，达到越来越简单的概念，越来越稀薄的抽象。这也就是说，从感性过渡到知性就止步了。马克思提出的由抽象上升到具体的方法，则是要求再从知性过渡到理性，从而克服知性分析方法所形成的片面性和抽象性，而使一些被知性拆散开来的一些简单规定经过综合恢复了丰富性和具体性，从而达到多样性统一。从这一点来看，黑格尔说的一句警句是很正确的，那就是理性涵盖并包括了知性，而知性却不能理解理性。

简括地说，知性有下面几个特点：一，知性坚执着固定的特性和各种特性间的区别，凭借理智的区别作用对具体的对象持分离的观点。它把我们知觉中的多样的具体内容进行分解，辨析其中种种特性，把那些原来结合在一起的特性拆散开来。二，知性坚执着抽象的普遍性，这种普遍性与特殊性坚硬地对立着。它将具体对象拆散成许多抽象成分，并将它们孤立起来观察，这样就使多样性统一的内容变成简单的概念，片面的规定，稀薄的抽象。

三，知性坚执着形式同一性，对于对立的双方执非此即彼的观点，并把它作为最后的范畴。它认为对立的一方有其本身的独立自在性，或者认为对立统一的某一方面在其孤立状态下有其本质性与真实性。

由于知性具有上述的片面性和局限性，当我们用知性的分析方法去分析对象时，就往往陷入错觉：我们自以为让对象呈现其本来面目，并没有增减改变任何成分，但是却将对象的具体内容转变为抽象的、孤立的、僵死的了。

不过，知性在一定限度的范围之内也有其一定的功用，成为认识历程中的一个不可缺少的环节。我们不应抹煞它在从感性过渡到理性的过程中的应有地位和作用。一位美学研究者在他写的《略论艺术的种类》中曾经这样说："文学词义所提供的一切都受着确定的知性理解的规范，而使其内容具有知性的确凿性。"知性的作用可以借用黑格尔的一句话来说明："没有理智便不会有坚定性和确定性。"为了论证这一点，他举出一些例证。比如在自然研究中，知性是作为分析的理智来进行的，只有这样我们才可以区别质料、力量、类别，并将每一类孤立起来，而确定其型式，而这一切都是对于自然研究所必要的。再如，在艺术研究中也不能完全离开知性作用，因为我们必须严格区别在性质上不同的美的形式，并把它们明白地揭示出来。至于创作一部艺术作品，也同样需要理智的区别活动。因为作品中的不同人物性格需具有明确性，作者应加以透彻地描写，并且将支配每个人物行为的不同目的与兴趣加以明确地表达。诚然，知性不能认识到世界的总体，不懂得一切事物都在流动，都在不断地变化，不断地产生和消亡。但是当我们要去认识构成总体的细节，就不得不凭借知性的区别作用，把它们从自然的或历史的整体中抽出来，从它们的特性以及它们的特殊原因与结果等等方面来逐个地加以研究。

然而，如果我们一旦习惯于知性的分析方法，只知道把事物当作孤立的、固定的、僵硬的、一成不变的研究对象，并且认为这是不言而喻的唯一正确方法，那么，我们就将陷入形而上学。不少理论家并不认识知性的局限性，他们认为运用知性的分析方法是理所当然、合乎常识的。恩格斯曾针对这种看法说："常识在它自己的日常活动范围内虽然是极可尊敬的东西，但它一跨入广阔的领域，就会遇到惊人的变故。"知性的分析方法在一定领域内是必要的，可是一旦超越这个界限，它就要变成片面的、狭隘的、抽象的，并且陷入不可解决的矛盾，因为它不能认识事物的内在联系和事物的运动与变化。因此，马克思在《政治经济学批判导言》中批判了十七世纪的经济学家的知性分析方法，而提出了由抽象上升到具体的唯一正确的方法。

知性不能掌握美

黑格尔在《美学》中说："知性不能掌握美。"这是就知性总是把统一体的各差异面分裂开来看成是独立自在的东西这一特点来说的。知性的这一特点显然是破坏了艺术作品必须是生气灌注的有机体这一基本原则。从这一方面来看，我们可以援引黑格尔的话来说明："有机体的官能和肢体并不能仅视作有机体的各部分，惟有在它们的统一里，它们才是它们那样，它们对那有机的统一体互有影响，并非毫不相干。只有在解剖学者手里这些官能和肢体才是机械的部分。但解剖学者的工作乃在解剖尸体，并不在处理一个活的身体。"（《小逻辑》第一三五节）黑格尔很喜欢援用亚里士多德说过的一句话，那就是，把手从身体上割下来就不复是手了。这正好说明采取孤立的、抽象的考察事物的知性分析方法，尽管在艺术研究中具有一定作用，但是如果不是把它作为达到具体的过渡环节，坚执为最终的范畴，那就不可能掌握美。

关于这个问题，黑格尔并未详细地加以深论。我认为如果我们进一步去进行探讨，将会澄清我们在文艺思想上迄今仍存在着的许多混乱。这里我想谈谈我们文艺理论界曾经盛行不衰的所谓"抓要害"的观点。据说抓要害就是要抓住主要矛盾和矛盾的主要方面。这一知性观点经过任意套用已经变成一种最浅薄最俗滥的理论。臭名昭著的三突出就是这样发芽滋长出来的，并且直到今天它仍在改头换面传布不歇。最近我看到一篇评论电视片《武松》的文章，论者赞扬这部把《水浒传》改编走了样的作品，说它的最大优点就是"一切从主题出发"。我还看到另一篇分析《阿Q正传》的文章，论者把阿Q的精神胜利法作为贯串每一细节中去的主题思想，由此断言鲁迅安排所有细节，连阿Q在小尼姑脸上捏一把，甚至阿Q向吴妈求爱，莫不是有意识地把它们作为阿Q精神胜利法的表现。这就不得不使我们认为，直到目前抓要害这一知性的分析方法仍被当作不容置疑的正确理论。从表面上看，抓要害有什么错？这似乎是无可非议的。但是它却经不起仔细推敲。我们往往以为只要抓住事物的主要矛盾和矛盾的主要方面就抓住了事物的本质，但是，事实上由此所得到的只是与特殊性坚硬对立的抽象的普遍性，它是以牺牲事物的具体血肉（即多样性的统一）作为代价的。抓住主要矛盾和矛盾的主要方面是不是就可以认识事物的实质？这在自然科学中可以找到回答。有人曾举出下面的例证：半导体材料主要是锗或硅这两种元素。这两种元素可以说是半导体的主要矛盾和矛盾的主要方面，但是却不能形成所需要的半导体的导电性能，因为必须在这两种元素外搀进某些微量杂质，如锑、砷、铟等才可以使半导体的特性充分发挥出来。分析什么是主要矛盾和矛盾的主要方面固然是重要的，但是仅仅到此为止是不够的，还应当更进一步像列宁所说的要研究事物的各个方面以及其间的种种联系。只有对事物作出这样全面的考察才能认识事物的整体，而不致像知性的分析方法那样肢解了事物的具体内容，使之变成简单的概念，片面的规定，稀薄的抽象。

认为艺术作品一切都必须从主题出发这种来自知性的观点是对艺术的最大误解。艺术作品必须有一个占主导地位的情志，但是作者一旦使他的作品的任何部分，包括每一细节，都从主题出发，都必须作为点明主题思想的象征或符号，那么必然会引起尊重感情的读者应有的嫌恶，他将会指摘这种作品或者某些评论者按照这种理论对于一些优秀之作所作的牵强附会的分析。文艺作品固然要表现生活的本质，但是它是通过生活的现象形态去表现生活的本质的。因此，文艺作品不能以去粗取精为借口舍弃生活的现象形态。相反，它必须保持生活现象的一切属性，包括偶然性这一属性在内。甚至像黑格尔这样认为哲学的任务就在于扫除偶然性揭示必然性的理论家也说，偶然性在艺术作品中是必要的。过去，俄罗斯批评家歇唯辽夫认为《死魂灵》中的一切细节都具有反射主题的重要意义。这种理论曾受到车尔尼雪夫斯基的正当讥评。他反驳说："乞乞科夫在到玛尼罗夫家去的路上，也许碰到的农民不是一个人，而是两个人或三个人；玛尼罗夫的村落，也许坐落在大路左边，不是右边；梭巴开维支所称呼的唯一正直的人，可能不是检察官，而是民事法庭庭长，或者省长，等等，《死魂灵》的艺术价值一点也不会因此而丧失，或者因此而沾光。"歇唯辽夫把上述这些偶然性都认作是从主题思想中引申出来的，只能是这样，不能是那样。这正是知性不能掌握美的一个例证。

人物性格必须有一个主导的情志（如哈姆莱特的复仇、夏洛克的贪吝等），但是这种主导的情志不能是唯一的、单线的，尽管它是人物的主要矛盾和矛盾的主要方面。例如《三国演义》中的曹操是以奸诈来满足权势欲作为主导的情志。但是这个人物所以写得很成功，正如高晓声同志所说的，全在于从多方面来展示他的性格的丰满性：曹操杀死吕伯奢全家是一面，官渡之战破袁绍从档案中找出一批手下官员通敌信件看也不看付之一炬又是一面；为报父仇攻下徐州杀人掘墓是一面，征张绣马踏青苗割发代首又是一面；一方面礼贤下士兼收并蓄，另一方面却容不下一个杨修；一方面煮酒论英雄表现得很聪明有眼力，另一方面又毫不察觉刘备种菜的韬晦之计；一方面在华容道对关羽说："将军别来无恙"显出一副可怜相，另一方面当关羽被杀首级送至曹操，他笑曰："云长公别来无恙!"又显出一副刻薄相。最后，高晓声同志把以上这些写法总结成这样几句话："一个曹操有多副面孔，看来似乎矛盾，但联系着每一特定的场合，却又真实可信。这多副面孔构成曹操的性格，曹操就立体化了，活起来了。"这话说得多好。可是，遗憾的是有些文艺评论者只能按照黑格尔所指摘的法国十七世纪古典主义作家的知性原则去评长道短。他们和普希金相反，把莫里哀的悭吝人看得比莎士比亚的夏洛克更合乎艺术法则。普希金认为悭吝人只是悭吝人，而夏洛克的性格却是活生生的。夏洛克的主导情志固然也是吝啬，但同时他爱女儿，对作为犹太人所受到的歧视和侮辱满怀愤怒，因此他的性格是丰满的、复杂的。但是坚执知性原则的文艺评论家却颠倒看问题，恰恰把普希金所指出的缺点当作长处。

从多方面展开的人物性格的复杂性就在于：一方面他必须有一个主导的情志，成为支配或推动他行动起来的重要动力；另一方面他的性格又必须是多方面的，具有多样性统一的性质。一方面作为人物性格中的情志来说是普遍性的，否则就不能引起人们的共鸣；另一方面作为个体的人物性格来说，又必须具有和其他人所不同的独特个性。作家怎样通过一条微妙的线索使上述两个方面统一起来，这是艺术创造的真正困难所在。知性不能掌握美，就因为理智区别作用的特点恰好在于把多样性统一的具体内容拆散开来，作为孤立的东西加以分析，只知有分，不知有合，并且对矛盾的双方往往只突出其中一个方面，无视另一个方面，而不懂得辩证法的对立统一。须知，普遍性不能外在于个别性，倘使外在于个别性变成教诲之类的抽象普遍性，就必定会分裂上述的统一，使人物成为听命抽象概念的傀儡，而这正是知性的分析方法给艺术带来的危害。

1982 年 6 月 20 日

王元化是一个有着强烈哲学意识的文艺批评家。在人生低潮中，是哲学给予了他精神的慰藉，他这样形容得到哲学沁润的感受：“真使我感到是一场大的解放”“享到了思想自由的大欢乐”。王元化对黑格尔尤其推崇，黑格尔的《小逻辑》，他先后读过四遍，写了数十万字笔记。黑格尔著作的汉译本，他也全部读过。在艰难困苦的岁月中，王元化不但从黑格尔那里得到了思维训练，也因此增加了生活的勇气。

“知性不能掌握美”是黑格尔美学中的著名命题。这个重要的哲学美学命题，在王元化的学术思想中具有“体系”性的构造功能，是经过他多年思考的结果。

古典主义是用知性的思想方法从事艺术实践。概念化、简单化、模式化等是这种思想方法带来的必然结果。知性方法是认识事物的一种方法，但它绝不是艺术思维的方法，也不能把握美。黑格尔正是从这里出发，指出了古典主义理论的偏颇。这也同样是打开王元化现实文艺理论批评的钥匙。本文仅以谈“抓要害”为例，阐述形而上学的知性方法用之于艺术的理论偏颇。在其他地方，王元化谈到“倾向性”问题、“写本质”问题、“社会效果”问题、“中间人物”问题，等等，像这里一样，都是由“知性不能掌握美”所生发的。在这些比较重大的理论认识上，长期盛行不衰，“被当作不容置疑的正确理论”，之所以是错误的，从实践的角度说，它最终把新古典主义导向绝境，成为伪现实主义——以样板戏为集大成的体现，究其理论根源，便是因为它是违反艺术规律的。

王元化认为，对于知性，它的地位、作用，它的优点与缺点，都必须放进三范畴哲学认识论，即感性—知性—理性框架中分析，才能正确地理解。知性本来是作为认识论中的一个过渡性环节，它自身的价值必须既联系于感性又进展到理性时，才能体现出来。

王元化作为中国当代著名的文艺理论家，他对“知性”的认识，见解独特，首先解决了理论界关于“由抽象上升到具体”这一聚讼纷纭的理论难题。扫清了知性分析方法对人们认识的危害，推动了新时期的“思想解放”运动。他的文艺思想对中国当代文艺理论的建设和发展具有重要的意义和价值。

1. “矛盾生活，就是新旧不调和的生活”，跨越百年，这句话也适用于今天。结合现实生活，你想到了哪些矛盾的社会生活现象，你又打算如何应对这些“矛盾生活”呢？

2. “因自己的才能、境地，做一种劳作做到圆满，便是天地间第一等人。”“我想天下第一等苦人，莫过于无业游民，终日闲游浪荡，不知把自己的身子和心子摆在哪里才好，他们的日子真难过。”请你谈一谈对这两种“天下第一等人”的看法。

3. 试将鲁迅的《拿来主义》与蒋梦麟先生的《文化的变化与进步》相比较，思考两文在思想内容、行文论证方面的异同。

4. 在王元化的《论知性的分析方法》一文中，作者认为用知性认识分析艺术作品和人物性格可取吗？结合全文，概括几点理由。

高瞻远瞩

本部分所选五篇文章，有发刊词、文件决定、报告讲话，文章形式不同，语体风格各异，展示了领袖们独特的人格魅力和精神风采。这些文章时间跨度长，从1905年到2014年，长达一个多世纪，是中国近现代各个历史时期的关键时刻，领袖们对重大问题的重要论述、决策和部署。这些反映重大历史事件的文献作品，或表明政治主张，或阐述哲学思想，或提出方针政策，政治性、政策性、针对性强，理论色彩浓厚。阅读这些作品可以领略领袖们的精神风采，有助于提高同学们政治理论素养和逻辑思辨能力，但还需要了解相关的历史背景，具备一些基本的政治理论知识。

《〈民报〉发刊词》是孙中山在《民报》创刊号上发表的文章，在发刊词中，孙中山就目前的知识分子现状做了分析，同时又分析了欧美各国推行三民主义使国家强盛的事实，以及三民主义在当时中国可以实现的途径，表达了他对推行三民主义的愿望。本篇发刊词提出的三民主义为中国民主革命运动的发展指明了正确的方向，扩大了民主革命运动的影响，促使民主共和旗帜飘扬和革命思潮深入民心，可以说开创了中国民主革命风起云涌的历史新篇章。《〈民报〉发刊词》虽然只是变革开端的一篇小小短文，但却是孙中山先生一生坚持不懈的努力与对民族大爱的真实写照。

《人的正确思想是从哪里来的?》是毛泽东审阅《中共中央关于目前农村工作中若干问题的决定（草案)》(即“前十条”）时，在十个问题前面加写的一段具有前言性质的文字。提出应当对我们的同志进行辩证唯物主义认识论的教育。这一阐述，坚持和进一步发展了马克思主义的认识论。虽然这是毛泽东同志一个简短的论述，却阐述了马克思主义认识论的一个根本、核心的问题，即实践出真理。毛泽东并不像一些哲学家那样开篇就摆大道理，讲一些让大多数人读了感到吃力或者费解的理论，而是用准确、生动的语言，简明扼要、深入浅出地阐述重大哲学命题，概念明确、层次清楚、逻辑严谨，具有无可辩驳的力量。

1951年9月29日，周恩来应北京大学校长马寅初之邀做《关于知识分子的改造问题》的报告，听讲对象为京、津高等学校教师学习会的3000多位教师和学生代表。周恩来结合自己参加革命的经历和思想改造的体会，着重阐明了知识分子进行思想改造的必要性。周恩来循循善诱，富有感染力的报告，使知识分子受到很大的鼓舞和教育。周恩来的这篇讲话稿现身说法，以情感人，在中国知识界激起了热烈反响，引起了轰动效应。著名学者龚育之在《周恩来和建国以来党的知识分子政策》一文中评论道："它的特点，不在理论和政策上的创新，而在周恩来以知识分子一员的身份，向高等学校教师和学生现身说法，展现出来的人格魅力。"

《党和国家领导制度的改革》是邓小平在中共中央政治局扩大会议上的讲话稿。本文节选其中第二部分。在这篇讲话稿中，邓小平总结了国内外社会主义国家政权建设的历史经验，特别是中国十年"文化大革命"的深刻教训，尖锐地揭露和分析了现行政治体制存在的种种弊端及其产生的原因，系统精辟地论述了政治体制改革的目的、意义、主要内容和必须遵循的原则，形成了较为完整的政治体制改革的基本思想。为新时期党和国家领导制度的改革指明了方向。节选部分重点论述了从组织上发挥社会主义的优越性，自觉地更新各级党政领导机关，逐步实现领导人员年轻化、专业化的问题。指出目前的主要任务，是善于发现、提拔以至大胆破格提拔中青年优秀干部，而完成这项任务是国家现代化建设事业的迫切需要。邓小平同志讲话实事求是、语重心长，充分体现了老一辈无产阶级革命家高瞻远瞩、深谋远虑的思想境界和力排众议、锐意改革的魄力。

《在文艺工作座谈会上的讲话》是习近平总书记在2014年10月15日主持召开的文艺工作座谈会上做的重要讲话。习近平总书记在讲话中深刻阐述了文艺和文艺工作的地位、作用和重大使命，创造性地回答了事关文艺繁荣发展的一系列带有根本性、方向性的重大问题，对在新的历史条件下做好文艺工作做出了全面部署。习近平总书记在讲话中指出，实现中华民族伟大复兴需要中华文化的繁荣兴盛，中国精神是社会主义文艺的灵魂，要创作无愧于时代的优秀作品，坚持以人民为中心的创作导向，加强和改进党对文艺工作的领导。这篇讲话，思想深刻、内涵丰富，是新时代中国特色社会主义文艺论。讲话是我们党领导文艺工作历史经验和实践探索的科学总结，是新形势下指导文艺工作的纲领性文献，对繁荣发展社会主义文艺，建设社会主义文化强国具有重要指导意义。

作品

《民报》发刊词[①]

(1905 年 10 月 20 日)

孙中山

近时杂志之作者亦夥矣。姱词以为美，嚣听而无所终，摘埴索涂不获，则反复其词而自惑。求其斟时弊以立言，如古人所谓对症发药者，已不可见，而况夫孤怀宏识、远瞩将来者乎？夫缮群之道，与群俱进，而择别取舍，惟其最宜。此群之历史既与彼群殊，则所以掖而进之之阶级，不无后先进止之别。由之不贰，此所以为舆论之母也。

余维欧美之进化，凡以三大主义：曰民族，曰民权，曰民生。罗马之亡，民族主义兴，而欧洲各国以独立。洎自帝其国，威行专制，在下者不堪其苦，则民权主义起。十八世纪之末，十九世纪之初，专制仆而立宪政体殖焉。世界开化，人智益蒸，物质发舒，百年锐于千载，经济问题继政治问题之后，则民生主义跃跃然动，二十世纪不得不为民生主义之擅场时代也。是三大主义皆基本于民，递嬗变易，而欧美之人种胥冶化焉。其他旋维于小己大群之间而成为故说者，皆此三者之充满发挥而旁及者耳。

今者中国以千年专制之毒而不解，异种残之，外邦逼之，

① 选自《孙中山全集（第 1 卷）》（中华书局 1981 年版）。

民族主义、民权主义殆不可以须臾缓。而民生主义，欧美所虑积重难返者，中国独受病未深，而去之易。是故或于人为既往之陈迹，或于我为方来之大患，要为缮吾群所有事，则不可不并时而弛张之。嗟夫！所陟卑者其所视不远，游五都之市，见美服而求之，忘其身之未称也，又但以当前者为至美。近时志士舌敝唇枯，惟企强中国以比欧美。然而欧美强矣，其民实困，观大同盟罢工与无政府党、社会党之日炽，社会革命其将不远。吾国纵能媲迹于欧美，犹不能免于第二次之革命，而况追逐于人已然之末轨者之终无成耶！夫欧美社会之祸，伏之数十年，及今而后发见之，又不能使之遽去。吾国治民生主义者，发达最先，睹其祸害于未萌，诚可举政治革命、社会革命毕其功于一役。还视欧美，彼且瞠乎后也。

翳我祖国，以最大之民族，聪明强力，超绝等伦，而沈梦不起，万事堕坏；幸为风潮所激，醒其渴睡，旦夕之间，奋发振强，励精不已，则半事倍功，良非夸嫚。惟夫一群之中，有少数最良之心理能策其群而进之，使最宜之治法适应于吾群，吾群之进步适应于世界，此先知先觉之天职，而吾《民报》所为作也。抑非常革新之学说，其理想输灌于人心而化为常识，则其去实行也近。吾于《民报》之出世觇之。

20 世纪初，在列强对华侵略不断深入、清政府统治日益腐败的大背景下，中华大地哀鸿遍野、生灵涂炭。帝国主义和中华民族、封建主义和人民大众的矛盾受到前所未有的激化。同时，民族资本主义的初步发展，产生了资产阶级革命的物质基础和阶级基础，而欧美革命思想的传播为一批志在救国的有志之士指明了前进方向。1905 年，孙中山在日本东京发起成立了中国同盟会，并决定创办《民报》作为同盟会的机关刊物。1905 年 10 月 20 日，孙中山在《民报》创刊号《发刊词》中，把同盟会的政治纲领阐发为“民族”“民权”“民生”三大主义，简称“三民主义”。在《发刊词》中，孙中山就目前的知识分子现状做了分析，同时又分析了欧美各国推行三民主义使国家强盛的事实，以及三民主义在当时中国可以实现的途径，表达了他对推行三民主义的愿望。《民报》作为同盟会机关刊物，为促进革命运动的发展，指明革命斗争的方向起到了无可替代的重要作用。孙中山作为首举彻底反封建旗帜的伟人，这篇发刊词为他的这场革命斗争正式吹响号角。

发刊词是刊物创刊号上说明本刊的宗旨、性质等方面的文章，是编者在读者面前的第一次亮相，也是编辑创办该报刊的“宣言”，有助于读者对报刊的了解，能帮助报刊迅速扩大影响。

文章开篇第一段，孙中山先生通过其对社会现状独到的认真观察和深入思考，分析了当时知识分子虽满腹经纶，大谈救国之道，却虚有其表、不切实际的可悲现状。“求其斟时弊以立言，如古人所谓对症发药者，已不可见，而况夫孤怀宏识、远瞩将来者乎?”并借此顺势在下文提出自己的观点，通过正确理解和学习欧美资本主义制度，充分了解中国推行民族主义、民权主义的迫切性，从“以民为本”的宗旨出发，首次提出救国救民的“民族”“民权”“民生”三民主义思想，即同盟会政治纲领。

第二段分析了欧美各国的强盛在于推行了三民主义，做出三民主义在20世纪可大行其道的判断。“余维欧美之进化，凡以三大主义：曰民族，曰民权，曰民生。”“世界开化，人智益蒸，物质发舒，百年锐于千载，经济问题继政治问题之后，则民生主义跃跃然动，二十世纪不得不为民生主义之擅场时代也。”

第三段具体分析三民主义在当下中国的实现途径，提出了中国当时实行三民主义的可行性。一是实行民族主义、民权主义的紧迫性。二是民生主义得以实现的条件已然具备。三是分析了欧美强国实行三民主义的利弊情况，提出“吾国治民生主义者，发达最先，睹其祸害于未萌，诚可举政治革命、社会革命毕其功于一役”的主张。

发刊词最后，一字一语无不蕴含着伟人对这个民族深沉的爱与崛起的信念，“翳我祖国，以最大之民族，聪明强力，超绝等伦”，并大声疾呼有识之士贯行三民主义，使这一理念深入人心，则中国富强可待，“惟夫一群之中，有少数最良之心理能策其群而进之，使最宜之治法适应于吾群，吾群之进步适应于世界，此先知先觉之天职，而吾《民报》所为作也”。

全文分析问题，提出主张，呼吁号召，逻辑严密、信念坚定，具有极强的感召力。本篇发刊词可以说为广大中国贫苦民众摆脱封建思想的束缚做出一定的贡献，其首先提出的三民主义为中国民主革命运动的发展指明了正确的方向，并扩大了民主革命运动的影响，促使民主共和旗帜飘扬和革命思潮深入民心，可以说开创了中国民主革命风起云涌的历史新篇章。

人的正确思想是从哪里来的？①

(1963 年 5 月)

毛泽东

人的正确思想是从哪里来的？是从天上掉下来的吗？不是。是自己头脑里固有的吗？不是。人的正确思想，只能从社会实践中来，只能从社会的生产斗争、阶级斗争和科学实验这三项实践中来。人们的社会存在，决定人们的思想。而代表先进阶级的正确思想，一旦被群众掌握，就会变成改造社会、改造世界的物质力量。人们在社会实践中从事各项斗争，有了丰富的经验，有成功的，有失败的。无数客观外界的现象通过人的眼、耳、鼻、舌、身这五个官能反映到自己的头脑中来，开始是感性认识。这种感性认识的材料积累多了，就会产生一个飞跃，变成了理性认识，这就是思想。这是一个认识过程。这是整个认识过程的第一个阶段，即由客观物质到主观精神的阶段，由存在到思想的阶段。这时候的精神、思想（包括理论、政策、计划、办法）是否正确地反映了客观外界的规律，还是没有证明的，还不能确定是否正确，然后又有认识过程的第二

① 选自《毛泽东文集（第八卷）》（人民出版社 1999 年版）。这是毛泽东审阅《中共中央关于目前农村工作中若干问题的决定（草案）》（即“前十条”）时，在十个问题前面加写的一段文字。

个阶段，即由精神到物质的阶段，由思想到存在的阶段，这就是把第一个阶段得到的认识放到社会实践中去，看这些理论、政策、计划、办法等等是否能得到预期的成功。一般的说来，成功了的就是正确的，失败了的就是错误的，特别是人类对自然界的斗争是如此。在社会斗争中，代表先进阶级的势力，有时候有些失败，并不是因为思想不正确，而是因为在斗争力量的对比上，先进势力这一方，暂时还不如反动势力那一方，所以暂时失败了，但是以后总有一天会要成功的。人们的认识经过实践的考验，又会产生一个飞跃。这次飞跃，比起前一次飞跃来，意义更加伟大。因为只有这一次飞跃，才能证明认识的第一次飞跃，即从客观外界的反映过程中得到的思想、理论、政策、计划、办法等等，究竟是正确的还是错误的，此外再无别的检验真理的办法。而无产阶级认识世界的目的，只是为了改造世界，此外再无别的目的。一个正确的认识，往往需要经过由物质到精神，由精神到物质，即由实践到认识，由认识到实践这样多次的反复，才能够完成。这就是马克思主义的认识论，就是辩证唯物论的认识论。现在我们的同志中，有很多人还不懂得这个认识论的道理。问他的思想、意见、政策、方法、计划、结论、滔滔不绝的演说、大块的文章，是从哪里得来的，他觉得是个怪问题，回答不出来。对于物质可以变成精神，精神可以变成物质这样日常生活中常见的飞跃现象，也觉得不可理解。因此，对我们的同志，应当进行辩证唯物论的认识论的教育，以便端正思想，善于调查研究，总结经验，克服困难，少犯错误，做好工作，努力奋斗，建设一个社会主义的伟大强国，并且帮助世界被压迫被剥削的广大人民，完成我们应当担负的国际主义的伟大义务。

赏读

根据1962年党的八届十中全会的决议精神，一场持久的大规模的全国城乡社会主义教育运动开展起来了。1963年2月11日至28日，中共中央召开工作会议，决定在全国范围内开展增产节约和“五反”运动，制定了《中共中央关于厉行增产节约和反对贪污盗窃、反对投机倒把、反对铺张浪费、反对分散主义、反对官僚主义运动的指示》。“五反”运动是在城市进行社会主义教育的方式之一。

1963年5月2日至12日，中共中央在杭州召开总结“四清”运动试点经验的小型会议，讨论农村社会主义教育问题。会议讨论和通过了《中共中央关于目前农村工作中若干问题的决定（草案）》（即“前十条”），“前十条”要求全国各地把农村社会主义教育运动的十个问题“放在首要位置去研究，并且就有关工作，订出计划，全面部署，抓紧时机，在不误生产、密切结合生产的条件下，分期分批地有步骤地推行，争取在两三年内全部办到，并力求办好”。5月20日，中共中央印发了《中共中央关于目前农村工作中若干问题的决定（草案）》（即“前十条”）。发布前，毛泽东在这个文件前面加写了具有前言性质的《人的正确思想是从哪里来的?》的一大段内容，提出应当对我们的同志进行辩证唯物主义认识论的教育。这一阐述，坚持和进一步发展了马克思主义的认识论。

《人的正确思想是从哪里来的?》虽然是毛泽东的一个简短的论述，却阐述了马克思主义认识论的一个根本的、核心的问题，即实践出真理。毛泽东从简单的自问自答入手，言简意赅地引出了他要阐明的思想核心，即人的正确思想，只能从社会实践中来，只能从生产斗争、阶级斗争和科学实验这三项实践中来。他在文中花了大部分篇幅来说明人们认识的过程。人们的认识有两次飞跃（改变）：第一次飞跃由客观物质到主观思想；第二次飞跃由精神到物质的阶段，由思想到存在的阶段。人们的认识经过实践的考验，才能感知第一次认知的正确与否，因此才有实践是检验真理的唯一标准的论断。通过这两个认识过程，才能得出正确的思想，杜绝错误的思想。

《人的正确思想是从哪里来的?》一文的语言具有准确、鲜明、生动三个特点。所谓准确，从语言本身来看，就是用词贴切，造句合乎语法习惯，说话有层次。从逻辑的角度看，就是概念明确、判断正确、推理具有逻辑性。文章开头写道：“人的正确思想，只能从社会实践中来，只能从社会的生产斗争、阶级斗争和科学实验这三项实践中来。”这里用了两个“只能”，把它放在介宾短语前面，起到了限制作用，说明人的正确思想来自实践是唯一的，回答非常肯定，特别是后一个“只能”，进一步具体说明了人的正确思想来自社会实践的道理。

又如：“代表先进阶级的正确思想，一旦被群众掌握，就会变成改造社会、改造世界的物质力量。”这句话中的“正确思想”含义较广，不同世界观的人，或世界观相同但站的角度不同的人，解释都会不同甚至大相径庭，如果不说清楚，会给人模棱两可的感觉，或造成歧义。作者用了“代表先进阶级”这个定语，使“正确思想”的内涵和外延更加明确，使读者能准确地理解、把握作者所要讲的道理。句中的“一旦”是一个不确定的词，对“被群众掌握”起限制作用，表达了“正确思想”变成“物质力量”的重要条件这一层肯定意思。

该文以生动通俗的语言精辟论述了四个问题：第一，批判了在认识论问题上的客观唯心主义和主观唯心主义错误，论述了只有社会实践，只有社会的生产斗争、阶级斗争和科学实验，才是正确认识的来源。第二，具体分析了人的认识活动过程的两个阶段：第一个阶段是由感性认识到理性认识阶段，即是由客观物质到主观精神阶段，由存在到思想的阶段；第二个阶段是由精神到物质阶段，由思想到存在的阶段。前一阶段是认识过程的第一次飞跃，后一阶段是认识过程的第二次飞跃。第三，论述了认识过程的第二次能动飞跃，即由精神变物质，由思想到存在的必要性和重要性。第四，论述了认识过程的无限性，指出一个正确的认识，往往需要经过由物质到精神，由精神到物质，即由实践到认识，由认识到实践的多次反复才能完成。

文章最后，毛泽东联系在现实工作中党内同志的“盲目性”和“本本主义”，揭示了现实生活中党内同志的问题，指出了本文的针对性，把理论的认知转到了实际的工作上，向党内同志提出了具体的要求：“对我们的同志，应当进行辩证唯物论的认识论的教育，……完成我们应当担负的国际主义的伟大义务。”全文提出问题，分析问题，解决问题。逻辑严谨周密，语言通俗简明，但包含的哲学思想却是真知灼见，既批判了客观唯心主义的错误认识，也否定了主观唯心主义的错误认识，从而揭示了辩证唯物主义思想的正确性。

关于知识分子的改造问题[①]

(1951 年 9 月 29 日)

周恩来

北京大学教师学习会和马校长要我给他们做一个报告。我想，既然给北京大学讲，也就应该给别的大学讲。因此，我同教育部商量了一下，这个报告会就以北京大学为主，把北京、天津其他大学的教师和同学代表也请来了。

我讲什么呢？做一般的政治报告吧，也许不适合大家的要求，因为大家正在进行思想改造的学习，这样的报告不是最需要的。既然在学习，就一定要下决心改造自己。因此，我想讲一讲关于知识分子的改造问题。

讲到改造问题，我想还是先从自己讲起。我中学毕业后，名义上进了大学一年级，但是正赶上五四运动，没有好好读书。我也到过日本、法国、德国，所谓留过学，但是从来没有进过这些国家的大学之门。所以，我是一个中等知识分子。今天在你们这些大知识分子、大学同学面前讲话，还有一点恐慌呢。不过，我总算是知识分子出身的，对知识分子的改造有一些体会，联系自己来谈这个问题，可能对大家有一点帮助，有

---

① 选自《周恩来选集（下卷）》（人民出版社 1980 年版）。这是周恩来同志在北京、天津高等学校教师学习会上讲话的前两个问题。

一点参考作用，总不至于成为一种空论吧！

大家学习的目的是为了改造自己。我想，凡是要求学习的人，都应该有这样一个起码的认识。当然，改造需要时间，一下子要求很高、很快，这是急躁的，不合乎实际的。应该由浅入深，循序渐进。拿我个人来说，参加五四运动以来，已经三十多年了，也是不断地进步，不断地改造。也许有的同志会说：你现在担任了政府的领导，还要学习和改造吗？是的，我还要学习和改造。因为我不知道的事情还很多，没有明白的道理也很多，所以要不断地学习，不断地认识，这样才能够进步。三十年来，我尽管参加了革命，也在某些时候和某些部门做了一些负责的工作，但也犯过很多错误，栽过筋斗，碰过钉子。可是，我从不灰心，革命的信心和革命的乐观主义鼓舞了自己。这个力量是从广大人民中间得到的。我们应该有这样的态度和决心，即犯了错误，就检讨，认识错误的根源，在行动中改正错误。有了犯错误的经验，就可以少犯以至避免再犯同样的错误。当然不可能一次就改得好，犯了一次可能再犯，但总可以改正吧！犯了错误，不要当作包袱，要把它丢开。丢开了还不算，还应该公之于众，作自我批评。这不仅可以教育自己，同时也能帮助别人少犯这样的错误。也就是告诉别人：这类错误是可以改正的，只要认识了，同时又肯改，仍然是可以进步的。犯了错误，关起门来检讨是需要的，更需要的是到人民中去学习。一个人之所以犯错误，一方面是由于对理论、原则认识得不清楚，所以需要向进步的理论求教；另一方面是由于自己相信的那一点道理跟实际相矛盾，行不通，所以必须向广大群众求教，从实践中求得新的认识，发现新的道理。这样两方面结合起来，就有了力量，就行得通了，也就可以不犯或者少犯错误了。

我讲这一段话，是为了使同志们在学习的过程中建立这样一个信心：只要决心改造自己，不论你是怎么样从旧社会过来的，都可以改造好。在座的同志多数在旧社会生活过较长时间，会带来很多旧的东西，要求一下子把旧的影响肃清，这是不可能的。只有在不断的斗争中，才能求得进步。

下面讲几个大家在学习中可能遇到的问题，以及我对这些问题的认识。

一、立场问题

我们在学习和工作中，总有一个站在什么立场的问题。我们现在还不能说都已经站在工人阶级的立场上来看待一切问题、处理一切问题了。这不仅是你们诸位，就拿我来说，几十年以前就参加了共产党，是不是进了共产党之后工人阶级立场就那么清楚了呢？也许看书学习、写文章的时候是那样，但是到实践的时候，是不是办每一件事情都合乎工人阶级立场呢？认真检查起来，还是差得很远的。工人阶级立场不是从空中掉下来的，也不是自己封的，决定的关键是实践，只有实践才能证明是否合乎这样一个立场。例如，在第一次国内革命战争时期，我们把广大的中国人民组织起来了，首先是把工人、农民、学生和一部分军队组织到革命的潮流里，革命的力量推动他们前进。但是，到了一九二七年武汉时期，有些人在陈独秀领导下，立场就很不稳了，跟着他犯了右倾机会主义的错误。这就说明他们没有坚定的工人阶级立场，受了当时反动阶级的影响。类似的例子还有。所以，立场问题不是一下子就能解决的。

我国的知识分子，大部分是从地主阶级或资产阶级家庭出身的，不能要求他们一下子就能站到工人阶级立场上来。

我的家庭是一个破产的封建家庭。我家原籍是浙江绍兴，后来祖父到江苏淮安做县知事，家也搬到淮安。我家虽然没有买土地，只有一幢房子，但仍然是封建官僚家庭，这样的家庭不能不影响我的思想。一个人幼年所受的影响，往往在他的思想上、生活作风上长期存在，说话或者写文章，如果不经过很冷静的思考，旧的东西常常会不自觉地流露出来。

既然如此，要求知识分子一下子就有坚定的工人阶级立场，那是困难的，一定要有一个过程。

一般的人开始最容易有一个民族观念、民族立场。因为中国是一个百年来受帝国主义侵略的半殖民地国家，所以容易使我们产生爱国的民族观念。例如，我小的时候读章太炎先生发表在《国粹学报》上的文章，当时虽然读不大懂，却启发了我的爱国的民族思想。中华民国成立以后，袁世凯、北洋军阀的专横卖国，更使我增加了爱国的思想，因而积极参加了反对“二十一条”、反对中日军事协定等爱国活动。我想很多人都有这样的过程。这是一个好的起点。知识分子有了爱国的思想、民族的思想，就可以从这个立场上前进。

当然，这里面可能有危险性。假使从民族立场发展到国家主义或狭隘的民族主义，对外侵略别的国家，对内压迫小的民族，那就走到邪路上去了。这种危险性虽然有，但是对于中国的知识分子来说，不是主要的方面。其原因在于中国是一个半殖民地半封建的国家，中华民族是受外国侵略、欺凌和压迫的，所以人们首先产生的是一种民族的反抗侵略的爱国主义。在这样一个具体的环境中，大多数知识分子的思想可以由民族思想、爱国思想发展到争取民族解放和为人民的思想。所以，知识分子初步有了这样的思想，应该受到欢迎。当然，我们也要防止产生国家主义或狭隘的民族主义的危险思想。

在中国，国家主义是跟共产主义同时出现的。五四运动时的同辈们，今天在座的很多。大家知道，当时的少年中国学会分成两派：以李大钊、毛泽东同志为代表的一派，走向了共产主义；另外，曾琦、李璜、左舜生等人又是一派，他们走向了国家主义，结果做了国民党的尾巴。这个尾巴做得也很可怜，因为在中国这个半殖民地的环境里，不可能出现土耳其式的基马尔主义。狭隘的民族主义在中国是行不通的，只有极少数人玩弄那种货色，在大多数的知识分子中是生不了根的。

一百多年来，帝国主义和中国的买办阶级、地主阶级勾结在一起，压在中国人民头上，形成一个半殖民地半封建的社会。毛主席在《论人民民主专政》中说，一百多年来，多少仁人志士想替中国人民找出路，如洪秀全和孙中山的革命，严复和康有为的改良，在当时都是想把中国往前推进，但结果都失败了。中国既没有像法国大革命那样把封建势力完全摧毁，也没有像日本那样发生了明治维新。为什么？原因很清楚，各位教授先生最近参加土改工作时看到了，中国的封建势力太大，地主和富农在中国农村中约占人口的十分之一。这些人散布在中国广大的土地上，压在农民头上，帝国主义就凭借着这些人统治中国。在中国的民族解放运动中，过去有些人企图走改良主义的道路，走旧的资产阶级革命的道路，但走不通，统统失败了，不能不找新的办法了。

中国人民在第一次世界大战中更加觉醒了。俄国十月革命给了我们新的启示，使我们认识到要“走俄国人的路”。孙中山先生也提过“以俄为师”的口号。这样，中国第一次大革命就组织和发动起来了。许多知识分子从民族的立场进一步认识了人民的立场，觉悟到只有站在人民的立场上才能救中国，才最爱民族。因为封建经济束缚着中国广大农村的生产力，买办势力束缚着中国的民族工商业；国民党反动派集中代表了封建和买办势力，成为一种反动政治力量，他们依靠帝国主义，压在中国人民的头上。所以要求得民族解放，一定要有人民的立场，而不是只有笼统的民族观念。

人民的立场，是不是进了共产党以后一下子就站稳了呢？不错，当着对敌斗争很激烈的时候，我们是很清楚的，对地主阶级、买办阶级和国民党反动派是坚决斗争的，这是站在了人民的立场。但是到抗日战争时期，我们要和国民党讲联合，共同对外，这时有一部分共产党员的人民立场就不那么明确了。你们从胡乔木同志著的《中国共产党的三十年》中可以看到，在抗日战争初期，毛主席坚决主张对国民党有联合有斗争，推动全面抗战，反对国民党不要人民的片面抗战，这是坚定的人民立场。但是有些共产党员，有时只注意联合的一面而忽略了斗争的一面，迁就了国民党，人民立场就不那么清楚了。一九三八年在武汉，曾发生过这样的错误。那时联合的工作是做了，但斗争不够。后来认识了这个错误，纠正了，到重庆、南京工作时就好一点了。这就是说，人民的立场，在共产党的领导人当中也不是一下子就完全站稳了的。大家看过毛主席《在延安文艺座谈会上的讲话》。那时在延安的文艺工作者读了很多书，又住过延安的学校，但还是有不少人没有站在人民的立场，所以毛主席在那篇讲话中就首先提出立场问题。

现在，工人阶级有工人阶级的想法，农民阶级有农民阶级的想法，城市小资产阶级有城市小资产阶级的想法，资产阶级有资产阶级的想法，只要各个阶级存在，他们的不同立场就会存在。我们今天要求大家有一个共同的立场，这就是为绝大多数人民的最高利益着想的人民立场。

由人民的立场再进一步站到工人阶级立场，那是更难的一件事。为什么要知识分子进一步站在工人阶级立场呢？因为工人阶级是最先进的，是为人民的，也是为民族的，将来要实现共产主义，使社会达到无阶级的境地。工人阶级的伟大就在于此。资产阶级不可能把所有的人都变成资本家。如果人人都当资本家，谁去做工人呢？如何积累资本呢？我参加共产党，最先就是这一句话说动了我，我也用这句话写过文章，向别人宣传过。为什么工人阶级是先进的？因为工人阶级可以使全世界的人都变成劳动者，使脑力劳动和体力劳动统一起来。工人阶级和共产党最本质的东西，是它能使全世界进到没有阶级、谁也不剥削谁的社会，别的阶级和政党都不能担当这个任务。

对阶级立场问题，在知识分子中有几种认识。一种认识是：中国没有那么多的工人，产业工人不过三四百万，并且是从封建社会中生长起来的，或多或少地带有封建的影响，恐怕不会很强，怎么能领导全国呢？另外一种认识是：中国共产党里面，农民、知识分子出身的党员占很大的数目，怎么能代表工人阶级的立场和思想？是不是代表农民和小资产阶级的思想？还有一种认识是：知识分子加入共产党以后，实行党的口号、政策，他的一切就都站在工人阶级立场上了，就体现工人阶级的思想了。这三种想法都是错误的。

我们认为，中国工人阶级尽管人数少，而且其中还有若干人受过封建的影响，但是只要积极工作，发展生产，跟世界上的工人运动的经验和先进理论相结合，这个力量就是无穷的。它是新生的力量，一定会发展壮大。一切新生的力量都是从小到大的。我们每一个人也是由幼年长大的，幼年的生长力是最强的。所以工人阶级在中国是有远大前途的。工人阶级能照顾全局的利益。将来在工人阶级领导下发展工商业，不仅对本阶级有好处，对农民有好处，对资产阶级、小资产阶级也有好处。为了更好地发展工商业，它要把重要的生产资料掌握在国家手里，逐步走入社会主义社会。也只有在工人阶级的领导下，根据它的思想，根据国家的物质条件和不断提高的生产能力，才可以使中国工业化，消灭阶级，实现共产主义。所以不能因为它人数少而忽视这个最可靠、最有希望、最大公无私的阶级。

共产党内有大量的农民、小资产阶级出身的党员，他们能站稳工人阶级的立场吗？我认为，经过锻炼是可以站稳工人阶级立场的。工人阶级并不把它的立场私有，只要真正愿意接受它的思想，就可以站到它的立场上来。中国工人阶级也是从旧社会来的，不过跟知识分子不同，它经过现代化大生产的锻炼，体现了先进的思想和立场。知识分子的改造也要经过锻炼，经过学习，经过实践。知识分子到工厂去，到农村去，就是要学习工人阶级、劳动人民的思想和立场。这不仅是对党外知识分子说的，也包含党内的知识分子。梁漱溟先生在一封信上说，过去认为共产党的领导人都是知识分子，党员很多是农民，大概你们是农民思想、小资产阶级思想吧？他这话有一半道理，就是一些共产党员如果不经过改造，是会有很多农民思想、小资产阶级思想的，但经过改造就会逐渐减少，工人阶级思想就会逐渐加多。毛泽东思想体现了中国工人阶级的伟大思想。即将出版的《毛泽东选集》第一卷，就是体现中国工人阶级思想的伟大著作。

做了共产党员，是不是就一切都合乎工人阶级的立场和思想了呢？不是的。也许我们主观上觉得是为工人阶级了，但有时我们的工作犯了错误，实行的政策有了偏差，说明我们还不是真正站稳了工人阶级立场。这种情况是常有的。我们过去发生的右的或“左”的错误，就是离开了工人阶级立场对反动阶级迁就，或者是把自己这个阶级孤立起来。拿我个人来说，就有过多次这样的经验教训。正是因为有过这样的错误，才使自己受到更多的教育。工人阶级立场不是那么容易站稳的，需要长期地摸索、学习、锻炼。毛泽东思想是我们革命的指南针，但是单靠这个指南针还不行，还要有自己的革命实践。毛主席常说，任何一个人不经过自己的实践，碰过钉子，摔过跤，别人的经验对他总是作用甚小。自己实践的经验是最可宝贵的，最有用处的。所以共产党员也需要经过锻炼，而且是长期的锻炼。

从民族立场进一步到人民立场，更进一步到工人阶级立场，大体上会有这么一个发展过程。要促进这个发展过程，推动知识分子的进步，防止这个过程中可能发生的各种偏差，逐步地解决立场问题。

二、态度问题

明确地认识了立场的发展过程，态度问题也就容易解决了。一个人生活在社会中，生活在世界上，对遇到的任何一件事情总会有一个态度。立场不同，态度也就不同。

今天的世界上还有阶级存在，还有国家的对立。帝国主义侵略集团要统治全世界，尤其是美帝国主义，要把世界变成美国的世界。中国人民是深受美帝国主义帮助蒋介石大打内战之苦的，现在美帝国主义又侵入朝鲜，侵入我国的台湾。世界人民经过两次世界大战逐步觉醒了，社会主义国家和人民民主国家先后建立了，殖民地半殖民地国家的民族解放运动不断发展，帝国主义国家的人民也在逐步觉醒。全世界人民都不愿意再受帝国主义的剥削和侵略，不愿意再遭受战争的痛苦，要求持久和平。世界分成了两个阵线，这是客观形势发展的必然结果。

对这样的世界形势，我们中国人民怎么能够不表明自己的态度呢？必须要有明确的态度。首先要分清敌我友，谁是我们的敌人，谁是我们的朋友。没有这样一个区分，那你是什么态度呢？难道你站到敌人方面去？当然，在中国还有站在敌人方面的反动分子、反革命残余分子，我们要肃清他们。但是，站在人民立场上的人，站在爱国的民族立场上的人，能不表明态度吗？所以，我们在学习时必须有敌我友的观点。全世界人民包含美国人民、日本人民在内都是我们的朋友，我们要争取他们。现在还被帝国主义欺压的殖民地半殖民地国家的政府，我们应该争取他们反对战争，赞成和平，即使是暂时的朋友，我们也要争取。一切国家，一切可以争取的政府，都应该争取，即使是中立，哪怕是暂时的、在一个问题上的中立，对于人民来说也有好处。我们应该分清敌我友的界限。我们的敌人就是美帝国主义和它的同盟国家、帮凶国家的反动政府。我们的朋友遍及全世界，其中包含在某一个问题上一时的朋友。这样，我们人民的力量就壮大起来了。这是在国际上。在国内呢？这个问题已经清楚了。我们站在工人阶级立场上，首先应该巩固工农联盟，还要团结小资产阶级、民族资产阶级以及其他一切爱国分子。我们的敌人就是反动阶级，最集中地表现在国民党反动派残余集团上，还有一些反革命残余分子。在态度问题上，是不是还有保持中间的可能呢？应该说，基本上没有可能，尤其在国内更没有可能。因为胜败已经定下来了，人民已经当政了。难道今天还可能又站在蒋介石方面又站在中国人民方面吗？也许可以躲到香港去，但那是临时性的，最后态度总是要判明的。

关于态度问题，我们历来主张靠自己觉悟。我举个例子，大家会清楚的。张伯苓先生，晚年做了国民党政府的考试院长，重庆解放以后，开始有了觉悟，后悔了。以后他回到北京，又转到天津。他和我总算是师生关系了，也很接近，但是我丝毫没有勉强他写一个东西。以后他慢慢地认识了新中国，认识了人民中国的好处，开始跟我讲了一些他最赞成、最高兴的事，但是我仍然没有请他写个东西。我觉得一个人的进步要等他自觉地认识以后才最可靠。这样一耽搁，没想到他就年老病故了。临终前他写了一个遗嘱，大家可能在报上看到了。也许这是我的一个缺点，没有及早地帮助他提高觉悟。假使我知道他身体那样差，早一点提醒他一下，他也可能多一点进步表现，使人民对他有更多的谅解。这是我抱歉的地方。我再举一个例子：翁文灏，大家也很熟悉，新华社宣布过他是战犯之一。但是他在欧洲表示愿意回到新中国来，无论如何也不愿意到美国去当教授。因为他有这样的表示，我们就欢迎他回来。他回来以后，有些朋友觉得他应该写一个声明，这样好使人民谅解他。但是我们仍然觉得不要太勉强，要他慢慢觉悟，自觉地写。

真正的中间态度，基本上是不存在的，一个时期的动摇、怀疑是有可能的。有一种人他对新生事物要怀疑一下，观察一下，我觉得应该允许。怀疑并不等于对立。对立就是敌视新中国，这不能允许。在学习中，对某一个问题持怀疑的态度是可以的，因为真理并不是一下子就能被人们接受的。真理愈辩愈明，我们不怕怀疑。观察一下也是可以的。梁漱溟先生初到北京的时候跟我说，有些问题他要观察一下。他在这点上很直爽，我们也很尊重他，所以介绍他到各个地方去观察。他每次回来的确都有进步，这一点我们应该欢迎。他观察一个时期就提出一个新的认识，那很好嘛！观察不等于旁观，观察的态度是积极的，旁观的态度是消极的。

还有一种态度是同情但不参加。这种人只是做到对中国革命表示同情，但是参加还要考虑考虑。这也是允许的。我们愿意等待，而且要耐心地等待。香港有许多人跟我们打过招呼，说他很同情新中国，但是他自己暂时还不能回来。我们绝不勉强。因为这里面还有客观的原因和主观的原因，我们应该谅解。

1951 年 9 月下旬，北京、天津两市 22 所高等院校教师和学生代表共 3000 余人开展了以改造教师思想、改革高等教育为目的的学习运动。

9 月 29 日，周恩来在京、津高等学校教师学习报告会上做了《关于知识分子的改造问题》的报告，就知识分子革命立场、观点、方法问题谈了自己的体会，号召教师们努力改造自己，成为文化战线的革命战士。10 月，京、津高等学校学习委员会成立。

1951 年 11 月 30 日，中共中央发出《关于在学校中进行思想改造和组织清理工作的指示》，要求在对所有大中小学教职员和高中以上学生普遍进行思想改造工作的基础上，在大中小学教职员专科以上学生中，组织开展忠诚老实交清历史问题的运动，清理其中的反革命分子。

根据中共中央的指示，全国各学校很快掀起学习改造运动。同时在文艺界开展有目的、有准备的整风学习运动，使文艺工作向着健康方向发展。不久，又发出开展各界人士思想改造的学习运动的决定，于是知识分子改造学习运动从教育开始逐步扩大到文艺、科技、民主党派、政府机关、人民团体、工商界、宗教等广大知识分子，形成一个全国规模的知识分子思想改造学习运动。

通过这个学习运动，在知识分子中清除了帝国主义、封建主义和官僚资本主义的政治思想影响，树立了为人民服务的思想，在一定程度上纯洁了队伍。但由于要求过急、过高，方法简单，这一运动伤害了部分知识分子的感情。

在持续5小时的讲话中，周恩来阐释了中国共产党关于知识分子的方针、政策，针对从旧社会过来的知识分子的思想状况，以自己思想改造的切身经历，围绕立场、态度、为谁服务、思想、知识、民主、批评与自我批评等问题，详细地论述了知识分子为什么需要进行思想改造，以及如何进行思想改造的问题，着重阐明了知识分子进行思想改造的必要性。

讲话的前两个问题分别阐述了取得正确的立场和态度的重要性。周恩来结合自己参加革命的经历和思想改造的体会，循循善诱、富有感染力的报告，使知识分子受到很大的鼓舞和教育。在长期领导革命和建设的过程中，周恩来在不同的场合，面对不同的对象，发表了许多精彩的演讲，打动了无数人的心弦。为使知识分子适应新社会发展需要，周恩来不是一般地论述知识分子的思想，而是现身说法，“先从自己讲起”谈“关于知识分子的改造问题”。他说：“我总算是知识分子出身的，对知识分子的改造有一些体会，联系自己来谈这个问题，可能对大家有一点帮助，有一点参考作用，总不至于成为一种空谈吧！”

周恩来做了开场白后，这样进入了主题：“讲到改造问题，我想还是先从自己讲起。……所以，我是一个中等知识分子。今天在你们这些大知识分子、大学同学面前讲话，还有一点恐慌呢。”当天，有些教师不知道周总理要讲什么，怀着不安的心情而来。听了周恩来敞开心扉的话，他们立刻消除了紧张情绪。

周恩来接着说：“拿我个人来说，参加五四运动以来，已经三十多年了，也是不断地进步，不断地改造。也许有的同志会说：你现在担任了政府的领导，还要学习和改造吗？是的，我还要学习和改造。因为我不知道的事情还很多，没有明白的道理也很多，所以要不断地学习，不断地认识，这样才能够进步。三十年来，我尽管参加了革命，也在某些时候和某些部门做了一些负责的工作，但也犯过很多错误，栽过筋斗，碰过钉子。”

讲话中，周恩来多次现身说法，讲到自己也和大家一样受过旧教育，后来看到民族危亡、山河破碎而思想觉悟参加了革命。革命胜利了，又如何抵制各种旧传统势力的袭击，正确地处理个人、家庭和革命的关系。他进而指出，知识分子要过好民族关、阶级关、家庭关。最后，他亲切地鼓励大家要从爱国的立场发展到人民的立场，发展到共产主义的立场，这才是一个革命知识分子应有的归宿。

周恩来推心置腹、开诚布公的讲话，深深地打动和感染了与会者。马寅初有学问，也很擅长演讲，可是他由衷地佩服周恩来的演讲风度和演讲艺术。他说："周总理自我批评的精神，坦率说出自己的社会关系，在座的人没有一个不受感动。用这样的办法来领导知识分子思想改造，在我看来是最有效的。"

讲话节选部分阐述了取得正确的立场和态度的重要性，阐明了知识分子进行思想改造的必要性。详细地论述了知识分子为什么需要思想改造，以及如何进行思想改造等问题。材料具体翔实、论述委婉周密，充分展示了周恩来的思想高度和理论水平。周恩来这篇讲话稿的另一个特点是现身说法，以情感人。其亲切自然、通俗真诚的话语，给人鼓舞和力量。有位民主人士形象地说，聆听周总理做报告，犹如和煦的春天，开启了人们的心扉；恰如微微细雨，滋润了人们的心田。"其身正，不令而行；其身不正，虽令不从。"周恩来以知识分子一员的身份，向高等学校教师和学生现身说法，展现非同一般的人格魅力。

作品

党和国家领导制度的改革（节选）[1]

(1980 年 8 月 18 日)

邓小平

改革党和国家领导制度及其他制度，是为了充分发挥社会主义制度的优越性，加速现代化建设事业的发展。

我们要充分发挥社会主义制度的优越性，当前和今后一个时期，主要应当努力实现以下三个方面的要求：（一）经济上，迅速发展社会生产力，逐步改善人民的物质文化生活；（二）政治上，充分发扬人民民主，保证全体人民真正享有通过各种有效形式管理国家、特别是管理基层地方政权和各项企业事业的权力，享有各项公民权利，健全革命法制，正确处理人民内部矛盾，打击一切敌对力量和犯罪活动，调动人民群众的积极性，巩固和发展安定团结、生动活泼的政治局面；（三）为了实现以上两方面的要求，组织上，迫切需要大量培养、发现、提拔、使用坚持四项基本原则的、比较年轻的、有专业知识的社会主义现代化建设人才。

我们进行社会主义现代化建设，是要在经济上赶上发达的

① 选自《邓小平文选（第二卷）》（人民出版社 1994 年版）。这是邓小平同志在中共中央政治局扩大会议上的讲话，1980 年 8 月 31 日政治局讨论通过。本文节选其中第二部分。

资本主义国家，在政治上创造比资本主义国家的民主更高更切实的民主，并且造就比这些国家更多更优秀的人才。达到上述三个要求，时间有的可以短些，有的要长些，但是作为一个社会主义大国，我们能够也必须达到。所以，党和国家的各种制度究竟好不好，完善不完善，必须用是否有利于实现这三条来检验。

这里着重讲一下从组织上发挥社会主义的优越性，自觉地更新各级党政领导机关，逐步实现领导人员年轻化、专业化的问题。

多年来，我们没有在坚持四项基本原则的前提下，大胆提拔和放手使用比较年轻的有专业知识又有实际经验的人才。在“文化大革命”期间，我们的大批干部遭到林彪、“四人帮”的迫害，干部工作遭到严重破坏。这就造成了现在各级领导人员普遍老化的状况。人才问题，主要是个组织路线问题。很多新的人才需要培养，但是目前的主要任务，是善于发现、提拔以至大胆破格提拔中青年优秀干部。这是国家现代化建设事业客观存在的迫切需要，并不是一些老同志心血来潮提出的问题。

有些同志担心，在提拔中青年干部的时候，也许会把一些帮派分子甚至打砸抢分子选上来。这种担心有一定道理。因为至今还有一些地区、一些部门的领导班子没有整顿好，一些帮派分子可能利用提拔中青年干部的名义，把他们的党羽提拔上来。我在今年一月十六日的讲话中说过，对“四人帮”的组织上、思想上的残余不可低估。我们在这点上一定要头脑清醒。跟随林彪、江青一伙造反起家的人，帮派思想严重的人，打砸抢分子，绝对不能提上来，一个也不能提上来，已经在领导岗位上的，必须坚决撤下去。如果不提高警惕，让他们占据领导岗位，重新耍两面派，扎根串连，隐蔽下来，即使是少数人，也可能给我们带来无法预料的祸害。

有些同志说，干部还是一个台阶、一个台阶地上好。一九七五年，针对“文化大革命”期间的错误做法，我说过这个话。用坐火箭、坐直升飞机的办法提拔干部，我们再也不能这么干了。干部要顺着台阶上，一般的意义是说，干部要有深入群众、熟悉专业、积累经验和经受考验锻炼的过程。但是我们不能老守着关于台阶的旧观念。干部的提升，不能只限于现行党政干部中区、县、地、省一类台阶，各行各业应当有不同的台阶，不同的职务和职称。随着建设事业的发展，还要制定各个行业提升干部和使用人才的新要求、新方法。将来很多职务、职称，只要考试合格，就应当录用或者授予。

打破那些关于台阶的过时的观念，创造一些适合新形势新任务的台阶，这才能大胆破格提拔。而且不管新式老式的台阶，总不能老是停留在嘴巴上说。一定要真正把优秀的中青年干部提拔上来，快点提拔上来。提拔干部不能太急，但是太慢了也要误现代化建设的大事。现在就已经误了不少啊！特别优秀的，要给他们搭个比较轻便的梯子，使他们越级上来。这次我们提出减少兼职过多、权力过分集中的现象，目的之一，也是为了给中青年同志腾出台阶。台阶挤得满满的，他们怎么上来？台阶有了空位又不给他们，他们怎么上来？

有些同志担心，年轻人经验不够，不能胜任。我看，这种担心是不必要的。经验够不够，只是比较而言。老实说，老干部对于现代化建设中的新问题，不是也没有什么经验，也要犯一些错误吗？一般说来，年轻人经验少一些，这是事实。但是，同志们回想一下，我们中间许多人当大干部、做大事，开始的时候还不是二三十岁？应该承认，现在一些中青年同志的知识，比我们那个时候并不少。经过的斗争考验少一点，领导经验少一点，这是客观条件造成的。不在其位，不谋其政嘛。放在那个位置上，他们就会逐步得到提高。解放后大专、中专毕业的学生七八百万，其中大多数出身于工农家庭，经过了十年以上的锻炼。没有受过大专、中专教育的中青年干部有实践经验，缺点是文化知识水平低一点，只要有计划地训练和培养，很多人一定可以成为又红又专的干部。此外还有一大批刻苦自学的中青年优秀人才。上山下乡的青年中，也有不少深入群众、用功学习、很有才干的人。实际上，现在大批中青年干部已经成为各条战线上的骨干，同那些高高在上、不深入下层的干部来比，他们更了解群众，更了解实际。很多工作主要是依靠他们，只是因为没有提拔，他们没有决定问题的权力，遇事只好不住地请示报告。这就成为我们的官僚主义现象的一大来源。总之，我们绝不要低估这一大批中青年干部。很多中青年干部政治本质很好，不是帮派分子，思想路子对，又有一定的专业知识，为什么不去选拔和破格使用？有些企业和单位，群众自己选举出的干部，一些毛遂自荐、自告奋勇担任负责工作的干部，很快就作出了成绩，比单是从上面指定的干部合适得多。这样的事实，难道还不能使我们猛省吗？好的中青年干部到处都有。“文化大革命”中长期对林彪、江青一伙的做法不满，进行积极或消极抵制，政治表现好，又肯干，有专业知识的中青年干部，各行各业、各地区、各单位都有，问题是我们没有发现和提拔他们。就是一度受过林彪、江青一伙的欺骗，犯过一些错误，后来确已觉悟转变而又确有真才实学的人，我们也不能抛开不用。不少同志只是看到周围熟悉的一点人，总在原来的一些人中打圈子，不会深入到群众中去选拔人才，这也是一种官僚主义。

我们一定要吸取“文化大革命”的教训，同时也一定要清醒地看到我们国家面临着现代化建设巨大任务的形势和现有大批干部不能适应现代化建设需要的实际，要坚决克服那种不从长远看问题的短视观点。我们有正确的思想路线、政治路线和组织路线，只要大胆而谨慎地工作，只要经过周密的调查研究，广泛听取群众意见，就完全有把握把大批优秀的中青年干部提拔起来，保证我们的事业后继有人，后来居上。

陈云同志提出，我们选干部，要注意德才兼备。所谓德，最主要的，就是坚持社会主义道路和党的领导。在这个前提下，干部队伍要年轻化、知识化、专业化，并且要把对于这种干部的提拔使用制度化。这些意见讲得好。许多同志除了不注意干部队伍的年轻化外，对干部队伍的知识化、专业化也很不重视。这也是过去在知识分子问题上长期存在的“左”倾思想的一种恶果。

目前的问题是，现行的组织制度和为数不少的干部的思想方法，不利于选拔和使用四个现代化所急需的人才。希望各级党委和组织部门在这个问题上来个大转变，坚决解放思想，克服重重障碍，打破老框框，勇于改革不合时宜的组织制度、人事制度，大力培养、发现和破格使用优秀人才，坚决同一切压制和摧残人才的现象作斗争。经过十多年的考验，中青年同志的政治面貌，领导和群众基本上都是清楚的。老同志还在，采取从上看和从下看互相结合的办法，是应当可以选好选准的。这项工作，当然要有步骤地进行，但是太慢了不行。错过时机，老同志都不在了，再来解决这个问题，就晚了，要比现在难得多，对于我们这些老同志来说，就是犯了历史性的大错误。

党的十一届三中全会做出的改革决策，已经包含了政治体制改革的内容。全会之后，我们党适应新形势和新任务的要求，在加强和改善党的建设方面做了大量工作，重点解决

了健全党的民主集中制、恢复党的优良传统和作风等问题。在此基础上，着手对党和国家领导体制中存在的某些弊端进行改革。

1980年8月，召开中共中央政治局扩大会议，专门讨论政治体制改革问题。8月18日，邓小平在会上做了《党和国家领导制度的改革》的重要讲话。他旗帜鲜明地指出：党和国家现行的一些具体制度中，还存在不少的弊端，妨碍甚至严重妨碍社会主义优越性的发挥。这些弊端主要是官僚主义现象、权力过分集中的现象、家长制现象、干部领导职务终身制现象和形形色色的特权现象。只有对这些弊端进行有计划、有步骤而又坚决彻底的改革，人民才会信任我们的领导，才会信任党和社会主义，我们的事业才有无限的希望。

在这篇讲话稿中，邓小平总结了国内外社会主义国家政权建设的历史经验，特别是中国十年“文化大革命”的深刻教训，尖锐地揭露和分析了现行政治体制存在的种种弊端及其产生的原因，系统精辟地论述了政治体制改革的目的、意义、主要内容和必须遵循的原则，形成了较为完整的政治体制改革的基本思想。

这篇讲话稿对我国政治体制改革，特别是作为其关键领域的党和国家领导制度的改革做了系统深入而又精辟明确的论述。其着眼点主要是为了从制度上防止“文化大革命”这类历史悲剧的重演，从而实现党和国家的长治久安。这篇讲话稿敏锐而又深刻地分析了我国政治体制的主要弊端、产生根源、问题的实质以及改革的基本原则和方式方法，是这一时期我国政治体制改革思想的集大成者。这篇讲话稿经过中共中央政治局讨论通过后，发至全党，成为指导我国政治体制改革，特别是党和国家领导制度改革的纲领性文件，为新时期党和国家领导制度的改革指明了方向。时至今日，它仍然是指导我国进行政治体制改革的一个总的指导思想。

本文节选自讲话稿中第二部分。重点论述了“组织上，迫切需要大量培养、发现、提拔、使用坚持四项基本原则的、比较年轻的、有专业知识的社会主义现代化建设人才”的主张。指出了改革的基本思路：一是权力不宜过分集中；二是兼职、副职不宜过多；三是着手解决党政不分、以党代政的问题；四是从长远着想，解决好交接班的问题。这一部分开宗明义地指出“改革党和国家领导制度及其他制度”的目的“是为了充分发挥社会主义制度的优越性，加速现代化建设事业的发展”。阐明了我们要充分发挥社会主义制度的优越性，当前和今后一个时期，主要应当努力实现在经济上、政治上和组织上三个方面的具体目标。表明了“我们能够也必须达到”上述目标的坚定决心。

这部分着重讲的是从组织上发挥社会主义制度的优越性，自觉地更新各级党政领导机关，逐步实现领导人员年轻化、专业化的问题。指出目前的主要任务是善于发现、提拔以至大胆破格提拔中青年优秀干部。而完成这项任务是国家现代化建设事业客观存在的迫切需要。邓小平强调“我们一定要吸取‘文化大革命’的教训，同时也一定要清醒地看到我们国家面临着现代化建设巨大任务的形势和现有大批干部不能适应现代化建设需要的实际，要坚决克服那种不从长远看问题的短视观点”，要“打破那些关于台阶的过时的观念”，“坚决解放思想，克服重重障碍，打破老框框，勇于改革不合时宜的组织制度、人事制度，大力培养、发现和破格使用优秀人才，坚决同一切压制和摧残人才的现象作斗争”。

讲话稿从消除有些同志的担心、疑虑的角度，详细阐述了发现、提拔中青年优秀干部的原则、要求和方法，并使之制度化的意见，提出我们选干部，要注意德才兼备的重要标准。讲话稿针对性强，提出问题，讨论形势，讲明道理，表达观点，逻辑清晰、思维缜密，服人以理。讲话实事求是，语重心长，充分体现了老一辈无产阶级革命家高瞻远瞩、深谋远虑的思想境界和力排众议、锐意改革的魄力。具有重要的现实意义和深远的历史意义。

在文艺工作座谈会上的讲话（节选）[①]

(2014 年 10 月 15 日)

习近平

第一个问题：实现中华民族伟大复兴需要中华文化繁荣兴盛

为什么要高度重视文艺和文艺工作？这个问题，首先要放在我国和世界发展大势中来审视。我说过，实现中华民族伟大复兴，是近代以来中国人民最伟大的梦想。今天，我们比历史上任何时期都更接近中华民族伟大复兴的目标，比历史上任何时期都更有信心、有能力实现这个目标。而实现这个目标，必须高度重视和充分发挥文艺和文艺工作者的重要作用。

文化是民族生存和发展的重要力量。人类社会每一次跃进，人类文明每一次升华，无不伴随着文化的历史性进步。中华民族有着 5000 多年的文明史，近代以前中国一直是世界强国之一。在几千年的历史流变中，中华民族从来不是一帆风顺的，遇到了无数艰难困苦，但我们都挺过来、走过来了，其中一个很重要的原因就是世世代代的中华儿女培育和发展了独具特色、博大精深的中华文化，为中华民族克服困难、生生不息

① 选自《习近平总书记在文艺工作座谈会上的重要讲话学习读本》（学习出版社 2015 年版）。

提供了强大精神支撑。

德国哲学家雅斯贝尔斯在《历史的起源与目标》一书中写道，公元前800年至公元前200年是人类文明的“轴心时代”，是人类文明精神的重大突破时期，当时古代希腊、古代中国、古代印度等文明都产生了伟大的思想家，他们提出的思想原则塑造了不同文化传统，并一直影响着人类生活。这段话讲得很深刻，很有洞察力。古往今来，中华民族之所以在世界有地位、有影响，不是靠穷兵黩武，不是靠对外扩张，而是靠中华文化的强大感召力和吸引力。我们的先人早就认识到“远人不服，则修文德以来之”的道理。阐释中华民族禀赋、中华民族特点、中华民族精神，以德服人、以文化人是其中很重要的一个方面。

历史和现实都表明，人类文明是由世界各国各民族共同创造的。我出访所到之处，最陶醉的是各国各民族人民创造的文明成果。世界文明瑰宝比比皆是，这里我举几个国家、几个民族的例子。古希腊产生了对人类文明影响深远的神话、寓言、雕塑、建筑艺术，埃斯库罗斯、索福克勒斯、欧里庇得斯、阿里斯托芬的悲剧和喜剧是希腊艺术的经典之作。俄罗斯有普希金、果戈理、莱蒙托夫、屠格涅夫、陀思妥耶夫斯基、涅克拉索夫、车尔尼雪夫斯基、托尔斯泰、契诃夫、高尔基、肖洛霍夫、柴可夫斯基、里姆斯基－科萨科夫、拉赫玛尼诺夫、列宾等大师。法国有拉伯雷、拉封丹、莫里哀、司汤达、巴尔扎克、雨果、大仲马、小仲马、莫泊桑、罗曼·罗兰、萨特、加缪、米勒、马奈、德加、塞尚、莫奈、罗丹、柏辽兹、比才、德彪西等大师。英国有乔叟、弥尔顿、拜伦、雪莱、济慈、狄更斯、哈代、萧伯纳、透纳等大师。德国有莱辛、歌德、席勒、海涅、巴赫、贝多芬、舒曼、瓦格纳、勃拉姆斯等大师。美国有霍桑、朗费罗、斯托夫人、惠特曼、马克·吐温、德莱赛、杰克·伦敦、海明威等大师。我最近访问了印度，印度人民也是具有非凡文艺创造活力的，大约公元前1000年前后就形成了《梨俱吠陀》《阿达婆吠陀》《娑摩吠陀》《夜柔吠陀》四种本集，法显、玄奘取经时，印度的诗歌、舞蹈、绘画、宗教建筑和雕塑就达到了很高的水平，泰戈尔更是产生了世界性的影响。我国就更多了，从老子、孔子、庄子、孟子、屈原、王羲之、李白、杜甫、苏轼、辛弃疾、关汉卿、曹雪芹，到“鲁郭茅巴老曹”（鲁迅、郭沫若、茅盾、巴金、老舍、曹禺），到聂耳、冼星海、梅兰芳、齐白石、徐悲鸿，从诗经、楚辞到汉赋、唐诗、宋词、元曲以及明清小说，从《格萨尔王传》《玛纳斯》到《江格尔》史诗，从五四时期新文化运动、新中国成立到改革开放的今天，产生了灿若星辰的文艺大师，留下了浩如烟海的文艺精品，不仅为中华民族提供了丰厚滋养，而且为世界文明贡献了华彩篇章。

历史和现实都证明，中华民族有着强大的文化创造力。每到重大历史关头，文化都能感国运之变化、立时代之潮头、发时代之先声，为亿万人民、为伟大祖国鼓与呼。中华文化既坚守本根又不断与时俱进，使中华民族保持了坚定的民族自信和强大的修复能力，培育了共同的情感和价值、共同的理想和精神。

没有中华文化繁荣兴盛，就没有中华民族伟大复兴。一个民族的复兴需要强大的物质力量，也需要强大的精神力量。没有先进文化的积极引领，没有人民精神世界的极大丰富，没有民族精神力量的不断增强，一个国家、一个民族不可能屹立于世界民族之林。

文艺是时代前进的号角，最能代表一个时代的风貌，最能引领一个时代的风气。“文变染乎世情，兴废系乎时序。”在欧洲文艺复兴运动中，但丁、彼特拉克、薄伽丘、达·芬奇、拉斐尔、米开朗琪罗、蒙田、塞万提斯、莎士比亚等文艺巨人，发出了新时代的啼声，开启了人们的心灵。在谈到文艺复兴运动时，恩格斯说，这“是一个需要巨人而且产生了巨人——在思维能力、热情和性格方面，在多才多艺和学识渊博方面的巨人的时代”。在我国发展史上，包括文艺在内的文化发展同样与中华民族发展紧紧联系在一起。先秦时期，我国出现了百家争鸣的兴盛局面，开创了我国古代文化的一个鼎盛期。20世纪初，在五四新文化运动中，发端于文艺领域的创新风潮对社会变革产生了重大影响，成为全民族思想解放运动的重要引擎。

现在，全党全国各族人民正按照党的十八大确立的奋斗目标和党的十八届三中全会提出的改革任务，一步一步把中国特色社会主义事业向前推进。实现“两个一百年”奋斗目标、实现中华民族伟大复兴的中国梦是长期而艰巨的伟大事业。伟大事业需要伟大精神。实现这个伟大事业，文艺的作用不可替代，文艺工作者大有可为。广大文艺工作者要从这样的高度认识文艺的地位和作用，认识自己所担负的历史使命和责任。

鲁迅先生说，要改造国人的精神世界，首推文艺。举精神之旗、立精神支柱、建精神家园，都离不开文艺。当高楼大厦在我国大地上遍地林立时，中华民族精神的大厦也应该巍然耸立。我国作家艺术家应该成为时代风气的先觉者、先行者、先倡者，通过更多有筋骨、有道德、有温度的文艺作品，书写和记录人民的伟大实践、时代的进步要求，彰显信仰之美、崇高之美，弘扬中国精神、凝聚中国力量，鼓舞全国各族人民朝气蓬勃迈向未来。

第二个问题：创作无愧于时代的优秀作品

“文章合为时而著，歌诗合为事而作。”衡量一个时代的文艺成就最终要看作品。推动文艺繁荣发展，最根本的是要创作生产出无愧于我们这个伟大民族、伟大时代的优秀作品。没有优秀作品，其他事情搞得再热闹、再花哨，那也只是表面文章，是不能真正深入人民精神世界的，是不能触及人的灵魂、引起人民思想共鸣的。文艺工作者应该牢记，创作是自己的中心任务，作品是自己的立身之本，要静下心来、精益求精搞创作，把最好的精神食粮奉献给人民。

优秀文艺作品反映着一个国家、一个民族的文化创造能力和水平。吸引、引导、启迪人们必须有好的作品，推动中华文化走出去也必须有好的作品。所以，我们必须把创作生产优秀作品作为文艺工作的中心环节，努力创作生产更多传播当代中国价值观念、体现中华文化精神、反映中国人审美追求，思想性、艺术性、观赏性有机统一的优秀作品，形成“龙文百斛鼎，笔力可独扛”之势。优秀作品并不拘于一格、不形于一态、不定于一尊，既要有阳春白雪、也要有下里巴人，既要顶天立地、也要铺天盖地。只要有正能量、有感染力，能够温润心灵、启迪心智，传得开、留得下，为人民群众所喜爱，这就是优秀作品。

文艺深深融入人民生活，事业和生活、顺境和逆境、梦想和期望、爱和恨、存在和死亡，人类生活的一切方面，都可以在文艺作品中找到启迪。文艺对年轻人吸引力最大，影响也最大。我年轻时读了不少文学作品，涉猎了当时能找到的各种书籍，不仅其中许多精彩章节、隽永文字至今记忆犹新，而且从中悟出了不少生活真谛。文艺也是不同国家和民族相互了解和沟通的最好方式。去年 3 月，我访问俄罗斯，在同俄罗斯汉学家座谈时就说到，我读过很多俄罗斯作家的作品，如年轻时读了车尔尼雪夫斯基的《怎么办?》后，在我心中引起了很大的震动。今年 3 月访问法国期间，我谈了法国文艺对我的影响，因为我们党老一代领导人中很多到法国求过学，所以我年轻时对法国文艺抱有浓厚兴趣。在德国，我讲了自己读《浮士德》的故事。那时候，我在陕北农村插队，听说一个知青有《浮士德》这本书，就走了 30 里路去借这本书，后来他又走了 30 里路来取回这本书。我为什么要对外国人讲这些？就是因为文艺是世界语言，谈文艺，其实就是谈社会、谈人生，最容易相互理解、沟通心灵。

改革开放以来，我国文艺创作迎来了新的春天，产生了大量脍炙人口的优秀作品。同时，也不能否认，在文艺创作方面，也存在着有数量缺质量、有“高原”缺“高峰”的现象，存在着抄袭模仿、千篇一律的问题，存在着机械化生产、快餐式消费的问题。在有些作品中，有的调侃崇高、扭曲经典、颠覆历史，丑化人民群众和英雄人物；有的是非不分、善恶不辨、以丑为美，过度渲染社会阴暗面；有的搜奇猎艳、一味媚俗、低级趣味，把作品当作追逐利益的“摇钱树”，当作感官刺激的“摇头丸”；有的胡编乱写、粗制滥造、牵强附会，制造了一些文化“垃圾”；有的追求奢华、过度包装、炫富摆阔，形式大于内容；还有的热衷于所谓“为艺术而艺术”，只写一己悲欢、杯水风波，脱离大众、脱离现实。凡此种种都警示我们，文艺不能在市场经济大潮中迷失方向，不能在为什么人的问题上发生偏差，否则文艺就没有生命力。

我同几位艺术家交谈过，问当前文艺最突出的问题是什么，他们不约而同地说了两个字：浮躁。一些人觉得，为一部作品反复打磨，不能及时兑换成实用价值，或者说不能及时兑换成人民币，不值得，也不划算。这样的态度，不仅会误导创作，而且会使低俗作品大行其道，造成劣币驱逐良币现象。人类文艺发展史表明，急功近利，竭泽而渔，粗制滥造，不仅是对文艺的一种伤害，也是对社会精神生活的一种伤害。低俗不是通俗，欲望不代表希望，单纯感官娱乐不等于精神快乐。文艺要赢得人民认可，花拳绣腿不行，投机取巧不行，沽名钓誉不行，自我炒作不行，“大花轿，人抬人”也不行。

精品之所以“精”，就在于其思想精深、艺术精湛、制作精良。“充实之谓美，充实而有光辉之谓大。”古往今来，文艺巨制无不是厚积薄发的结晶，文艺魅力无不是内在充实的显现。凡是传世之作、千古名篇，必然是笃定恒心、倾注心血的作品。福楼拜说，写《包法利夫人》“有一页就写了5天”，“客店这一节也许得写3个月”。曹雪芹写《红楼梦》“披阅十载，增删五次”。正是有了这种孜孜以求、精益求精的精神，好的文艺作品才能打造出来。

“取法于上，仅得为中；取法于中，故为其下。”有容乃大、无欲则刚，淡泊明志、宁静致远。大凡伟大的作家艺术家，都有一个渐进、渐悟、渐成的过程。文艺工作者要志存高远，就要有“望尽天涯路”的追求，耐得住“昨夜西风凋碧树”的清冷和“独上高楼”的寂寞，即便是“衣带渐宽”也“终不悔”，即便是“人憔悴”也心甘情愿，最后达到“众里寻他千百度”，“蓦然回首，那人却在，灯火阑珊处”的领悟。

“诗文随世运，无日不趋新。”创新是文艺的生命。文艺创作中出现的一些问题，同创新能力不足很有关系。刘勰在《文心雕龙》中就多处讲到，作家诗人要随着时代生活创新，以自己的艺术个性进行创新。唐代书法家李邕说：“似我者俗，学我者死。”宋代诗人黄庭坚说：“随人作计终后人，自成一家始逼真。”文艺创作是观念和手段相结合、内容和形式相融合的深度创新，是各种艺术要素和技术要素的集成，是胸怀和创意的对接。要把创新精神贯穿文艺创作生产全过程，增强文艺原创能力。要坚持百花齐放、百家争鸣的方针，发扬学术民主、艺术民主，营造积极健康、宽松和谐的氛围，提倡不同观点和学派充分讨论，提倡体裁、题材、形式、手段充分发展，推动观念、内容、风格、流派切磋互鉴。我国少数民族能歌善舞，长期以来形成了多姿多彩的文艺成果，这是我国文艺的瑰宝，要保护好、发展好，让它们在祖国文艺百花园中绽放出更加绚丽的光彩。

繁荣文艺创作、推动文艺创新，必须有大批德艺双馨的文艺名家。要把文艺队伍建设摆在更加突出的重要位置，努力造就一批有影响的各领域文艺领军人物，建设一支宏大的文艺人才队伍。文艺是给人以价值引导、精神引领、审美启迪的，艺术家自身的思想水平、业务水平、道德水平是根本。文艺工作者要自觉坚守艺术理想，不断提高学养、涵养、修养，加强思想积累、知识储备、文化修养、艺术训练，努力做到“笼天地于形内，挫万物于笔端”。除了要有好的专业素养之外，还要有高尚的人格修为，有“铁肩担道义”的社会责任感。在发展社会主义市场经济条件下，还要处理好义利关系，认真严肃地考虑作品的社会效果，讲品位，重艺德，为历史存正气，为世人弘美德，为自身留清名，努力以高尚的职业操守、良好的社会形象、文质兼美的优秀作品赢得人民喜爱和欢迎。

互联网技术和新媒体改变了文艺形态，催生了一大批新的文艺类型，也带来文艺观念和文艺实践的深刻变化。由于文字数码化、书籍图像化、阅读网络化等发展，文艺乃至社会文化面临着重大变革。要适应形势发展，抓好网络文艺创作生产，加强正面引导力度。近些年来，民营文化工作室、民营文化经纪机构、网络文艺社群等新的文艺组织大量涌现，网络作家、签约作家、自由撰稿人、独立制片人、独立演员歌手、自由美术工作者等新的文艺群体十分活跃。这些人中很有可能产生文艺名家，古今中外很多文艺名家都是从社会和人民中产生的。我们要扩大工作覆盖面，延伸联系手臂，用全新的眼光看待他们，用全新的政策和方法团结、吸引他们，引导他们成为繁荣社会主义文艺的有生力量。

文艺，历来都是中国共产党重视的一项工作。文艺工作在中国共产党的历史上，“印记”最深的，当首推1942年5月2日，毛泽东在延安文艺座谈会上的讲话。那一次座谈会，开启了社会主义文艺发展的新纪元，直接奠定了几十年来文艺工作的主基调。改革开放以来，文艺工作也备受党中央重视。

2014年10月15日，习近平总书记主持召开文艺工作座谈会并做重要讲话。这一天，人民大会堂里，文艺界人士“群英荟萃、少长咸集”，在这里与习近平总书记共商文艺大计。在认真听取大家发言后，习近平总书记做了重要讲话。他强调，文艺是时代前进的号角，最能代表一个时代的风貌，最能引领一个时代的风气。实现“两个一百年”奋斗目标、实现中华民族伟大复兴的中国梦，文艺的作用不可替代，文艺工作者大有可为。广大文艺工作者要从这样的高度认识文艺的地位和作用，认识自己所担负的历史使命和责任，坚持以人民为中心的创作导向，努力创作更多无愧于时代的优秀作品，弘扬中国精神，凝聚中国力量，鼓舞全国各族人民朝气蓬勃迈向未来。

这篇讲话稿思想深刻，内涵丰富，是中国特色社会主义文艺论。讲话稿是我们党领导文艺工作历史经验和实践探索的科学总结，是新形势下指导文艺工作的纲领性文献，对繁荣发展社会主义文艺，建设社会主义文化强国具有重要指导意义。

习近平总书记在讲话中，首先从实现中华民族伟大复兴的高度深刻阐述了文艺和文艺工作的地位、作用和重大使命，强调必须高度重视和充分发挥文艺和文艺工作者的重要作用。讲话以宏观的视野，从人类文明发展的历史和中华民族的文明史的角度，引用大量史料和实例论述，指出“文化是民族生存和发展的重要力量。人类社会每一次跃进，人类文明每一次升华，无不伴随着文化的历史性进步”。“历史和现实都表明，人类文明是由世界各国各民族共同创造的。”“历史和现实都证明，中华民族有着强大的文化创造力。”“没有中华文化繁荣兴盛，就没有中华民族伟大复兴。”而“文艺是时代前进的号角，最能代表一个时代的风貌，最能引领一个时代的风气”。

其次，讲话稿着眼现实，针对新形势、新任务和新问题，创造性地回答了事关文艺繁荣发展的一系列带有根本性、方向性的重大问题，对在新的历史条件下做好文艺工作做出了全面部署。对广大文艺工作者提出了新的要求，对创作生产出无愧于我们这个伟大民族、伟大时代的优秀作品寄予了殷切期望。讲话稿从文艺的地位和作用，到文艺工作者所担负的历史使命和责任；从改革开放以来我国文艺创作取得的成就，到文艺创作方面出现的问题；从增强创新能力，到加强文艺队伍建设；从传承和弘扬中华优秀传统文化，到适应新的时代和重大变革。条分缕析，丝丝入扣，层层推进。逻辑严谨，理据绵密，让人信服。

怎么衡量一部文艺作品是好作品？习近平总书记给出了两个标准：“一部好的作品，应该是把社会效益放在首位，同时也应该是社会效益和经济效益相统一的作品。”“优秀的文艺作品，最好是既能在思想上、艺术上取得成功，又能在市场上受到欢迎。”怎样才能“繁荣文艺创作，推动文艺创新”？第一，得有“大批德艺双馨的文艺名家”，这样才有可能创造出更多有筋骨、有道德、有温度的作品。第二，文艺作品说到底是要为人民群众服务的，而且群众对生活最熟悉，泥土的味道最贴切，好的文艺作品必须走向人民。“一旦离开人民，文艺就会变成无根的浮萍、无病的呻吟、无魂的躯壳。”文艺作品还要从传统文化中汲取清水活源，“要结合新的时代条件传承和弘扬中华优秀传统文化，传承和弘扬中华美学精神”。

整个讲话，从宏观到微观、从历史到现实，有大气磅礴、铺排层进的论述，又有具体而微、不厌其烦的列举；有切中肯綮、一针见血的分析，又有语重心长、情真意切的教诲。充满逻辑和智慧，极具说服力和感染力。习近平总书记在讲话中援引了大量中华优秀传统文化经典，历数了自己读过的俄罗斯、法国、英国、德国、美国的文学作品，对印度、拉丁美洲的文化瑰宝也如数家珍，对流行文化、网络文艺和新媒体也很熟悉。从中不难发现，习近平总书记爱读书，对文艺的涉猎十分广泛，可以说有着深厚的文艺积累和深深的“文艺情怀”。读书不倦，笔耕不辍，广开言路，交友不断，从来都是以人民为文艺创作的源头活水，或许可以解释习近平总书记为何对文艺工作有这么多深刻的洞见。

1. 从 1905 年到 1924 年，孙中山民族主义的内涵就是实现中华民族的自由和独立。美国学者卡尔顿·海斯指出：“民族主义是某种将历史进程和政治理论结合在一起的特定的政治行动。”中国国民党在反帝反封建的辛亥革命中，建立了中华民国；中国共产党在反帝反封建的新民主主义革命中，建立了中华人民共和国。

有西方学者认为，随着现代化和经济全球化迅速发展，“民族国家的时代可能将终结”。你对这一观点是持赞成还是反对态度？请结合民族主义在当代中国的发展和作用谈谈你的理解。

2. 毛泽东提出：“人的正确思想，只能从社会实践中来，只能从社会的生产斗争、阶级斗争和科学实验这三项实践中来。”然而人们又常常有许多形形色色的错误思想。这些错误思想是从哪里来的呢？是否也是从我们看到的、听到的、体验到的、品味到的、意识到的人、事、物等实践中来的？

我们如何避免错误思想，掌握正确的思想？请结合有关历史现象、社会现实和个人生活经验，对此进行一番梳理和思考。

3. 习近平总书记指出：“精品之所以‘精’，就在于其思想精深、艺术精湛、制作精良。”怎么衡量一部文艺作品是好作品？习近平总书记给出了两个标准：“一部好的作品，应该是把社会效益放在首位，同时也应该是社会效益和经济效益相统一的作品。”“优秀的文艺作品，最好是既能在思想上、艺术上取得成功，又能在市场上受到欢迎。”习近平总书记谈到当前文艺工作中的浮躁风气时说：“低俗不是通俗，欲望不代表希望，单纯感官娱乐不等于精神快乐。”

人们在阅读时，有的人注重阅读经典、精品，有的人喜欢通俗、娱乐读物。你有怎样的阅读爱好呢？在作品的选择上怎样才更有利于人的健康成长呢？请结合个人的阅读经验谈谈你的看法。

疑义与析

在一次人工智能与未来科技教育的高端论坛上，一个外国语学院的教授和一个清华大学的脑科专家，就一个问题起了争议：人类思考究竟是用脑，还是用心？脑科专家说：现代医学已经证明了，人类思维的器官是脑，心是不能思考的。外语教授说：NO，NO，你说的 brain，heart 和 mind 是不一样的，还有 soul，spirit，中国古代跟情智相关的字也都是“忄”字旁的。的确，柏拉图说：思维是灵魂的自我谈话。每一个人的灵魂都是独一无二的，所以思维的产品——意识、判断、情绪、精神、心理等当然也是千差万别的，并且随着一个人的成长而变化。一个灵魂之所以召唤另一个灵魂，其基因动力就在于作为群居动物的人类是需要情感交流的。奇文共欣赏，疑义相与析。阅读不是信息的叠加，而是智能的共振，你的大脑不是别人思想的跑马场，而是风动幡飞的修道场。巴金在《随想录·文学的作用》里说：文学作品能产生潜移默化，塑造灵魂的效果。我们在阅读中的疑义与析也能给思维塑形。

思维是有维度的。围棋中常说：一眼死，两眼活。一块棋如果只有一只眼，那就是死棋；有两只真眼，那就是活棋。视觉感受中，看一个物体用双眼成像，那才有立体感。那我们思维的 N 只眼是什么？

古人的战争，最开始是平面的追击，再发展就是利用地形，提升到立体的视野；其后，兵者诡道也，渗入了人心的较量，既有虚实取舍的纠结，又有仁政武功的权衡，所谓“天时地利人和”就是将战场放在现实与意识中穿越；20 多年前，星球大战计划横空出世，在地球以外的太空也逐渐演变为军事力量的争夺领域。近年来，电子信息化的较量更成为现代军事在虚拟战场的重要角力点。2016 年 AlphaGo（阿尔法围棋）傲视群雄，所向无敌，标志着人工智能元年的开启，互联网思维、AI 智能又将给人类的生活乃至思维方式带来难以预料的影响。由此可知，思维维度越高，思维能力越强，认知世界的视野就越高远，自主发展的掌控力就越自由。

本单元所选四篇作品，从物质现象到意识规律，从感官融汇到学科贯通，从时间延伸到空间拓展，在不同的思维维度变换中，体验着思维穿越的魅力。美学大师宗白华的《诗（文学）和画的分界》认为，诗与画都是美的表达形式，诗画的关系是“诗中有画，而不全是画；画中有诗，而不全是诗”，它们是可以融合的，是造型艺术（画）的视觉感受与意识情感的意境创造（诗）的互补和统一，各自可以把对方尽量吸进自己的艺术形式里来。庞朴先生的《与初学者谈“天”》则是以自己的治学经历，教诲求学者“要学好文史，必须知天”！要在自己的求知过程中破除学科壁垒，让思维在融会广博中贯通。在《〈读孟尝君传〉三题》中，通过三篇观点不同的文章，让我们看到了对同一事物进行批判性思考的过程，也引导我们要善于以“肯定—否定—否定之否定”思维方式结合历史事件的关键节点，对历史人物进行全方位的深层思考，追溯其原因。最后一篇林岗先生的《〈三体〉、科幻及武侠》则提供了一个很好的思考人性变迁发展的视角，武林是对过往的和现存的人性的小结性展示，而科幻则是在未来的舞台上对极端冲突中预设的人性的修订性检测，在时空的充分跨度中，强化了比照的效果，让人们更强烈地认识到科技对思维方式的影响，更主动地顺应突飞猛进的科技变迁。

爱因斯坦认为“想象力比知识更重要”，而思维能力就是连接知识与想象的路径。当今信息媒体蜂拥而上，却让我们处于一个阅读碎片化、信息匮乏的处境，动画、视频更是严重阻断了外在的语言表达与内在的思维延展，影响审美鉴赏与创造、文化传承与理解。因此，我们在阅读中应体验一些变换思维视角的规律，如空间突破、时间延展、角色互换、虚实交汇、宏观与微观迁移等方法，逐渐培养多角度、多层面、多元化思考的习惯，增强思维的发散力，拓展思维广度，挖掘思维深度，把提升思维品质作为自己终身学习的一笔财富。

诗（文学）和画的分界[1]

宗白华

苏东坡论唐朝大诗人兼画家王维（摩诘）的《蓝田烟雨图》说：“味摩诘之诗，诗中有画；观摩诘之画，画中有诗。诗曰：‘蓝溪白石出，玉山红叶稀。山路元无雨，空翠湿人衣。’此摩诘之诗也。或曰：‘非也，好事者以补摩诘之遗。’”

以上是东坡的话，所引的那首诗，不论它是不是好事者所补，把它放到王维和裴迪所唱和的辋川绝句里去是可以乱真的。这确是一首“诗中有画”的诗。“蓝溪白石出，玉山红叶稀”，可以画出来成为一幅清奇冷艳的画，但是“山路元无雨，空翠湿人衣”二句，却是不能在画面上直接画出来的。假使刻舟求剑似的画出一个人穿了一件湿衣服，即使不难看，也不能把这种意味和感觉像这两句诗那样完全传达出来。好画家可以设法暗示这种意味和感觉，却不能直接画出来；这位补诗的人也正是从王维这幅画里体会到这种意味和感觉，所以用“山路元无雨，空翠湿人衣”这两句诗来补足它。这幅画上可能并不曾画有人物，那会更好地暗示这感觉和意味。而另一位诗人可

① 选自《美学散步》（上海人民出版社 1981 年版），有改动。宗白华（1897—1986），出生于安徽安庆，著有《美学散步》《艺境》《宗白华全集》等。

能体会不同而写出别的诗句来。画和诗毕竟是两回事。诗中可以有画，像头两句里所写的，但诗不全是画。而那不能直接画出来的后两句正是“诗中之诗”，正是构成这首诗是诗而不是画的精要部分。

然而那幅画里若不能暗示或启发人写出这诗句来，它可能是一张很好的写实照片，却又不能成为真正的艺术品——画，更不是大诗画家王维的画了。这“诗”和“画”的微妙的辩证关系不是值得我们深思探索的吗?

宋朝文人晁以道有诗云：“画写物外形，要物形不改，诗传画外意，贵有画中态。”这也是论诗画的离合异同。画外意，待诗来传，才能圆满，诗里具有画所写的形态，才能形象化、具体化，不至于太抽象。

但是王安石《明妃曲》诗云：“意态由来画不成，当时枉杀毛延寿。”他是个喜欢做翻案文章的人，然而他的话是有道理的。美人的意态确是难画出的，东施以活人来效颦西施尚且失败，何况是画家调脂弄粉。那画不出的“巧笑倩兮，美目盼兮”，古代诗人随手拈来的这两句诗，却使孔子以前的中国美人如同在我们眼面前。达·芬奇用了四年工夫画出蒙娜丽莎的美目巧笑，在该画初完成时，当也能给予我们同样新鲜生动的感受。现在我却觉得我们古人这两句诗仍是千古如新，而油画受了时间的侵蚀，后人的补修，已只能令人在想象里追寻旧影了。我曾经坐在原画前默默领略了一小时，口里念着我们古人的诗句，觉得诗启发了画中意态，画给予诗以具体形象，诗画交辉，意境丰满，各不相下，各有千秋。

达·芬奇在蒙娜丽莎画像里突破了画和诗的界限，使画成了诗。谜样的微笑，勾引起后来无数诗人心魂震荡，感觉这双妙目巧笑，深远如海，味之不尽，天才真是无所不可。但是画和诗的分界仍是不能泯灭的，也是不应该泯灭的，各有各的特殊表现力和表现领域。探索这微妙的分界，正是近代美学开创时为自己提出了的任务。

18 世纪德国思想家莱辛开始提出这个问题，发表他的美学名著《拉奥孔》或称《论画和诗的分界》。但《拉奥孔》却是主要地分析着希腊晚期一座雕像群，拿它代替了对画的分析，雕像同画同是空间里的造型艺术，本可相通。而莱辛所说的诗也是指的戏剧和史诗，这是我们要记住的。因为我们谈到诗往往是偏重抒情诗。固然这也是相通的，同是属于在时间里表现其境界与行动的文学。

拉奥孔（Laokoon）是希腊古代传说里特罗亚城一个祭师，他对他的人民警告了希腊军用木马偷运兵士进城的诡计，因而触怒了袒护希腊人的阿波罗神。当他在海滨祭祀时，他和他的两个儿子被两条从海边游来的大蛇捆绕着他们三人的身躯，拉奥孔被蛇咬着，环视两子正在垂死挣扎，他的精神和肉体都陷入莫大的悲愤痛苦之中。拉丁诗人维琪尔曾在史诗中咏述此景，说拉奥孔痛极狂吼，声震数里，但是发掘出来的希腊晚期雕像群著名的《拉奥孔》（现存罗马梵蒂冈博物院），却表现着拉奥孔的嘴仅微微启开呻吟着，并不是狂吼，全部雕像给人的印象是在极大的悲剧的苦痛里保持着镇定、静穆。德国的古代艺术史学者温克尔曼对这雕像群写了一段影响深远的描述，影响着歌德及德国许多古典作家和美学家，掀起了纷纷的讨论。现在我先将他这段描写介绍出来，然后再谈莱辛由此所发挥的画和诗的分界。

温克尔曼（Winckelmann，1717—1768）在他的早期著作《关于在绘画和雕刻艺术里模仿希腊作品的一些意见》里曾有下列一段论希腊雕刻的名句：

希腊杰作的一般主要的特征是一种高贵的单纯和一种静穆的伟大，既在姿态上，也在表情里。

就像海的深处永远停留在静寂里，不管它的表面多么狂涛汹涌，在希腊人的造像里那表情展示一个伟大的沉静的灵魂，尽管是处在一切激情里面。

在极端强烈的痛苦里，这种心灵描绘在拉奥孔的脸上，并且不单是在脸上。在一切肌肉和筋络所展现的痛苦，不用向脸上和其他部分去看，仅仅看到那因痛苦而向内里收缩着的下半身，我们几乎会在自己身上感觉着。然而这痛苦，我说，并不曾在脸上和姿态上用愤激表示出来。他没有像维琪尔在他拉奥孔（诗）里所歌咏的那样喊出可怕的悲吼，因嘴的孔穴不允许这样做（白华按：这里指雕像的脸上张开了大嘴，显示一个黑洞，很难看，破坏了美），这里只是一声畏怯的敛住气的叹息，像沙多勒所描写的。

身体的痛苦和心灵的伟大是经由形体全部结构用同等的强度分布着，并且平衡着。拉奥孔忍受着，像索福克勒斯（Sophocles）的菲诺克太特（Philoctet）：他的困苦感动到我们的深心里，但是我们愿望也能够像这个伟大人格那样忍耐困苦。一个这样伟大心灵的表情远远超越了美丽自然的构造物。艺术家必须先在自己内心里感觉到他要印入他的大理石里的那精神的强度。希腊具有集合艺术家与圣哲于一身的人物，并且不止一个梅特罗多。智慧伸手给艺术而将超俗的心灵吹进艺术的形象。

莱辛认为温克尔曼所指出的拉奥孔脸上并没有表示人所期待的那强烈苦痛的疯狂表情，是正确的。但是温克尔曼把理由放在希腊人的智慧克制着内心感情的过分表现上，这是他所不能同意的。

肉体遭受剧烈痛苦时大声喊叫以减轻痛苦，是合乎人情的，也是很自然的现象。希腊人的史诗里毫不讳言神们的这种人情味。维纳斯（美丽的爱神）玉体被刺痛时，不禁狂叫，没有时间照顾到脸相的难看了。荷马史诗里战士受伤倒地时常常大声叫痛。照他们的事业和行动来看，他们是超凡的英雄；照他们的感觉情绪来看，他们仍是真实的人。所以拉奥孔在希腊雕像上那样微呻不是由于希腊人的品德如此，而应当到各种艺术的材料的不同，表现可能性的不同和它们的限制里去找它的理由。莱辛在他的《拉奥孔》里说：

有一些激情和某种程度的激情，它们经由极丑的变形表现出来，以至于将整个身体陷入那样勉强的姿态里，使它的在静息状态里具有的一切美丽线条都丧失掉了。因此古代艺术家完全避免这个，或是把它的程度降低下来，使它能够保持某种程度的美。

把这思想运用到拉奥孔上，我所追寻的原因就显露出来了。那位巨匠是在所假定的肉体的巨大痛苦情况下企图实现最高的美。在那丑化着一切的强烈情感里，这痛苦是不能和美相结合的。巨匠必须把痛苦降低些；他必须把狂吼软化为叹息；并不是因为狂吼暗示着一个不高贵的灵魂，而是因为它把脸相在一难堪的样式里丑化了。人们只要设想拉奥孔的嘴大大张开着而评判一下。人们让他狂吼着再看看……

莱辛的意思是：并不是道德上的考虑使拉奥孔雕像不像在史诗里那样痛极大吼，而是雕刻的物质的表现条件在直接观照里显得不美（在史诗里无此情况），因而雕刻家（画家也一样）须将表现的内容改动一下，以配合造型艺术由于物质表现方式所规定的条件。这是各种艺术的特殊的内在规律，艺术家若不注意它，遵守它，就不能实现美，而美是艺术的特殊目的。若放弃了美，艺术可以供给知识，宣扬道德，服务于实际为某一目的，但不是艺术了。艺术须能表现人生的有价值的内容，这是无疑的。但艺术作为艺术而不是文化的其他部门，它就必须同时表现美，把生活内容提高、集中、精粹化，这是它的任务。根据这个任务各种艺术因物质条件不同就具有了各种不同的内在规律。拉奥孔在史诗里可以痛极大吼，声闻数里，而在雕像里却变成小口微呻了。

莱辛这个创造性的分析启发了以后艺术研究的深入，奠定了艺术科学的方向，虽然他自己的研究仍是有局限性的。造型艺术和文学的界限并不如他所说的那样窄狭、严格，艺术天才往往突破规律而有所成就，开辟新领域、新境界。罗丹就曾创造了疯狂大吼、躯体扭曲、失了一切美的线纹的人物，而仍不失为艺术杰作，创造了一种新的美。但莱辛提出问题是好的，是需要进一步做科学的探讨的，这是构成美学的一个重要部分。

莱辛对诗（文学）和画（造型艺术）的深入分析，指出它们的各自的局限性，各自的特殊表现规律，开创了对于艺术形式的研究。

诗中有画，而不全是画；画中有诗，而不全是诗。诗画各有表现的可能性范围，一般说来，这是正确的。

但中国古代抒情诗里有不少是纯粹的写景，描绘一个客观境界，不写出主体的行动，甚至于不直接说出主观的情感，像王国维在《人间词话》里所说的“无我之境”，但却充满了诗的气氛和情调。我随便拈一个例证并稍加分析。

唐朝诗人王昌龄一首题为《初日》的诗云：

初日净金闺，先照床前暖。
斜光入罗幕，稍稍亲丝管。
云发不能梳，杨花更吹满。

这诗里的境界很像一幅近代印象派大师的画，画里现出一座晨光射入的香闺，日光在这幅画里是活跃的主角，它从窗门跳进来，跑到闺女的床前，散发着一股温暖，接着穿进了罗帐，轻轻抚摩一下榻上的乐器——闺女所吹弄的琴瑟箫笙——枕上的如云的美发还散开着，杨花随着晨风春日偷进了闺房，亲昵地躲在那枕边的美发上。诗里并没有直接描绘这金闺少女（除非云发二字暗示着），然而一切的美是归于这看不见的少女的。这是多么艳丽的一幅油画呀！

王昌龄这首诗，使我想起德国近代大画家门采尔的一幅油画（门采尔的素描 1956 年曾在北京展览过），那画上也是灿烂的晨光从窗门撞进了一间卧室，乳白的光辉弥漫在长垂的纱幕上，随着落上地板，又返跳进入穿衣镜，又从镜里跳出来，抚摸着椅背，我们感到晨风清凉，朝日温煦。室里的主人是在画面上看不见的，她可能是在屋角的床上坐着。（这晨风沁人，怎能还睡?)

太阳的光
洗着她早起的灵魂,
天边的月
犹似她昨夜的残梦。

——《流云小诗》

门采尔这幅画全是诗,也全是画;王昌龄那首诗全是画,也全是诗。诗和画里都是演着光的独幕剧,歌唱着光的抒情曲。这诗和画的统一不是和莱辛所辛苦分析的诗画分界相抵触吗?

我觉得不是抵触而是补充了它,扩张了它们相互的蕴涵。画里本可以有诗(苏东坡语),但是若把画里每一根线条,每一块色彩,每一条光,每一个形都饱吸着浓情蜜意,它就成为画家的抒情作品,像伦勃朗的油画,中国元人的山水。

诗也可以完全写景,写“无我之境”;而每句每字却反映出自己对物的抚摩,和物的对话,表现出对物的热爱,像王昌龄的《初日》那样,那纯粹的景就成了纯粹的情,就是诗。

但画和诗仍是有区别的。诗里所咏的光的先后活跃,不能在画面上同时表现出来,画家只能捉住意义最丰满的一刹那,暗示那活动的前因后果,在画面的空间里引进时间感觉。而诗像《初日》里虽然境界华美。却赶不上门采尔油画上那样光彩耀目,直射眼帘。然而由于诗叙写了光的活跃的先后曲折的历程,更能丰富着和加深着情绪的感受。

诗和画各有它的具体的物质条件,局限着它的表现力和表现范围,不能相代,也不必相代。但各自又可以把对方尽量吸进自己的艺术形式里来。诗和画的圆满结合(诗不压倒画,画也不压倒诗,而是相互交流交浸),就是情和景的圆满结合,也就是所谓“艺术意境”。

赏读

书画同源,异体而同质。其“源”是指艺术创造中最本质的源——自然,耳得之而为声,目遇之而成色,它是天地不言的大美所在。而诗画虽有界,诗画却能有机地结合,“诗以有画境称善,画以有诗意为上”,这是中国传统美学的审美理想和标准。画境快于外源，而诗意更得于本心。曾在《蒙娜丽莎》原作前静坐默悟了一小时，被誉为“融贯中西艺术理论的一代美学大师”的宗白华先生，在《美学散步》中指出，“主观的生命情调与客观的自然景象交融互渗，成就的灵境是构成艺术之所以为艺术的‘意境’”。他将意境称为中国古代画家诗人“艺术创作的中心之中心”。

既是诗人又是画家的王维，把艺术中的诗与画予以融合，“明月松间照，清泉石上流”“渡头余落日，墟里上孤烟”，表现出中国画的传统特点。王维曾作一幅《雪中芭蕉》，皑皑雪地之上，一株滴翠的芭蕉令人惊诧地破土而出，仿佛是一缕希望、一个信念。然而热带的芭蕉是无法活在漫天大雪中的，这是自然早已设计好的樊笼，这也成为中国绘画史上备受争议的话题。诚然，这样的情景无法在现实中出现，但在艺术中又有何不可呢？心中的诗意是一个多么神奇的东西，“精于绘事者，不以手画，而以心画”，它可以冲破自然的樊笼，使大雪消融，让芭蕉经冬而不萎，造就一番生命卓拔的意境。正如王维自己在《山水论》中说的“凡画山水，意在笔先”，笔端在诗意的引导下游走。苏轼评王维的诗画“味摩诘之诗，诗中有画；观摩诘之画，画中有诗”，已是300多年后中国画意境充分发展的宋代了。

齐白石91岁时，以清代诗人查慎行的诗《次实君溪边步月韵》中一句“蛙声十里出山泉”为题，为老舍先生画了一张水墨画：远处两壁山涧的乱石中泻出一道急流，前后六只蝌蚪在急流中摇曳着小尾巴顺流戏水，活泼灵动。未画一蛙，却使人从视觉的感受中隐隐如闻远处的蛙声，和着清冷的泉水声，顺着山涧飘出了十里。真是画中有画，画中有诗，诗画并茂，声情相吻，虚实间联想无尽！

如若谈及诗情画意的联想，诗画交融，能相互映照、相得益彰最妙，这样的佳话时有流传，如“深山隐古寺”“踏花归去马蹄香”等。但既是两种不同类型的艺术表现，我们就不能只一厢情愿地顺着诗画相融相通的一个方向前去，而忽略其差异，隐掩其分流。我们的头脑中一定会在另一个方向有另一个声音等着我们去分辨，去聆听，那就是诗画统一、诗画同律的另一面——诗与画的分界。这就是思维辩证法中的一分为二：一切事物、现象、过程都可分为两个互相对立和互相统一的部分。

中国古有对王昭君之美“意态由来画不成”的遗憾，西方也有拉奥孔雕像以克制的微微呻吟，而刻意改变了史诗里那样的“痛极大吼”的经典形象，这是文章的主体部分。莱辛认为：美是艺术的特殊目的。画及其代表的造型艺术所要表达的就是美，美是画的最高规范；如果真实地表现史诗里那样的“痛极大吼”，那么在雕像瞬间凝固的直接观照里则显得不美。而诗歌因为阅读是一个时间流动的过程，且内容丰富而产生冲淡作用，故可以不回避某个瞬间的丑。前者唯美，后者求真，画与诗遵循着各自表现方式的内在规律，表现鲜明的界限。由此可知，画和诗各有各的特殊表现力和表现领域，不能替代。

在18世纪之前，欧洲美学一直认为艺术是模仿，造型艺术和诗的界限模糊。如希腊诗人西蒙尼德斯认为绘画是“无声的诗”，而诗则是“有声的画”。莱辛的《拉奥孔》对诗（文学）和画（造型艺术）的深入分析开创了对艺术形式特殊性的研究，对德国文艺界产生了革命性的影响。歌德在《诗与真》中说：“这部著作把我们从一种可怜的观看的领域里引到思想自由的原野。”

针对莱辛的主张“美是艺术的特殊目的”，宗白华先生在本文还补充了艺术形式中的另外两个特殊表现：一个是罗丹“失了一切美的线纹的人物”所创造出来的新的美的标准，一个是王国维“无我之境”中透过客观境界表现诗与画的统一。

法国雕塑大师罗丹的杰出作品《老妓女》塑造了老迈的妓女丑陋的身体；曾经让巴黎贵族们贪恋沉醉的柔媚温润的娇躯，如今枯瘦褐暗、佝偻秽恶，布满松弛垂坠、层层叠叠的褶皱。罗丹就是在这种畸形和残缺中以近乎残忍的内在的真实来震撼观众麻木的内心，使其感叹命途迥异，深思苦难之源……“在艺术中，有性格的作品才算是美的”，这是罗丹对美的内涵的丰富。这也是本文严谨思维的表现。

最后，通过将王昌龄的诗《初日》与门采尔的画相比较，来分析王国维“无我之境”中透过客观境界表现的诗与画的统一。王国维的“无我之境”的“无我”，即为王国维《叔本华之哲学教育学说》一文中讲的“无欲之我”，所谓“理想”与“写实”的关系。中国古典诗歌注重情与境的交融，诗中之画即是诗人透过情感的滤镜对境的描写。“无我之境”对应着古典诗歌中描写的写实版的客观境界，隐去了主体的情感，模糊了画面与理想的距离，如王维的诗《画》“远看山无色，近听水无声。春去花还在，人来鸟不惊”，本是静止的画却是一派声色鲜活、动静相衬的景象，把画卷外的读者引入无尽的遐想和向往之中，在这幅无我之境的画中充满了诗的气氛和情调。这是对莱辛诗与画分界观点的补充：诗与画有分界，各自又可以把对方尽量吸进自己的艺术形式里来，诗和画的圆满结合，就是情和景的圆满结合，也就是所谓的“艺术意境”。

无论是诗画同律，还是诗画异质，这只是结果的差异，而在过程中我们都需要思维的互补，既求同，又存异，一分为二地分析，兼听并容地思考，所谓“跳出三界外，不在五行中”，才能识得庐山之真面目。画和诗是有分界的，各有各的特殊表现力和表现领域，不能替代；各自又可以把对方尽量吸进自己的艺术形式里来。诗和画的圆满结合，就是情和景的圆满结合。

宗白华先生在这里还提出了两个非常关键而有效的思维拓展的角度：时间角度和空间角度。他指出：“雕像同画同是空间里的造型艺术”，诗“是属于在时间里表现其境界与行动的文学”。空间的层层拓展和时间的前后延伸，是我们深入思考、拓展思维的长效途径，同学们可有意识地进行这样的思维拓展训练，在熟能生巧中不断强化我们的思维能力。

和初学者谈“天”①

庞　朴

一对孪生青年朋友，昨晚来向我告捷，说是他们弟兄分别考中某名牌大学的中文系文学专业和历史系中国史专业，并要我向他们谈谈学习文史科目的注意事项。

我的谈话从玩笑开始。我说文和史，就好比你们俩兄弟，也是一对孪生子。前两年有人发现了据说是夏朝的文字，从那文字能说明许多夏朝的历史。这件事的准确性如何，人们还有争论。但关于甲骨文和商史的关系，大家都已公认了；周朝的许多史实，也是靠金文来证明的。稍后一点的《诗经》，是文学作品，同时也是历史记录，《左传》是历史记录，同时又是文学作品。再往后，司马迁这位学者，既是不朽的文学家，又是著名的历史学家。当然越到后来，文史二者的独立性越大，分别也越见明显；就好像孪生兄弟成年以后的情形一样。

这一番话说得俩兄弟嘻笑了好一阵。我接着说：你们该知道黄道带的双子宫和双子座吧！没想到，这一句话，把俩兄弟的笑容全给赶跑了，俩人你望着我，我望着你，面面相觑，不

① 选自1982年第2期《文史知识》。庞朴（1928—2015），江苏淮阴人，著有《沉思集》《儒家辩证法研究》《文化的民族性与时代性》等。

知所云。老大张着嘴，大概是等着我说下去；老二的左手直搓衣服底边，很有点不好意思。

我起先是以为自己失言，触痛了他们的隐私；后来仔细琢磨他们的神态，才知道是应该讲点知识了。于是取出天图，指给他们看双子座的星宿，告诉他们双子宫的现在位置和早先位置，以及它们的中国名称；并相约过两个月等太阳离双子座再远一些的时候，一起来看“他俩的星宿”。

从这一场小小的遭遇战中，我竟找到了一个大人的话题。我要谈学习文史科目的注意事项，咱们今儿晚上就先谈“天”吧。

要学好文史，必须知天，就是说要懂得一些起码的天文和历法知识。现在城市里长大的孩子，除了对太阳还多少有些感性认识外，对月亮的盈缺，便不甚了然了；至于星星，对不起，由于我们常见的星空不是大街上长长的一条，就是天井上方方的一块，再加上辉煌灯火的反照，连那些著名星座的排列和运行、颜色和大小，几乎都很少有什么知识可言。邻居孩子中有能指认出北斗和牛郎、织女的，便可算得上“天文学家”了。这种生活，对于即将学习文史专业的青年来说，是很不利的。

《日知录》的作者顾炎武说过：“三代以上，人人皆知天文”，“后世文人学士，有问之而茫然不知者矣”（卷三十“天文”条）。这是历史的必然。因为生活对于天文知识的需要性，越来越小了。但是要想成为一个好的文史学者，却不能不知天文，否则就很麻烦。譬如说，武王伐纣的年岁，古书上有说在文王十一年，有说十二年，也有说十三年的，真叫作莫衷一是，无可适从；另有一个地方说得比较具体：“昔武王伐殷，岁在鹑火，月在天驷，日在析木之津，辰在斗柄，星在天鼋。”（《国语·周语下》）可惜这里说的都是天象，如果没有天文历法方面的知识，还是干瞪眼，无法把它们换算成真正年月。又如屈原的生年，他自己说是“摄提贞于孟陬兮，惟庚寅吾以降”（《离骚》），他这个历法术语，首先得弄懂，懂了以后，想换算成具体的年代，还有许多事要做。这两个例子，前人都曾有过许多争论，到目前仍不好说完全取得了一致认识。

当然要真正做好这种换算，恐怕是专门家的事，不能要求每个文史工作者都能做得。可是起码的天文历法知识，却是必须具备的。否则，难免要闹笑话。

传说为柳宗元写的故事集《龙城录》中，说某人“天寒日暮”醉卧林间，与梅花变幻的女人共饮，“久之，东方已白”，“乃在大梅花树下”，“月落参横，但惆怅而已”。后来有人考证这部书是宋人假托的。不管书的版权归谁，这个晨梅参横的诗境，着实有几分魅力，以至在后来的诗词中，颇不乏人袭用。而这其实是个纰缪。因为冬天的早晨，根本无法看到参星！

去年七月下旬北京闷热，有人想起了“七月流火”的诗句，把这个“火”误会为“热”。正好那时上演一部叫《七月流火》的电影，又有人把这个“火”解释为“火星”。这都是由于不知天文而闹出来的笑话。其实这个“火”就叫“火”，或者叫“大火”；今天的学名叫“心宿二”；它是一颗星，通常却不称之为火星，以与行星的“火星”相分别。

当然闹笑话是难免的。知识的海洋实在太浩瀚了，谁也会有失手的时候。我们提倡学一点起码的天文历法知识，还不是为了怕闹笑话。更主要的，在于帮助学好文史专业。一部二十四史，差不多每一史都有天文历法的专卷。这些“天书”，不仅跟“列传”“本纪”比起来枯燥无味；就是比之“艺文”“食货”诸志，也是更好的催眠剂。所以许多人读史读到这里，往往不理不睬，一跃而过。这样做的结果，不仅是怠慢了“天书”本身，显然还要殃及其他篇章，那是不待言的。事情如果相反，如果不放过那些天书，认真地读它一读，逐渐地积累些知识，有条件时再系统地观察观察星空（我曾利用下放农村离开大城市灯火的机会，这样干过），那时便会兴趣盎然，而且会有意想不到的收获。下面我举一个例子。

《诗·小雅·正月》开头有这样两句：“正月繁霜，我心忧伤。”这两句诗很不好讲，因为正月理应下霜，何忧伤之来？所以注诗的人就说：“正月，夏（指夏历）之四月。”至于为什么夏之四月又叫正月，他没有说。

在《左传·昭公十七年》里，也有一段类似的记录。那年鲁国太史预测六月初一将发生日食，吩咐祝史准备“救日”仪式。执政季平子表示反对，说是只有正月初一发生日食才要举行仪式，其他月份无需。太史解释说：您所谓的正月，亦“在此月也，日过分（指春分）而未至（指夏至）”；您所谓的正月初一，也是“此月朔之谓也，当夏（指夏历）四月，是谓孟夏”。周历六月“当夏四月”，这话容易懂，因为周以十一月（冬至所在之月）为正月，或者叫建子；夏以一月（雨水所在之月）为正月，即今天我们所用的阴历或农历，也叫建寅。只是为什么周之六月即夏之四月也叫正月，这位太史却没有解释。

这就给后人留下了一个大难题，或者说留下了一个大谜。

汉唐两代一些经师。用阴阳八卦之类的思想来猜这个谜，提出了许多似是而非的说法，沿用了差不多两千年。其实并没有猜中。我在缺乏天文历法知识的早年，对他们的说法无从不予相信，甚至压根就未发生过怀疑。后来这方面的兴趣大起来了，读书不再绕开天文走了，再来接触这个难题的时候，没想到，竟然发现了一片新大陆。

原来，我们的祖先，在施行以太阳和月亮为准的各种阴阳历以前，从远古以来，曾施行过一种“火纪时焉”（《左传・襄公九年》）的较为粗疏的历法！

这个历法以大火昏见东方之时为岁首，大体上相当于春分的时候，合夏历四月或周历六月。在“刀耕火种”时代，这时是放火烧荒、进行播种的季节。古书上有“燧人察辰心而出火”的说法，就是这个意思。“辰心”即大火，“出火”即放火烧荒，“燧人”或者是指传说中的燧人氏，或者是后来叫作“火正”的那种负责观察大火授民以时的官员。

当然最初连这种官员都没有，人人都从事生产，因而人人都知天文。春天播种是一轮农事活动的开始。因而大火昏见很自然就成了岁首的标志。此后，有“火中寒暑乃退”的说法，即以大火在晨和昏时出现于正南方为寒暑由极而反的标志。“七月流火”的七月，已经是后来的夏历了，“流火”则是指“火中”以后的大火西行，它意味着寒来暑往，生活将一天天艰难起来。此外还有“火伏”（太阳到了心宿，大火晨昏皆不可见）、“火见”（大火晨见东方）、“晨正”（大火晨见正南）等种种标志，都有相应的农事活动要做。就这样，我们祖先的这一套以大火为指示星的农历，其实是一种“火历”；从巴比伦、印度的古老文化中，也能看到类似的事例。

这个“火历”，后来虽然被夏历、周历还有别的什么颛顼历等等取代了，但是由于它同农业生产的关系更为亲密，大概一直在民间使用着。“正月繁霜，我心忧伤”，可能就是农民的语言，这是火历正月，相当于夏历四月，此时繁霜，大不利于农事，所以要忧伤了。鲁国太史由于业务上的关系，当然也知道火历，所以他能说出火历正月在周历六月的话来。

这就是那个谜的谜底简况。1978 年我把这个想法发表出去，颇引起一些同好的兴趣。由此我便认定，学点天文历法知识，对于学好文史，看来是非常必要的。我自己是下放农村以后偶然学起来的，那时只觉得这门学问里面是非少一些，还缺乏必要的自觉性和目的性。你们兄弟如果以为我这一点浅显的经验还有点用处，不妨从一进大学开始就记住它。我相信，你们一定会从天文知识中得到更大的乐趣和益处。

最后，我们再回到双子。中国历法中的十二地支，子丑寅卯里面有个“子”，辰巳午未里面的“巳”，在甲骨文中也写作“子”。郭沫若说这同双子座有关。我看这就是上面说到的两个正月。子月或十一月是冬至月，后来叫作周历正月；巳月或六月是早先的春分月，即火历正月，所以也写作“子”。两个子字写法不一样，一胖一瘦，一个有“头发”，一个没有，这大概正是传说中主参商二星的“高辛氏二子”。参星胖，有“头发”，子月黄昏见于东方；商星瘦，没“头发”巳月黄昏见于东方，各代表先后两种历法的正月。你们俩兄弟正是一对双子，听了这些大概会特别感兴趣吧。

毕业于中国人民大学哲学系的庞朴先生，是著名的哲学家、历史学家、文化史家、中国思想史研究专家，是中国简帛学研究的开拓者之一，是儒学研究的泰斗人物，甚至他还是一种上古历法——火历的发现者，他在学术自传里说，他的选集分别收录了他“在宇宙规律探秘、中华文化鸟瞰和出土文献解读诸方面的零思碎想和浅见陋识”。从这一小段简介中，我们不能不为庞朴先生广博的视野、丰厚的学识、深邃的思想所敬叹折服！庞老也正是受益于此，所以才谆谆教诲：“要学好文史，必须知天！”

天，是中华文化信仰体系的一个核心，狭义仅指与地相对的天；广义上的天，即天理、自然之道，再引申为神旨、王权，因为宗教、统治者习惯于从天地宇宙间寻找某种天人对应的规律来增强信仰或权力的信度，古人心中的“天”甚至渗透到生活中的每一个角落，并逐渐使“天”神秘化，所以很大程度上服务于宗教和统治者的传统文化对天文多有所涉及。一些启蒙书籍对天文多有非常简单浅显的介绍，如《千字文》开篇曰：“天地玄黄，宇宙洪荒。日月盈昃，辰宿列张。寒来暑往，秋收冬藏。闰余成岁，律吕调阳。”《幼学琼林》亦有：“日月五星，谓之七政；天地与人，谓之三才。日为众阳之宗，月乃太阴之象。”

儒家经典《诗》《礼》《春秋》《尚书》都对天文学有所涉及，如《论语》中曰："君子有三畏：畏天命，畏大人，畏圣人之言。"甚至因迷信天象，还对天文学内容进行了描述，不少诗文中运用了各具个性的天文现象，如杜甫"人生不相见，动如参与商"以昼夜相隔的参宿与商宿形象表达了人生难以相见的悲伤。

由此可知，岂止是学好文史需要知"天"，实乃是学好文化需要知"天"，学会生活需要知"天"。在当下大数据时代，人工智能突飞猛进，技术重组眼花缭乱，没有任何领域还是一片世外桃源，旺盛的求知欲望和综合学习能力成为求学者的基本素质。教育家杜威主张教育即生活，"教育是生活的过程，而不是生活的预备"，所以终身学习，任重道远，新的机会更可能出现在边缘、夹缝和混合地带。世界经济论坛年度"全球青年领袖"王烁打了一个形象的比喻：我们必须成为知识的游牧民族，哪里水草丰美，就向哪里迁徙。随着自己的兴趣和需求，在知识的原野上，用旺盛的好奇心，四处奔跑。

《荀子》中说"居楚而楚，居越而越，居夏而夏，是非天性也，积靡使然也"，意思是说：居住在楚地就像楚国人，居住在越地就像越国人，居住在夏（雅正的地方）就使人夏（雅正），这不是天性，积累的习惯使他们这样。我们的思维也是在习近的环境和精谙的领域中融会贯通，在量变的积淀上更能焕发质变的精彩。文中庞朴先生所引用的众多古代文化中关于天文方面的事例，特别列举了关于"火历"的发现经过，这正是一个学贯中西学术泰斗厚积薄发、游刃有余的典范。因此我们求知就应该敏锐把握时代的脉搏，用心积淀生活的智慧，特别是要打破人为的学科壁垒，消除知识的隔膜，也就为视野的拓展奠定了基础，为思维层级的自由穿越插上了翅膀。

《读孟尝君传》三题

一篇八十八字的名作①

刘德斌

王安石的论说文《读孟尝君传》，全篇只有四句话、八十八字。它议论脱俗，结构严谨，用词简练，气势轩昂，被历代文论家誉为“文短气长”的典范。一生立志革新变法的王安石，十分强调文章要有利于“治教”，要有益于社会进步。他曾说：“治教政令，圣人之所谓文也。”又说：“且所谓文者，务为有补于世而已。”《读孟尝君传》这篇论说文，就是为“有补于世”而作的。很明显，抨击了“孟尝君能得士”的传统看法，自然就会使读者认识到，不能像孟尝君那样，徒有“好养士”的虚名，而没有济世兴邦的才能，应该脚踏实地为振兴国家作出具体贡献。《读孟尝君传》这篇文章所以能成为“千秋绝调”，为历代文学爱好者传诵、欣赏，就是因为它文极短而气极长，就是因为在如何看待“孟尝君能得士”的问题上，王安石有务出新意、发人深思的脱俗看法。

① 选自1981年第5期《名作欣赏》。

孟尝君，姓田，名文，是战国时齐国的公子，封于薛（今山东藤县南）。他与当时赵国的平原君，楚国的春申君，魏国的信陵君，都以“好养士”出名，称为“战国四公子”。孟尝君当时有食客数千，可谓宾客盈门、谋士云集了。但是，王安石却不以为然。他认为“士”必须具有经邦济世的雄才大略，而那些“鸡鸣狗盗”之徒是根本不配“士”这个高贵称号的。孟尝君如果真能得“士”，也就可以“南面而制秦”，又何必赖“鸡鸣狗盗”之力而灰溜溜地从秦国逃归齐国呢？被世人赞为“孟尝君能得士”的例证“鸡鸣狗盗”故事，正是孟尝君“不能得士”的有力佐证。因此，孟尝君只不过是一个“鸡鸣狗盗之雄耳”。王安石采取以子之矛攻子之盾的论证手法，一反“孟尝君能得士”的传统看法，无可辩驳地把孟尝君推到“鸡鸣狗盗”之徒的行列，使人耳目一新。真是寥寥数语，曲尽其妙，淡淡几笔，气势纵横，细细玩味，有很丰富的政治内容。

《读孟尝君传》作为一篇翻案性的论说文，并没有冗长的引证，长篇的议论，仅用四句话八十八个字，就完成了立论、论证、结论的全过程。

“世皆称孟尝君能得士，士以故归之，而卒赖其力以脱于虎豹之秦”为一立，开门见山提出议论的中心问题，即孟尝君能不能得士？“嗟呼！孟尝君特鸡鸣狗盗之雄耳，岂足以言得士”为一批，陡然一转，否定了“孟尝君能得士”的传统看法，提出了作者对孟尝君的评价，即孟尝君仅仅是个“鸡鸣狗盗之雄”，实在批得精巧，批得有力。“不然，擅齐之强，得一士焉，宜可以南面而制秦，尚何取鸡鸣狗盗之力哉”为一驳，驳“孟尝君能得士”，驳孟尝君“卒赖其力，以脱于虎豹之秦”，紧扣主旨，用事实驳斥了孟尝君能得士的表面性、片面性的看法，十分有力地证明，孟尝君是不能得士的。“夫鸡鸣狗盗之出其门，此士之所以不至也”，为一断，断“士以故归之”，断然肯定真正的士是不会跟孟尝君走的，这一断，如斩钉截铁，铿锵有力，字字警策，不容置辩。全篇紧紧围绕“孟尝君不能得士”的主旨，一立，一批，一驳，一断，一波三折，严谨自然，完整统一，强劲峭拔，极有气势。

王安石非常反对华而不实的文风，反对过于雕镂的文辞，主张“意惟求多，字惟求少”。他给祖择之书云：“所谓辞者，犹器之有刻镂绘画也。诚使巧且华，不必适用；诚使适用，亦不必巧且华。要之以适用为本，以刻镂绘画为之容已。”《读孟尝君传》这一篇论说文，谋篇布局严谨自然，遣词造句也极其简练，文简意深，完全符合其“要之以适用为本”的行文用词原则。

孟尝君自秦国逃归齐国，《史记·孟尝君列传》有较详细生动的描述，是历史上一个情节曲折令人爱读的故事。但是，王安石在《读孟尝君传》这篇文章中，没有引用孟尝君自秦逃归齐国故事中的任何情节，而是抓住最本质的内容，从大家所熟悉的“鸡鸣狗盗”成语着笔，这样，就省去了许多笔墨。“鸡鸣狗盗”这一成语，在文中共用了三次。第一次“特鸡鸣狗盗之雄耳”，是为破“孟尝君能得士”而用；第二次“尚何取鸡鸣狗盗之力哉”，是为破“卒赖其力，以脱于虎豹之秦”而用；第三次“夫鸡鸣狗盗之出其门”，是为破“士以故归之”而用。三次所用，各在其位，各有其非用不可的重要作用，所以，读来并不使人感到重复累赘，反觉抑扬顿挫，朗朗上口，津津有味。可见王安石用词的精妙真是达到炉火纯青的地步了。

名文未必无讹①

王子野

王安石的《读孟尝君传》全文不满百字，被历代文论家评为“千秋绝调”，誉为“文短气长”的典范。最近一期（1981 年第 5 期）《名作欣赏》上刊登的刘德斌的赏析，也完全赞同这个传统的看法。我倒有点不同的意见，未必正确，提出来讨论讨论。

王安石是唐宋八大家之一，留下不少诗文名作，这是人所共知的。但是名人的名作未必篇篇都是白璧无瑕，所以对名文不要迷信。他的这篇《读孟尝君传》就不是好作品。不管你怎么吹捧它“结构严谨，用词简练，气势轩昂”，也不管你怎么赞扬它“一波三折，严谨自然，完整统一，强劲峭拔，极有气势”，这些看法都是表面的、形式的。问题的实质是这篇翻案文章论证不稳，站不住脚。主要缺点在两方面：翻案没有事实根据，推论又不合逻辑。

孟尝君门下食客数千，什么样的人都有，既有鸡鸣狗盗之徒，又有士，如冯驩之类的人物，这在《战国策》和《史记》上都有详细记载。如果要

① 选自 1982 年第 2 期《名作欣赏》。

翻案就必须拿出新的材料来驳倒以上两部书的记载，否则这个案是翻不掉的。这正是问题的实质所在，避开它而翻案，只好想当然妄发议论：“嗟呼！孟尝君特鸡鸣狗盗之雄耳，岂足以言得士？”刘德斌对这种没有事实根据的议论不去批评，反而赞扬作者不引《史记》记载“省去了许多笔墨”，抓住了“最本质的内容”。

读历史书不为习俗之见所束缚，敢于以怀疑的眼光去探索问题，这种精神是可取的。王安石这篇文章可取之处仅此而已。但是他不依据事实去翻案就大错特错了。科学的态度要求实事求是，在这篇文章中王安石一点科学精神也没有，我们决不能跟他学。

论证问题当然离不开推论，但推论的大前提必须牢靠、稳固才行。“擅齐之强，得一士焉，宜可以南面而制秦，尚何取鸡鸣狗盗之力哉！”得士就不要靠鸡鸣狗盗之力这个大前提是站不住的。因此“鸡鸣狗盗之出其门，此士之所以不至也”的论据完全是主观臆断。刘德斌却认为这个断语“如斩钉截铁，铿锵有力，字字警策，不容置辩”。对不合理的论断为什么不可以辩一辩呢？

疑义相与析①

谢纯昌

北宋著名政治家、文学家王安石的名作《读孟尝君传》，言简意深，历代传诵。对此，王子野同志在《名文未必无讹》一文中提出批评。他说：“在这篇文章中王安石一点科学精神也没有。”他的理由是：“孟尝君门下食客数千，什么样的人都有，既有鸡鸣狗盗之徒，又有士，如冯驩之类的人物，这在《战国策》和《史记》上都有详细记载。如果要翻案就必须拿出新的材料来驳倒以上两部书的记载。”（引自《名作欣赏》1982 年 2 期）笔者不揣冒昧，斗胆来“翻上一翻”。

“鸡鸣狗盗之徒”不算“士”，王子野同志和笔者的意见一致，因而不再赘论。问题是“冯驩之类的人物”算不算“士”。根据《战国策》和《史记》的记载，冯驩确实是个很有才能的人物：他“矫诏以债赐诸民”，为孟尝君“市义”，使孟尝君罢相回薛时受到老百姓的热烈欢迎；他替孟尝君经

① 选自 1982 年第 5 期《名作欣赏》，有改动。

营“三窟”，使孟尝君重返相位，而且“为相数十年无纤介之祸”——但也仅此而已。孟尝君为相数十年，在治国安民方面有多少政绩呢？冯驩作为孟尝君的主要谋士，在治国安民方面给孟尝君出了多少主意呢？除了“以债赐诸民”在客观上减轻了薛地人民的负担外，还有什么值得大书特书的呢？而且“市义”也好，“三窟”也好，并不是为了国富民强，而是为了巩固孟尝君在齐国的地位；至于三次弹唱“长铗归来乎！”更不是为了国富民强，而只是为了冯驩自己生活上的满足。——正是根据冯驩的所作所为，王安石把“冯驩之类”逐出了“士”的范畴，而归之于“鸡鸣狗盗之徒”。在王安石看来，冯驩和“鸡鸣狗盗之徒”是同类，他们之间的差别，不过是“五十步与百步”而已。当孟尝君满足了冯驩“食鱼”“乘车”的要求后，冯驩向自己的朋友炫耀：“孟尝君客我！”——这不是一个追名逐利之徒的形象吗？

《读孟尝君传》指出：“擅齐之强，得一士焉，宜可以南面而制秦。”可见，王安石所说的“士”，不是仅仅“为知己死”的人，而是指目光远大、为国为民的人。在王安石心目中，能为国立功、为民谋利的人才算“士”，而为自己或为某一个人谋利的人并不算“士”。这从他的《答司马谏议书》可以看出。他说：“举先王之政，以兴利除弊，不为生事；为天下理财，不为征利”，“如君实责我以在位久，未能助上大有为，以膏泽斯民，则某知罪矣”。可见，王安石所谓“士”，是像他那样能为国兴利、膏泽百姓的人。在王安石看来，单纯为主子的个人安危荣誉出谋划策奔波效劳的人，如冯驩之流是不能列入士林的。因此，他不必“拿出新的材料来驳倒”《战国策》和《史记》记载的史实，便合乎逻辑地否定了孟尝君善养士的说法。

总之，《读孟尝君传》不愧为名家名作。其立论的精当，论据的典型，论证的精辟，“足以为后世法”，值得我们学习借鉴。

赏读

小时候很长一段时间里，电影或文学作品中的人物一出场，心中就有一种很强烈的“好人”与“坏人”的预期，而当时的影视作品人物的“脸谱化”也满足了人们对是非判断标准的需求。后来学校里考试的标准化命题，在非此即彼的选择题中更强化了这种对世界的简单一元化的认知。然而，世界的真相却远非我们想象的这么简单。

读《聊斋》的《画皮》，人们会毫不犹豫地唾弃王生之愚惑，“明明妖也而以为美”；但是看了当时有血淋淋“开膛挖心”画面的香港电影《画皮》之后，对其中朱虹饰演的小妖情感难免出现分裂，一面警惕其妖媚蛊惑，一面好感其古仕女画形象。然而再看周迅版的《画皮》，那个靠吞食人心滋养美颜、即将修炼成仙的女妖小唯为了救王生，最终让自己形神俱灭，这既是无法抗拒宿命的无奈，又何尝不是众生在生活中对于自己本心所执名利诱惑的艰难取舍呢？原来每个人的是非褒贬是多维而非平面的，对生命的敏感和对人性的关照也会随时空变化而发生变化。对于一件事情的判断，既是一种思维技能，体现一个人的思维水平；也是一种人格或气质，体现对人的个性的尊重，对美的内涵的兼容。

王安石这篇历代备受推崇的《读孟尝君传》，自然也受到名家的各类评议，归有光推之“文章简短，难得气长”，《古文观止》誉其“文不满百字，而抑扬吞吐，曲尽其妙”，金圣叹更是敬其风骨“凿凿只是四笔，笔笔如一寸之铁，不可得而屈也”，一如“天变不足畏，祖宗不足法，人言不足恤”。为了扭转北宋积贫积弱的局势，实现富国强兵的目标，王安石以其改革家的勇气和眼光，顶住压力，排除阻力，力主改革。在激烈的论辩及斗争中借古人的事例来抒发自己锐意变革的决心，旗帜鲜明地亮出耳目一新、敢于挑战世俗的振奋主张：孟尝君并非“足以言得士”——这是从特定的时空背景下解读作者创作的动机。

本文选取的三篇对《读孟尝君传》的评议，自然是各人对同一事件从不同角度表达自己的观点。文章中充分的史实史料考证和逻辑推理需要读者投入更多的关注。此外，我们还应该注意，这三篇在《名作欣赏》上的探讨争议，发表的时间是1981年5月至1982年5月，我们还要从30多年前的时空背景下来分析孕育评论者观点的时代土壤是什么。

1978年10月《光明日报》发表了《实践是检验真理的唯一标准》，开展了真理检验标准的大讨论，1979年10月第四次中华全国文学艺术工作者代表大会标志着“文化大革命”之后文艺界的全面解冻，1982年9月召开的中国共产党第十二次全国代表大会，在1978年十一届三中全会的基础上进一步肃清了十年内乱所遗留的消极后果，在指导思想上完成了拨乱反正的艰巨任务，在学术上逐步清除“左”的影响，以观念上的破冰为改革开放奠定思想基础。1981年5月发表的第一篇刘德斌的《一篇八十八字的名作》，文章肯定了王安石“不以孟尝君能得士”的观点，如果说这是以延续传统观念的文学评论的方式来中规中矩地为改革家王安石唱赞歌，那么1982年2月发表的王子野的《名文未必无讹》则以一挑战者的勇气，对孟尝君“不能得士”从论证上提出了对名篇的怀疑，一是“翻案没有事实根据”，二是“推论又不合逻辑”，质疑王安石缺乏实事求是的科学态度，鼓励读者“读历史书不为习俗之见所束缚，敢于以怀疑的眼光去探索问题”，学术探讨的意味益浓。1982年5月《名作欣赏》再发表了谢纯昌的《疑义相与析》，这篇文章在“士”的标准这一问题上以“冯驩之类的人物”算不算“士”作为突破口来再“翻一翻”，再次否定了“孟尝君善养士”的说法。

这场对“孟尝君是否得士”的学术探讨中结论是什么于我们已经不重要了，其精彩在于在肯定—否定—否定之否定的争鸣过程中，我们感受到了思想碰撞的魅力，享受了思想飞扬的自由，获得的经验是如何在时空轴的立体空间中多元、多角度地发散批判性思想的触角，在尊重他人、美人之美的同时，兼容并蓄，协作共进，构建横向交流积极的学习共同体，用一种思想去碰撞另一种思想的闪烁星火点亮创新思维的星空。

另再附一篇1991年6月发表于《语文辅导》（华南师范大学中文系成人教育研究室编辑）1991年第三期“学术论坛”上的《〈读孟尝君传〉新探》，我们还可以从逻辑的角度来看看其论证过程，供大家比较欣赏。

附：

《读孟尝君传》新探①

华南师范大学中文系成人教育研究室

一、难以成立的论证

读古人的议论文，有时会发现这种现象：从章法上看，谨严而多姿；而从论证上看，则往往因其论据不尽可靠，使整个论证难以令人信服。王安石的名篇《读孟尝君传》竟也不免如此。

《读孟尝君传》章法上的成功，早经许多人作了精辟的分析，已无需赘言。这里只是试图对《读孟尝君传》的论证方面作一点分析。

---

① 选自1991年第3期《语文辅导》。

非常遗憾，王安石在《读孟尝君传》中对自己提出的“孟尝君特鸡鸣狗盗之雄耳，岂足以言得士”这一观点所作的论证是经不起推敲的。王安石在论证自己这一观点时，使用的是这样一个假言推理：

擅齐之强，得一士焉，宜可以南面而制秦，尚何取鸡鸣狗盗之力哉；

孟尝君擅齐之强而未能南面而制秦，赖鸡鸣狗盗之力以脱于虎豹之秦；

所以孟尝君未能得士。

这是一个否定式充分条件假言推理。它完全符合充分条件假言推理关于否定后件就否定前件的规则（如果 p，那么 q；非 q，所以非 p）。就推理形式而言，它是正确的、无懈可击的。但是，作为论证来说，则是难以成立的。因为形式逻辑的推理只断定前提与结论间的逻辑关系，并不要求断定前提与结论本身的真实性；而作为论证来说，它就不但要求论据与论点间要有必然的联系，而且要求这些论据必须是真实性已经确定了的，否则论证就难以成立。而在上面这个使用假言推理的演绎论证中，“擅齐之强，得一士焉，宜可以南面而制秦”这一论据，其真实性却是未经确定也难以确定的。

贾谊《过秦论》说过：“当此之时，齐有孟尝、赵有平原、楚有春申、魏有信陵。此四君者，皆明智而忠信，宽厚而爱人，尊贤而重士，约从离衡，兼韩、魏、燕、楚、齐、赵、宋、卫、中山之众。于是六国之士，有甯越、徐尚、苏秦、杜赫之属为之谋；齐明、周最、陈轸、召滑、楼缓、翟景、苏厉、乐毅之徒通其意；吴起、孙膑、带佗、倪良、王廖、田忌、廉颇、赵奢之伦制其兵。尝以十倍之地、百万之众叩关而攻秦。秦人开关而延敌，九国之师，逡巡遁逃而不敢进。秦无亡矢遗镞之费，而天下诸侯已困矣。”此话虽有不少夸张藻饰的成分，不尽可信，但六国几次合纵攻秦而一再失败毕竟是事实。例如公元前 318 年，楚、韩、赵、魏、燕、齐六国就曾以楚怀王为纵长，合兵攻秦；此后，韩、赵、魏、燕、齐又曾联合匈奴共攻秦，而两次均为秦所破。擅六国合纵之强，且人才济济，尚不能南面而制秦，“擅齐之强，得一士焉，宜可以南面而制秦”的论断岂不是很可怀疑吗？

战国时七雄纷争，秦之所以胜，六国之所以败，有其政治、军事、经济、外交、历史、地理等多方面原因，并非取决于一时一士的利用与否。正如慎子所说的：“故廊庙之材，盖非一木之枝也；粹白之裘，盖非一狐之皮也；治乱安危，存亡荣辱之施，非一人之力也。”（《慎子·知忠篇》）我们不应当脱离特定的历史条件过分地强调个别人才的作用。另外，还要考虑到封建社会中君臣遇合这个复杂而重要的问题。孟尝君毕竟只是齐闵王的臣子，而齐闵王对孟尝君又一直是诸多猜忌的。《史记·孟尝君列传》里说："齐王惑于秦、楚之毁，以为孟尝君名高其主而擅齐之权，遂废孟尝君。"可见，孟尝君能得士并不等于齐王能用士。何况即使齐王能用士，当时也没有"得一士焉，擅齐之强，宜可以南面而制秦"的客观条件。当时诸侯国间的斗争并不限于秦、齐两国之间。秦、齐与其他诸侯国间各有着种种复杂的利害关系，使得当时的斗争形势异常复杂。以下事实便足以说明这一点：齐闵王26年（公元前298年），齐、韩、魏共击秦；而齐闵王40年，则是秦、韩、魏、燕、赵共击齐。由此可见，在当时那样复杂的国际形势下，企图凭一时一士之用以解决秦、齐两大国间的胜负问题是不可能的。再说，当时如果真有像王安石说的那种"士"的话，那么，天下之大，又岂至于一人而已。倘若齐有可能凭一士之用以南面制秦，秦又何尝不能凭一士之用以南面制齐呢？当六国用苏秦以合纵西向之时，秦不是也用张仪以连横加速了纵散约解吗？可见，所谓"得一士焉，擅齐之强，宜可以南面而制秦"，这只不过是作者大胆的臆断罢了。王安石以这种令人难以置信的臆断作为论据，其论证当然也就难以成立了。

之所以如此，主要是因为王安石过分强调了士的作用，用以衡量士的标准定得太高，远远脱离了特定的历史条件，脱离了实际。要是按照他的标准去取士的话，不要说孟尝君门下找不出这样一个士来，恐怕当时根本就不可能有这样的士存在。

需要说明的是，我们上面所作的论述只是指出了王安石所作的论证难以成立，但并没有否定王安石的观点。因为论据不可靠，论证不能成立，并不等于所论证的观点就一定不对。我们认为，王安石以其改革家的眼光从新的角度用新的标准去看待士，从而提出孟尝君未能得士的观点，并不是没有意义的。尽管他取士的标准定得太高、不切实际，但我们也无需因此就否定其关于"孟尝君特鸡鸣狗盗之雄耳，岂足以言得士"的观点。因为它不但从一定角度反映了孟尝君的某些方面（如未能得到一个贤能智力卓荦之士而有所作为），而且反映了王安石的立意高远，表现了一个"中国十一世纪时的改革家"（列宁语）的远大抱负、豪迈的气魄，令人耳目一新，令人为之感奋。《读孟尝君传》之所以能够脍炙人口，除了其章法、气势上的成功以外，也未尝不是得力于其立意之高、气魄之大。

二、并非“翻案之作”

《读孟尝君传》往往被人当批驳旧说的翻案文章来阅读。不少人还把它视为一篇典范的驳论文，认为王安石通过证明自己的观点间接地反驳、否定了世俗的观点，推倒了“孟尝君能得士”“这一历史铁案”。这是不符合作品实际的。且不说王安石对自己的观点所作的论证无法成立，退一步说，即使它可以成立，也不等于说就驳倒了所谓“孟尝君能得士”这一观点。我们知道，用证明一个观点来否定另一个观点的间接反驳，它要求这两个观点应是互相矛盾、互相排斥的。否则，即使肯定了其中的一个观点，也只不过是提出和证明了这一个观点而已，却无法因此就否定另一个观点。在《读孟尝君传》中，“孟尝君能得士”与“孟尝君特鸡鸣狗盗之雄耳，岂足以言得士”（也就是“孟尝君未能得士”）这两个观点或者说判断，表面上看来是互相矛盾，互相排斥的。其实则不然。

我们知道，在古籍中，“士”这个词的使用频率还是比较高的，而且古人常常用它来表达不同的概念。有时，“士”指的是一定的社会阶层（战国时期，“士”是在统治阶级中处于公卿大夫之下的一个社会阶层。其构成成分相当复杂。历史学家范文澜先生在其《中国通史简编》中曾将这个阶层的成员分为四类，鸡鸣狗盗一类的食客即属其中第四类）。有时古人又用“士”来指称一般的读书人或那种身具一德一艺者。王安石自己就曾用“士”这一语词来表达不同的概念。例如，在其《上皇帝万言书》中，他就曾说过：“士之才有可以为公卿大夫，有可以为士。”在这里，前后两个“士”便不是同一概念。二者外延宽狭不一。前者包括了其才“可以为公卿大夫”与其才不足以为公卿大夫的两类人物在内，外延较宽；而后者与“公卿大夫”对举，显然只是指那才不足以为公卿大夫的一类人物，外延较狭。《读孟尝君传》中，“世皆称”的“孟尝君能得士”的“士”与王安石所谓“孟尝君特鸡鸣狗盗之雄耳，岂足以言得士”的“士”，二者的外延也是宽狭不同的。前者指的是属于一定社会阶层中的各色人物，并不排斥鸡鸣狗盗之徒，其外延较宽；而后者则只是指那种具有匡时济世之才，能辅佐孟尝君擅齐之强而南面制秦的杰出人才，就连冯谖这样出色的谋士也不在其列，更不用说鸡鸣狗盗之徒了，其外延显然狭窄得多。可见，在“孟尝君能得士”与“孟尝君特鸡鸣狗盗之徒耳，岂足以言得士”（即孟尝君未能得士）这两个判断中的“士”也是名同实异的，也是用同一语词表达的两个不同的概念。因此，这两个判断的逻辑形式就不是分别为“s 是 p”与“s 不是 p”而是分别为“s 是 p”与“s 不是 q”。可见这两个判断并不存在 A 与非 A 的矛盾关系。这两个判断，前者说的是孟尝君深得士（包括鸡鸣狗盗之徒的士）的拥戴，招致了许多食客；而后者则说的是孟尝君招致的士无一有匡时济世之才。它们分别从不同的角度、层次反映了孟尝君“得士”的不同方面，同样有助于我们对孟尝君获得全面而深刻的了解。它们是可以并行不悖的。如果说《读孟尝君传》是旨在批驳“孟尝君能得士”这一旧说的话，那么，王安石不但没有能够达到自己的目的，而且还不免有转移论题或偷换概念之嫌。因为王安石所否定的，如前所述，实际上并不是“孟尝君能得 p（‘世皆称’之‘士’）”而是“孟尝君能得 q（王安石所称之‘士’）”。

《史记·孟尝君列传》里写道：“自齐王毁废孟尝君，诸客皆去。后召而复之，冯谖迎之。未到，孟尝君太息叹曰：‘文常好客，遇客无所敢失，食客三千有余人，先生所知也。客见文一日废，皆背文而去，莫顾文者。今赖先生得复其位，客亦有何面目复见文乎？如复见文者，必唾其面而大辱之。’”冯谖则指出“富贵多士，贫贱寡友”并不足怪，劝孟尝君不要“怨士而徒绝宾客之路”，要“遇客如故”。（按：这里“士”与“食客”“宾客”同义换用。“世皆称孟尝君能得士”的“士”与这里说的“士”才是同一概念）这就说明，并非孟尝君能得士，而是其富贵能得士；这也说明孟尝君门下之士大都是些趋炎附势之徒。这一材料对于批驳“孟尝君能得士”的旧说，不但针对性强，而且极为有力。倘若王安石果真意在否定旧说的话，有此现成材料何不用之？

是不是王安石真的认为只有那种有经天纬地、匡时济世之能的杰出人才方可称士，因而认定孟尝君门下之客都不足称士呢？不然。王安石自己就说过：古之人君“铢量其能而审处之，使大者小者长者短者强者弱者无不适其任者焉。其如是，则士之愚蒙鄙陋者，皆能奋其所知以效小事，况其贤能智力卓荦者乎？”（王安石《材论》）可见王安石并不否定士有贤智愚鄙之分。既然王安石并不否认有愚蒙鄙陋之士，且对其“能奋其所知以效小事”持肯定态度，那为什么又要如此贬斥孟尝君门下之客呢？原因就在于王安石写作《读孟尝君传》并不是旨在推翻“孟尝君能得士”的旧说，而是借评论历史人物以抒自己的心志，寄托自己的政治抱负。据《宋史·王安石传》所言，王安石是“果于自用，慨然有矫世变俗之志”的人物。王安石曾在其《上皇帝万言书》中说过：唐太宗贞观之初，“能思先王之事以开太宗者，魏郑公一人尔。其所设施虽未能尽当先王之意，抑其大略，可谓合矣。故能以数年之间而天下几致刑措，中国安宁，蛮夷顺服，自三王以来，未有如此之盛也”。在王安石看来，唐太宗在数年之间能使天下“自三王以来未有如此之盛”是因为有了魏郑公“一人”，而孟尝君未能擅齐之强而南面制秦则是由于未能得“一士”。王安石如此强调“一人”“一士”之用，显然不是只为着褒贬古人古事，而是概然以此“一人”“一士”自许，希望能得到朝廷重用以展其宏图。可以说，《读孟尝君传》实在不是一篇纯粹的史论，并非就事论事之作，而是借题发挥，在旧说的基础上标立新观点抒情寄志之作。其间寄托着作者的理想、抱负。因此我们不能将其看作一篇辩驳性的议论文，不能将其视为旨在推翻旧说的“翻案”文章。

有必要加以指出的是，王安石用拔高“士”的地位与作用的做法来批评尝孟君，就抒情寄志而言，这当然是无可厚非的，但从论证的角度来看，则未免有些欠科学了。

作品

《三体》、科幻及武侠[①]（节选）

林　岗

去年笔者有幸被邀做评委，参评《课堂内外》杂志举办的全国创新作文决赛。记得作文的阅读材料选自刘慈欣科幻小说《三体》系列的第二部《黑暗森林》，即重庆版小说的第414至418页。内容讲述宇航星舰“自然选择号”在燃料将尽，是等命运的判决还是主动攻击附近星舰以获取燃料，让参赛者以“我们应该怎样选择”为题写篇作文。这本是借题发挥的好材料，因为它展示了一种与人类伦理准则陌生的场景，而人完全有可能因良知的困扰而难以抉择。然而不知什么原因，笔者看到的作文卷子里，能够领悟这段故事真实含义的作文一篇也没有。其实，人在零和博弈的情形下应该怎样选择，本来是非常简单的。也许参赛者被小说渲染的生死关头的严峻性所迷惑了，或者参赛者被语文教育里强大的人文情怀所熏染，多是联想到哈姆雷特式的生存还是毁灭的犹豫彷徨，大发感慨。有的叹息仁慈的美德世上少有，有的抒发前途茫然出路何在的悲苦之情。高年级学生是科幻小说读者的一个大类，科幻粉众多，

① 选自2016年第5期《小说评论》。林岗，1957年生，广东潮州人，著有《明清之际小说评点学之研究》《传统与中国人》等。

尚且如此，便让笔者觉得有令人惋惜的遗憾。刘慈欣隐藏在科幻外衣之下的精义没有被发现。

进入新世纪以来，中国科幻突然发力。《三体》连印数版，继而获得国际科幻界最高奖“雨果奖”。这是一个标志性的事件，意味着中国的科幻创作终于渡过晚清民国年间那种有名无实的幼稚阶段，也渡过了20世纪里相当长一段时间的几乎空白期而最终臻至成熟。中国作家能够写出令人刮目相看的一流科幻，这是一件意味深长的大事。一个国家能够产生一流的科幻小说，意味着一国的科技实力亦堪称世界一流。因为一个国家的科技状况与一国的科幻创作息息相关，命运休戚与共。君不见19世纪中期至20世纪初期，西欧国家尤其是英法，首先创出科幻小说。法国作家凡尔纳被称为“科幻小说之父”，继而英国作家H. G. 威尔斯声誉鹊起。而那个时候的英法当然是执世界科技牛耳的国家。但“二战”之后，科幻的风流就漂至大西洋彼岸的美国。阿西莫夫的“银河帝国系列”横空出世，正应了世运流转，坐实了美国雄踞世界科技实力之首的事实。中国的科技传统本来薄弱，尤其是现代实验科学的发生是近世西风东渐的结果。看看晚清的科幻，数量虽然众多，但不脱“海客谈瀛洲”的口吻；虚构所指向的既不是科技知识，也不是伦理探索，而是社会改造和政治阴谋。由此可知那时中国的科技是多么的可怜和不上道。至于其后科幻的阙如，那是文艺思潮和意识形态制约的结果。20世纪80年代之后，经历数十年的发展，科幻写作从涓涓细流到蔚为大观，背后的亦正是中国科技大步赶上，终于可与世界一流科技强国比肩。科幻的成熟改变着当代文坛的版图，带来了新的表现视角，催生了新的阅读趣味和读者。从这个意义上说，它值得批评界的关注。

一

笔者认为，小说是可以分为若干个文类来认识的，不同的文类在生成和演变过程中形成不同的惯例和传统，于是显示出不同的面貌。例如流行文类和严肃文类就是一种划分。与严肃文类相比，流行文类是有一些程式套路的，而严肃文类则没有这个特征。如武侠小说属于流行文类，而凡可称之为武侠小说的，必写江湖，亦必有奇侠和武功。写作符合这三大程式套路的，庶几可归入武侠文类。江湖虽与严肃小说所写的故事环境不排除有几分相似，但是小说所写的环境必须可被称为江湖，至少必符合读者观念中的江湖，才足配被视为武侠小说的环境。又如武侠小说中的人物，虽然也与常人一样有七情六欲，但必不食人间烟火，必有令凡人匪夷所思的武功，才可以被称为奇侠。我们以这种眼光来衡量，金庸武侠中《射雕英雄传》就比《鹿鼎记》更加像武侠小说。原因便在于后者的主要人物韦小宝不但没有武功，而且行为几近无赖。作者虽然有虚构各种人物的“特权”，但既然离开了文类所要求的程式套路，远离了武侠小说的传统规范，没有奇侠，也缺乏武功，于是《鹿鼎记》便成了褪了底色的武侠。

以文类的观点来看科幻小说，它显然不能归入严肃文类，而更像流行文类的一种。原因在于科幻小说也表现出强烈的固定程式和套路的特征。例如小说故事和人物所构成的环境，一定是一个未来世界。这个未来世界虽然也是脱胎于今天的现实世界，但它并非如同严肃文类所展现的世界那样，是现实世界的另一个版本。科幻小说的未来世界是与现实世界脱节的诉诸科技成就基础之上的纯粹想象世界，而科幻小说中的人物角色，也千篇一律地不食人间烟火，他们过的是科技生活而不是日常生活，他们更像“科技人物”而不是像我们一样有血有肉的人。还有，科幻小说必不可少的另一个元素就是令人眼花缭乱的科技。就像没有功夫就没有武侠一样，没有科技元素也就没有科幻。如同武侠里的功夫令人匪夷所思一样，科幻小说里面的科技也同样令常人匪夷所思。笔者以为，一本好的科幻就是能将未来世界、科技英雄和想象的科技这三大固定程式和元素花样翻新，发挥到淋漓尽致的程度。如果用这个标准看《三体》系列，它的未来世界和科技元素堪称别创新意，而小说的“科技人物”则稍有逊色。

小说的未来世界暂且按下留待下文。刘慈欣笔下的人物在流行文类的标准下虽然也算过关，但还是觉得不够丰满而显得粗糙。不过笔者亦怀疑自己是套用了严肃文类的标准看科幻，合理性不高。写人本来就不是流行文类的长处，盖因流行文类必须情节足够地离奇曲折，布局要出乎读者想象之外，用离奇的故事产生出来的趣味吸引读者，如此才能以娱乐要素取胜。如此一来，人物当然要围绕着故事情节而不是故事情节围绕着人物塑造。情节需要优先，人物召之即来，挥之即去。人物之存亡，端看故事的需要。这种写法当然是对塑造人物尤其是能够立得起来的人物是不利的。还有一个原因就是当我们以人物性格的丰富性、生动性来衡量一部作品的时候，其实已经暗含了这部作品所表现的生活场景与我们已经有过的或正在过的生活是具有相似度的前提在内。其相似度越高，作家所写的人物形象的丰富和生动的可能就越大。但这恰恰是流行文类与严肃文类差别最大的地方。要在一个和人类已经有过的或正在经历的生活几乎没有相似度的场景之下来表现文学形象的丰富性和生动性，来塑造有血有肉的性格，这个要求也太过强人所难了。所以，笔者以为，向科幻小说提出类似于严肃文类的那样的写人物要求，是不符合实际的。但因写人的缺陷而认为科幻小说不入流，也是有问题的。

刘慈欣对自己写人物是有比较高要求的，光有生动的故事并不能满足他的自我期待。从《黑暗森林》的上部“面壁者”中白蓉一段对西方文学潮流的议论看，刘慈欣对文学的抱负是远大的。他写的是流行文类，但他的文学理想却不是流行的。《三体》第一部的人物叶文洁和第二部的章北海，都是他着意经营而写得比较好的人物。刻画叶文洁的时候，刘慈欣既写出了她对科学探索的热情，也写出了她作为科学家的无知和幼稚。无知和幼稚叠加在一流天文学家的身上，似乎是违背常识的。可是刘慈欣就是通过曲折离奇的故事将叶文洁身上专业素养和对人性幼稚无知的两面都写了出来，安排得合情合理。周遭社会的消极现象，环境恶化、大气污染、森林减少、食品污染，总之与技术进展以及财富增长相联系的活动都被叶文洁归结为人类文明的堕落，而“文化大革命”年代的个人家庭遭遇和社会乱象更加强了此种印象。她在红岸基地被监视使用期间，得益于专业素养而暗中与外空间的三体文明发生联系，由此而萌发借助外星文明来拯救人类文明的“狂想”，进而加入三体文明在地球人类社会中的“第五纵队”。想法是可爱的，人类文明也的确存在种种因为拥有巨大的自然支配力与难以克制的贪婪而产生的弊端，称之为堕落亦未尝不可。但将未知的外星文明当作毫无疑问的拯救力量，为人类社会带来的风险就远远超过了历史上各种各样的乌托邦。叶文洁可爱的想法里夹杂着惊人的幼稚和无知。她算不上坏人，是善者里的弱智者。刘慈欣塑造这样一个科学家的形象，有助于对科学的祛魅，也有助于打破那些普通读者将科学家想象为无所不能的幻象。这样看来，刘慈欣写人物的时候，一定注意到一个很重要的技巧：写这一面的时候也不忘与之相反或相对的另一面。有知与无知，聪慧与幼稚巧妙地结合在叶文洁的形象里。对于章北海，刘慈欣也是如法炮制。行伍出身的章北海聪明、理性，做事果敢，这非常符合军人的品质。他以军人的责任为天职，早早看出了人类星舰群在三体人面前不堪一击的现实，果敢骑劫星舰，一人背起逃跑主义的指责。可是他所在的“自然选择号”最后竟然失败于章北海的片刻犹豫。迟了三秒，于是葬身太空。他料想到现实的残酷，但没有料想到现实这么残酷。展示人物性格的复杂性，这本不是科幻文类的长处，但刘慈欣别出心裁逆流而上。笔者推想，这是良好的严肃文学的教养使之然的。

老实说，《三体》吸引我的不是人物，相信其他读者与我相去不远。小说里写得最吸引读者的是种种想象的科技，这也是小说趣味盎然的地方。笔者阅读之际，禁不住联想起了武侠小说里的功夫。我们可以把科幻里的科技元素看成是一种诉诸想象力的“科技功夫”。和武功一样，“科技功夫”也不是一点现实的谱都没有。武功有各种堪称“国技”的拳术做基础，武当拳、少林拳、南拳、北拳，这些都有凭有据。移到武侠作家的生花之笔下，什么“九阴白骨爪”“凌波微步”“降龙十八掌”“万佛朝宗”，你就连边都摸不着了。莫说读者摸不着边，就连作者也纯粹“纸上谈兵”。但读者只要能诉诸想象，便觉奇妙无穷。科幻里的“科技功夫”也一样，它是在人类已有科技成就的基础上加以想象伸延的产物，一半是现实，一半是“科技把戏”。如计算机、器官冷冻保存、激光武器、发射轨道飞行器、纳米制品，这些已经达到的科技成就读者是可以理解的。但到了刘慈欣的笔下，智慧甚于神的质子计算机“智子”、闲时冰冻保存忙时解冻复活的人生、杀人于无形的“次声波氢弹”、漫游太空的星舰、无坚不摧的“纳米丝”和“水滴”、在三颗恒星的星系上生存的智慧生物“三体人”，这些都是读者经验所不能抵达的，与作者一样读者只能用想象力把玩其中的精妙。不过科幻的魅力正在于此，因为科技的本质是向着未来的，今天人类科技的成就推动了对未来科技状态的畅想。经验虽然不能抵达，但正是想象力可以大展宏图的广阔天地。科幻文学所以出现，正是在这一点上深契现代人的心理。不过，“科技功夫”与武功有一点不同。武功是奇侠习武而拥有的个人能力，它们与具体的人融为一体，而“科技功夫”是一种社会能力。故武功写得好有助于刻画人物性格，而“科技功夫”写得再传神，对刻画人物无所助益。所以科幻里的科技元素更是一个与人物性格相对的独立规范。也许正是这个原因，作者本身的科技素养是“科技功夫”好坏、成败的一个决定性因素。武侠小说的作者可以没有真功夫的素养，但科幻小说作家若是没有真科技的素养，那便只能写出《哈利波特》式的魔法小说。现代武侠史上，旧派、新派武侠的代表作家李寿民和金庸都是没有真功夫的人，但他们笔下的功夫却写得出奇地好。难以想象如果刘慈欣没有远超常人的科技素养而能将小说里的“科技功夫”写得那么好。刘慈欣笔下的“科技功夫”，魔法其形而科学其质，既有魔法的玄妙莫测，又有科技的有根有据；表面看那些“科技功夫”神奇到神龙见首不见尾，细细想来却又合乎人类科技所取得的进展。刘慈欣笔下的科技元素被称为“硬派科技”，这确实是恰如其分的评价。

二

科幻文类最引人注目的是它将故事展开的环境设定为一个人类尚未经验到的未来世界。作为故事背景的未来世界，它既是科幻文类要求的程式，也是科幻文类的一大特征。凡科幻小说即离不开写未来世界，而且这个未来世界是基于人类已有经验的未来世界，不是纯粹的乌托邦，它要求作家写出人类文明可能到达的那种未来感。

人天生是关注未来的动物。而人想象和猜测自己社会的未来，严格地说并非始自科幻。那么，好的科幻所设想的未来世界与以往哲人圣贤所构想的“美好社会”有什么区别呢？古代儒家有所谓“大同世界”的说法。就政治理想而言，它无疑是现实应该通往的路向，然而儒家的“大同”世界并非真的未来世界，因为圣贤把它安放在已经消逝的年代。就像人死不能复活一样，“大同”世界的失坠意味着它不可能再次出现，活人只能以之为样本为之奋斗。往后看而朝前走，这就是儒家的“大同”理想。很显然它是缺乏真的未来感的。欧洲近世思想也衍生出各种各样的乌托邦。乌托邦作为一种近世出现的未来世界的蓝图，它充满了野心勃勃的现代性。然而讲到社会蓝图的未来感，乌托邦还是终欠一筹。乌托邦虽然指向未来，但就其性质而言，与其说是未来社会的蓝图，不如说是对现实社会的批判。乌托邦是“伪未来”。它不是建筑在对人的事实世界的真实经验之上的，而是建筑在对现实的谴责和批判之上的。所有乌托邦都有一共同点，它批判现实的激情远远超过对事实世界的认知。笔者以为，人类不在批判现实社会的前提下基于已知的事实来推测和想象人所处的世界的未来，科幻小说迈出了第一步。当然这也是科幻非常重要的社会功能。我相信，科幻之所以吸引乃至征服读者，是源自于它所营造的那个奇特的未来世界，而对未来的向往和关注是现代性的重要特征之一。

科幻与武侠同为流行文类。武侠写的是“江湖”，而科幻写的是未来世界。武侠在当代的衰落和科幻近十余年的兴起，恰好可以描绘成“江湖”的衰落和“未来世界”的兴起。武侠当然还有它的吸引力，只是大不如从前了。武侠所着意经营的“江湖”代表了一个读者能以他的经验印证的世界，一个属于过去或至少与过去相联系的世界。读者可以从中获得格言宝训一类的人生知识。如读《书剑恩仇录》，可知“情深不寿，强极则辱”的古训，但这一切都与未来无关。科幻则大不相同，它对过去不屑一顾，专心致志想象未来。即便是《三体》，刘慈欣将“红岸基地”探索星际空间的时间设定在“文化大革命”时期，但它属于三部曲长篇结构中的“旁笔”，以衬托文明的堕落，这与表达那个时期的意识形态特征毫无关联。再者，科幻所想象的未来世界是以科技知识和科技能力所能达到的极限为前提的，在这个意义上，它的想象可以说有“实事求是”的一面。虽然它所展示的未来世界令人眼花缭乱，如刘慈欣笔下的“三体人”生活在有三颗恒星的世界，单凭常识这是不可思议的，可是天文观测并不排除这种星系存在的可能性。循着科技的逻辑，科幻所想象的未来世界虽然眼花缭乱，但却是合理的和可以理解的。其实，科幻的魅力正在于它沿着科技的逻辑透视未来，使未来变得可以猜测和展望。科幻带有科普的功能，但不是科普，把科幻当成科普，那是小看了科幻。如此看来，鲁迅当代以科幻为科普，启蒙国民，其见解犹有不足。科幻的本意应该是本着人类科技的进展而不带意识形态眼光来凝视和展望可能的未来，使变幻莫测无人知晓的这个当代人的心头悬念多少变得可以思议。从这个意义看，科幻在当代中国文坛的崛起，代表了文学版图的改变，代表新的文学表现领域的出现。在此之前，无论是作为流行文类的武侠还是作为严肃文类的那些文学，都没有将人类社会和文明的未来走向纳入文学表现的领域，而科幻小说则第一次尝试了这一点。它以塑造未来为自己的使命。文学表现的空间因为它的出现打开了一个新的窗口，走出了与以往不同的一条新路径。这是文学非常巨大改变的开端。笔者不知道这是不是一个文学的转折点，合不合适用“一代有一代的文学”来形容科幻的出现，但科幻文类在当代文坛的意义目前显然是被批评界低估的。

为什么文学突然出现了新的范式，热衷于猜测与想象文明的未来？为什么科幻与表现未来世界结缘？归根到底，这是由于科技在当代突飞猛进所造成的。从技术的角度看，人的社会是一个加速演化的社会。从打磨石器到定居农业前的旧石器时代人类经历了约三百万年；而以定居农业为标志的新石器时代，经历了大约一万年；从锻造铜铁等金属的青铜和铁器时代到工业革命前，则只经过了约三千年；而工业革命迄今的信息网络技术普及，亦不过二三百年。以技术尺度来衡量这种加速演化现象，它是实实在在有案可查的。直到工业革命前，这种社会演化的加速现象所以没有进入思考的视野，是因为它的演变相对于人的一生，还是尺度太大，故不入法眼。而工业革命之后，特别是进入信息社会，人一生的时间，甚至不用一生的时间，就可以经验到意想不到的技术和社会的变迁。就笔者所历而言，童年和青年时代的家园，与青山相连黄澄澄的稻浪、绿油油的禾田、清澈见底的溪流、甘甜的井水，而今统统消逝无踪。那个与自然融为一体的家园如今已被街道、工厂、高楼所替代；日出而作，日落而息的生活，已被按小时甚至分钟安排的城市生活所取代。此种由技术革新而驱动的加速演化引起了广泛的连锁反应，此处不能一一讨论。与本文相关的属于这一长串连锁反应之一是人的心理变化——对未来关注与日俱增。这是因为科技进步的速率越高，引起生存和生活的不确定性就越大，未来走向何方就越成为被关注对象。举个例子，原子弹、氢弹等武器发明之前，人作为一个类的自我灭绝，是不能想象的。但这之后，人的自我灭绝终于成为一种可能前景进入了人的视野。目前，人是地球上唯一可以展望自己末日的物种。这是人的成就，也是人的包袱。末日虽然不一定到来，但又怎能抑制得住对这种可能未来的关切以及阻挡它对生活的影响呢？技术在将当下与过去切割之际，未来随之取代过去，成为人所关注的重心。左翼历史学家霍布斯鲍姆给二十世纪作传，《极端的年代》末尾的结语代表了他对当代社会变迁最具有睿智的发现：“我们所生活的动荡世界，被它（资本和技术——引注）连根拔起，被它完全改变。但是我们深深知道，至少有理由假定，这种现象不可能无限期永久继续下去；未来，不是过去的无限延续。而且种种内外迹象已经显示，眼前我们已经抵达一个历史性危机的关键时刻。科技经济生产的力量，如今已经巨大到足以毁灭环境，也就是人类生存的物质世界基础。我们薪传自人类过去的遗产，已遭融蚀；社会结构本身，甚至包括资本主义经济的部分社会基石，正因此处在重大的毁灭转折点上。我们的世界，既有从外炸裂的危险，也有从内引爆的可能。”然而，未来是什么，谁也不知道。

林岗在本文别出心裁地将科幻与武侠做了一个关联度很高的类比。有人的地方就有江湖，有江湖的地方就有左中

右、上中下，远去的刀光剑影里是过去的武林，渐近的穿越在宏观微观世界、交融于人脑与人工智能的瞬息万变是未来的科幻，虽然不同的是武林以武功排秩序，科幻以科技决存亡，但不变的依然是相忘于江湖却又纠结于利害的社会，武林的“华山论剑”、科幻的“星际争霸”恰恰带给了当下的我们超越现实的畅想和享受，也留下了未来的人类何去何从的隐忧。

林岗从源流上分析了2015年荣获世界科幻界的最高奖项“雨果奖”的《三体》的文体特征和文学成就，以及科幻小说在当今信息技术背景下科技突飞猛进的成因。科技的发展必然会影响人类的思维方式。20世纪，随着相对论和量子力学的产生和发展，摆脱了机械论的思维方式的束缚，形成了辩证思维方式，向着系统性、开放性、动态性方面发展。由此可知，思维方式虽然具有相对的稳定性，但也是有保质期的，这是由科学技术的发展程度决定的，特别是当下科技发展的迅猛，已经在人类短暂的一生中产生令人眼花缭乱的变迁，足以影响人们的思维和对未来世界走向的主张，对人类命运的隐忧也提上日程了，所以思维方式无论是从长远的趋势还是从切近的发展来看必须与时俱进。《三体》的精彩不仅在于它是科幻作品渡过了20世纪里相当长一段时间的几乎空白期而最终臻至成熟的标志，而且在于它第一次“以塑造未来为自己的使命”“将人类社会和文明的未来走向纳入文学表现的领域”，它在精彩的故事中蕴含了相当的思想高度，是在绚幻科技的未来人类可能面对极端困境而进行思维方式调整后的人性的预测。

我们来对比两个人物——武侠中的郭靖与科幻中的罗辑。

他们都是普通小人物却被赋予历史重任的扭转乾坤者。郭靖秉性憨直，虽天资驽钝却勤能补拙，尽忠守节，至情至性，于传奇中融武林绝学于一身，在国家危难之际号令群雄，抗金复国。出身天文学家的罗辑原本玩世不恭，沽名钓誉，因在希冀借外星文明来改变人类文明堕落而招来三体人的叶文洁的启发下，偶然创立了宇宙社会学，因而被视为三体文明的掘墓人而屡遭追杀，即便是成为将挽地球文明之狂澜的面壁者之后，也依然是游手好闲，假公济私，成全着个人娇妻美眷的人生梦想，那一大段世外桃源的生活也堪比郭靖、黄蓉在桃花岛上的逍遥悠游，这显然是中国传统文化中田园情节的难以磨灭的深刻烙印。

相比于罗辑的无所事事，其他三个面壁者分别是军事领袖泰勒、国家元首雷迪亚兹和科技奇才希恩斯，一个个当然是众望所归。当泰勒孤注一掷地以生死未卜的量子态武装克敌、雷迪亚兹以同归于尽的勇气制敌、希恩斯以意识坚定的逃亡主义避敌的计划先后被三体人破壁之后，罗辑的散淡言行依然被视为无足轻重，甚至备受质疑，面临面壁者身份被取消、被抛弃的命运。但在他坠入冰湖的那个星空下，他顿悟了宇宙关系的两个基本公理“第一，生存是文明的第一需要；第二，文明不断增长和扩张，但是宇宙中的物质总量保持不变”以及两个重要概念“猜疑链”和“技术爆炸”，构想出威慑制衡三体文明的宇宙黑暗森林法则。根据黑暗森林法则，罗辑计划着在太阳系外圈布置许多核弹，核弹一旦引爆，就会排列成一副代表恒星位置的立体图形，三体星和太阳的坐标就会全都暴露在宇宙里，又因为猜疑链的存在，所以，一旦其他文明互相发现对方，第一反应就是先消灭对方，保证自己的安全——三体人和地球人就都会成为其他文明枪口下的靶子。他以人类有别于三体人的思维隔膜（只有人类才能有自己的隐秘内心，而三体人则是意识即交流，没有隐私），护卫着拯救地球的计划，同时也心存着与妻儿团聚的梦想，忍辱负重地缜密行动、默默坚守，直到他在自己为自己掘的墓地上，手握“摇篮系统的发射器”，以太阳系与三体星同归于尽的决绝姿态，与三体人形成对峙，赢得了一段时间的和平。这时候，小人物完成了到大英雄的完美蜕变，这几乎是快意恩仇、济世安邦的武林大侠在科幻世界的重生与演绎。

但我们看到了同归，却不能忽略殊途。

不同于武林大侠的舍生取义、仁爱忠信的壮举，罗辑却以人类存亡、地球文明做赌注，这是否符合人类传承以来崇尚的道德标准？之前将国家从积贫积弱的状态振作起来、备受百姓尊崇的国家元首雷迪亚兹也曾以相似的同归于尽的威慑作为制约三体人的计划，但当三体人将他的计划公布于网上的时候，其结局是遭到了万人的残暴投石，尸骸无形。如此迥异的结局，是命运修正了伦理，还是伦理改变了命运？

为了更清晰地看清这个伦理标准殇变的轨迹，我们再来看另一个为民众拥戴的领袖——程心。程心很美，善良可爱，她在“执剑人”的竞选口号是“爱是解决一切的手段”。但她每次在人类存亡攸关的关键时刻，以爱的名义做出的选择都使人类陷入了不可逆转的危机。第一次，罗辑与她进行“执剑人”交接，把黑暗森林威慑控制权交给程心的下一秒，三体人就对黑暗威慑系统的引力波发射器进行了攻击，而程心却顾忌两个文明都毁在自己手中，与自己爱的初衷不符，而未能果断按下黑暗打击按钮，导致全地球40亿人在威逼下被驱逐到澳大利亚，且断绝食物和电力，人类将被逼迫以人吃人的方式将人口降到三体人所预设的5000万人的数量。第二次，因为人类原本赖以逃生的曲率驱动飞船的制造将耗费大量的资源，最后却只能带走一小部分人，所以这将把人类社会带入一个公平与道德的困境之中。被视为圣母的程心又一次行使权利，终止了曾是“执剑人”的另一竞选人、一直坚持将拯救人类付诸行动的维德的飞船建造工程，最终置太阳系里的人类于灭绝的境地。试想，如果这里泛爱的程心换成了同样以死赴国难、殉身于襄阳城的郭靖，你对郭大侠的情感会有变化吗？

作者刘慈欣在《南方周末》的《每一个文明都是带枪的猎手——专访科幻作家刘慈欣》中就表达过：“她（程心）其实就是一个很正常的人，她在任何一个关键时刻做出的选择，都是咱们正常人在那个时候要做出来的，可为什么……放到那种极端环境里面，就觉得她这么让人厌恶呢？这就是《三体》要表达的一种主流价值观、主流道德观，放到极端环境下是不是还成立。”再看看这几个人物的名字寓意：罗辑——逻辑，这是强大的理性思考者和坚毅的规划执行者；程心——诚心，道德如果超出了保质期，在鞭长莫及的区域里，只是个承载美德却不能护卫希望的细瓷宝剑；维德——始终以“舍身取义”的牺牲精神和“不择手段”的不法途径维护道德，却往往是出师未捷身先死，青山不再，薪火唯艰。

的确，每一个文明都是带枪的猎手，每一种道德都是调整人与人之间以及个人与社会之间相互关系的行动规范，是社会矛盾的调节器。社会在发展，科技在进步，矛盾在变迁，如若思维方式不调整，道德内涵不与时俱进，人类将会成为自己的绊脚石。我们应该看到，随着科技的发展，各个行业都有了很大的观念变革，比如共享经济、跨行业重组、人工智能等，我们的思维方式必须要从自身内部去主动变革，这才是喜剧，否则被时代、被社会发展从外面打破，那就是悲剧。在田忌赛马的时代，我们敬叹他用三等马对阵一等马而取胜的智慧，而今天我们就会质疑他是否遵守游戏规则的诚信品质。

最后，留一道情境题我们共同思考吧：在无人驾驶汽车刹车失灵、控制无效的情况下，只有两种选择：要么撞人，要么撞墙。请做出选择。理科学生首先想到的可能是动量、速度方面的计算。其实，技术的难关永远难不住人类聪明的大脑，但人性的考验却是永恒的难题！

切磋琢磨

1. 本单元的选文带领我们从物质到精神、从个体到族群、从远古到未来、从现实到虚拟、从肯定到否定，在不同的思维维度中体验着思维穿越的魅力。下面是一首徐志摩的诗《沙扬娜拉》中的局部：

最是那一低头的温柔，
像一朵水莲花不胜凉风的娇羞。

请你在李逵、宝玉、闰土、繁漪和章北海（《三体》中人物，不是面壁者却默默担负起面壁责任）中选取三个人物，以他（她）的身份对诗中的女子进行评价。

2. 在第二篇《和初学者谈“天”》中引用了《日知录》的作者顾炎武说的“三代以上，人人皆知天文”，“后世文人学士，有问之而茫然不知者矣”。你认为这是历史的选择，还是时代的弊端？结合当今教育现状和社会需求，谈谈你自己的看法。

3. 在第三篇《读孟尝君传》后附了一篇1991年发表的“《〈读孟尝君传〉新探》，你能否感受得到这前后相差的十年学术探讨的环境有何变化？

4. 《〈三体〉、科幻及武侠》中作者认为《三体》这篇科幻小说第一次“以塑造未来为自己的使命”“将人类社会和文明的未来走向纳入文学表现的领域”，的确有很深刻的思想性。无论是在罗辑的时代对“面壁者”的选择，还是通过民意竞选“执剑人”，这都是作者把我们现时对具有责任感和使命意识的精英人才的评判标准放在了未来世界的实验中进行了检测。

请你列举一个未来精英人才所应该具备的最重要的3~5项品质，并简述理由。